普通高等教育本科省级一流教材

安徽师范大学中国经济学管理学建设系列教材

教育财务管理

陈小琼　罗昆　何凤平◎主编

中国财经出版传媒集团

经济科学出版社

Economic Science Press

·北　京·

图书在版编目（CIP）数据

教育财务管理／陈小琼，罗昆，何凤平主编． -- 北京：经济科学出版社，2024.6

安徽师范大学中国经济学管理学建设系列教材 普通高等教育本科省级一流教材

ISBN 978 - 7 - 5218 - 5769 - 6

Ⅰ.①教… Ⅱ.①陈… ②罗… ③何… Ⅲ.①教育经费 - 财务管理 - 师范大学 - 教材 Ⅳ.①G526.7

中国国家版本馆 CIP 数据核字（2024）第 067923 号

责任编辑：侯晓霞
责任校对：隗立娜
责任印制：张佳裕

教育财务管理

JIAOYU CAIWU GUANLI

陈小琼 罗 昆 何凤平 主编

经济科学出版社出版、发行 新华书店经销

社址：北京市海淀区阜成路甲 28 号 邮编：100142

教材分社电话：010 - 88191345 发行部电话：010 - 88191522

网址：www. esp. com. cn

电子邮箱：houxiaoxia@ esp. com. cn

天猫网店：经济科学出版社旗舰店

网址：http://jjkxcbs. tmall. com

北京季蜂印刷有限公司印装

787 × 1092 16 开 17.25 印张 330000 字

2024 年 6 月第 1 版 2024 年 6 月第 1 次印刷

ISBN 978 - 7 - 5218 - 5769 - 6 定价：56.00 元

（图书出现印装问题，本社负责调换。电话：010 - 88191545）

（版权所有 侵权必究 打击盗版 举报热线：010 - 88191661）

QQ：2242791300 营销中心电话：010 - 88191537

电子邮箱：dbts@ esp. com. cn

PREFACE 前言

近年来，我国高等教育经历了从内涵式发展到高质量发展的理论与实践创新，高校治理体系和制度建设不断完善，高等教育治理现代化成效显著。

高等教育高质量发展离不开财务的支持和保障。在大多数人的印象中，高校的财务管理重实践，缺少理论支撑。《中华人民共和国预算法》《政府会计准则》《事业单位财务规则》《高等学校财务制度》等一系列法律法规的出台，对高校财务管理实践起到重要的引导和规范作用。高校财务管理的价值包括资源配置、绩效管理、内部控制、决策支持、服务保障，按照学校的办学发展规划做好资源配置，加强内部控制建设，通过良好的财务绩效评价机制调动有关部门、院系的积极性，提升办学效果。

"十四五"末，国家要构建完成财政部门主责监督、有关部门依责监督、各单位内部监督、相关中介机构执业监督、行业协会自律监督的财会监督工作格局。高校如何在财会监督视角下优化财务管理、强化内部监督，对于更好地履行行政管理和公共事务管理服务职责，提升高校治理水平和治理效率将起到重要作用。"教育财务管理"课程是高校财务管理专业的一门专业课程，本书是普通高等教育本科省级一流教材（2021yljc053），也是2020年安徽师范大学校级线下一流课程项目的成果。这本新编的《教育财务管理》教材共八章，在总结以往教育财务管理实践和教学经验的基础上，系统介绍了教育财务管理的理论与方法。其内容不仅涵盖了教育财务管理的经典内容，如高校预算管理、高校筹资管理、高校投资管理、高校成本管理、高校财务风险管理等内容，力求每章理论与案例相结合，探讨了当今教育财务管理的一些热点问题，并融入了教育财务管理的新思维、新成果、新政策等。总体而言，本教材具有以下特点。

第一，强调系统性和完整性。高校的财务管理包括哪些主要内容呢？依据《事业单位财务规则》（2022），在全面预算绩效管理的宗旨下，提高财政，资源配置效率提升资金使用效益，预算、资产、负债、成本、风险管理是需要重点加强的领域，在预算执行层面与预算编制层面实现一体化管理。高校应建立健全财务风险预警和控制机制，科学全面反映资产信息，如实反映依法举借债务情况，促进债务管理水平提升，构建绩效管理闭环系统。这充分体现了事业单位财务管理的整体性、协同性，为发挥改革合力提供了制度基础和实施路径。本书内容体现出包括预算管理、会计管理、资产管理、绩效管理等在内的各项管理工作的协调配合。

第二，突出实用性和时效性。本书依据最新的法律法规编写，紧跟学术前沿和高校现实情况，内容与时俱进。在内容安排上，既有相关理论和政策依据，也介绍相应的管理方法，并辅以案例详细阐述理论和方法的运用，具有较强的参考性，从而为高校构建完善的财务管理制度提供理论与实践依据。

本书的提纲和结构确定后，编写分工为：第一章、第二章、第五章由陈小琼编写（约10万字），第四章和第六章由罗昆编写（约9万字），第七章和第八章由何凤平编写（约9万字），其中皖南医学院财务处刘朝霞参加了第三章初稿的资料收集和编写（约5万字），全书由陈小琼修改、定稿。

本书在编写过程中，参考了大量国内外的文献资料，在此一并表示感谢！由于编者水平有限，加之时间仓促，书中的错误和不足之处在所难免，敬请广大专家、读者批评指正，以便日后不断完善。

编者

2024 年 4 月

CONTENTS | 目录

第一章 总 论

第一节 教育财务管理概述

我国"十四五"规划提出深化教育改革，加大教育经费投入，改革完善经费使用管理制度、提高教育经费使用效益。教育经费的投入是高校发展的物质基础，政府会计准则制度的全面实施对高校财务管理提出新的要求，高校财务管理的目标、内容环境都发生了巨大变化，需要创新管理体制，提升财务管理水平和服务效能，优化资源配置，助力高等教育高质量内涵式发展。

一、教育财务管理内涵

（一）教育财务管理的概念

财务管理，通俗地讲，就是对资金的管理，即对资金的筹集、使用、回收、分配以及由此而发生的各种经济关系的管理。

教育财务管理与一般企业的财务管理在理念上是一致的，是基于教育事业单位经济活动中客观存在的财务活动和财务关系而产生的，是组织教育事业单位资金活动，处理与各方面财务关系的一项经济管理工作。其主要职能是对教育事业单位财务业务活动进行组织、指导、控制、分析和监督。

（二）教育财务管理的内容

1. 财务活动。财务活动是指教育事业单位和其他经济组织在社会经济活动中的资金运动，即有关资金筹集、资金投放和使用、资金收入和分配的活动。

（1）资金筹集。教育事业单位从各种渠道筹集资金，是资金活动的起点。教育事业单位筹集资金主要有从财政部门和主管部门、上级单位取得的非偿还性的事业经费，还包括使用单位开展业务活动及辅助活动所取得的资金。

（2）资金投放和使用。教育事业单位将筹集来的资金，投放和使用于教育教学活动及辅助活动，资金投放和使用具有非营利性的特征。

（3）资金收入和分配。教育事业单位具有非营利性，资金的投放和使用不具有偿还性和回收性的特征，但仍可有一定数额的业务收入。教育事业单位的结余及其分配，应严格执行国家有关财务制度的规定。

2. 财务关系。财务关系指教育事业单位在资金运动中与各方面发生的经济关系，主要包括以下关系。

（1）与税务机关之间的财务关系。各类学校（包括全部收入为免税收入的学校）均应按照《税收征管法》的有关规定办理税务登记，按期进行纳税申报并按规定使用发票。如果学校存在免税项目之外的其他收入，均应按照相应服务缴纳增值税及所得税等。公办学校的个人所得税代扣代缴、房产税、印花税、城镇土地使用税、耕地占用税、残疾人就业保障金等问题也值得学校充分关注。

（2）与债权人、债务人之间的财务关系。教育事业单位在开展经济活动过程中，可能由于向银行贷款、吸收其他方面资金而成为债务人，也可能由于资金被其他单位占用而成为债权人。债权债务关系一旦形成，则债务人不仅要还本，而且要付息。处理好与债权人、债务人的财务关系，必须履行有关各方的权利和义务，保障有关各方的权益。

（3）与本单位内部各部门之间的财务关系。单位内部各部门与财务部门之间都要发生领款、报销、代收代付的收支结算关系，各部门各单位相互之间提供劳务要进行计价结算。处理这种关系，要严格分清有关各方面的经济责任，有效地发挥激励机制和约束机制的作用。

（4）单位与职工之间的财务关系。向职工支付工资、津贴、奖金等，体现着职工个人在劳动成果上的分配关系，要正确执行有关分配政策，安排好职工的经济利益。

对高校而言，由于近年来资金来源渠道发生了较大变化，资金来源从主要依靠财政拨款，发展为现在的财政拨款、学费、校办产业、社会捐赠、教育基金、科研经费、银行贷款等多种渠道。高校的财务关系也日趋复杂，由原来单纯的高校与教育部门之间的纵向关系发展为高校与高校、高校与国内单位、高校与个人、高校与国外机构等纵横交错的财务关系。

二、教育财务管理的任务

教育财务工作是财政工作的重要组成部分，教育财务要确保党和国家教育政策、财政政策落实到位。同时，教育事业发展经验表明，财务管理为人才培养、科学研究、服务社会提供了前置条件和支持基础，其改革与创新程度直接决定教育系统在优化资源配置、分散财务风险、促进成果转化方面的效用发挥。

（一）加强对财务工作的领导

《中华人民共和国会计法》第四条明确规定，单位负责人对本单位的会计工作和会计资料的真实性、完整性负责。教育事业单位的领导要对财务工作负全面管理的责任。

（二）建立内部控制制度

教育事业单位应根据教育和财政部门的有关规章制度，结合本单位的实际情况，制定本单位内切实可行的财务制度和实施细则，并坚持按照制度办事，这是做好财务工作极其重要的措施之一。财务管理制度主要涉及以下几个方面：现金管理制度；银行存款管理制度、固定资产管理制度、财务收支审批制度、票据管理制度（包括支票、印鉴）、"三重一大"决策制度、业务招待费使用制度、会计人员岗位责任制度（包括资产管理员）、会计档案管理制度。

（三）加强预算管理，依法合理编制预算

预算是根据教育事业单位的教育事业发展计划和任务编制年度财务收支计划，是教育事业单位财务工作的依据。编制预算是教育事业单位财务管理的重要内容。预算的编制要体现和贯彻国家政策法规和规章制度，要执行《中华人民共和国预算法》《中华人民共和国教育法》《政府会计制度》，坚持以《高等学校财务制度》为管理纲领，贯彻"量入为出、统筹兼顾、确保重点、收支平衡"的原则。

（四）加强财务核算，提升成本管理理念

管好用好各项资金，是加强财务管理、提高资金使用效益的关键。教育事业单位的财务人员要根据有关法律法规和本单位领导的要求，及时提供资产、负债及财务收支的情况，为领导提供决策依据。同时，高校还需要重视成本管理，科学的成本核算可以满足学校的成本控制、学费定价、绩效评价等内外部管理者的信息需求，提高综合竞争能力、加强专业建设、提升培养人才服务社会的能力。

（五）加强国有资产管理

资产管理是教育事业单位财务管理的重要内容，因此，必须加强对资产的管理，维护国有资产及其权益不受侵害，防止国有资产的流失。教育事业单位应根据各自不同的情况，搞好清产、核资工作，摸清和掌握本单位资产家底，确保国有资产的保值增值，努力提高本单位现有资产的利用率，防止国有资产流失。

（六）强化财务控制和监督，切实维护财经纪律

教育事业单位财务监督是根据国家的方针政策、制度和法律对本单位预算收支计划

的完成情况、资金的组织、分配和使用进行的指导、督促和检查。具体内容包括监督本单位经济业务是否真实、合法，财务收支是否符合财政制度和财经纪律，考核资金的使用效果，检查资产的安全和完整。

（七）定期进行财务分析，如实反映单位财务状况

高校要积极开展财务分析，要定期或不定期对单位预算执行情况、财务收支情况、国有资产使用情况、财务制度执行情况、财务管理情况进行分析，通过分析及时发现存在的问题，并研究和改进财务管理措施，如实反映教育事业单位的财务状况。

（八）勤俭办教育，全面实施绩效管理

近年来，随着教育经费投入的不断增长，对各单位节能降耗、绿色办学、低碳办事业、提高经费投入绩效提出了新的要求。《国家中长期教育改革和发展规划纲要（2010—2020）》中明确提出，坚持勤俭办学，严禁铺张浪费，建设节约型学校。教育事业单位要将经费投入的增加与注重资源使用的经济性结合起来。教育事业单位的各项经费开支都要围绕本单位的发展规划，只要是有利于保障教育教学工作的，有利于以学生为本的，有利于推动教育改革的，有利于实现教育高质量化的开支就要千方百计地支持。但这并不意味着要多少给多少，必须把钱用在刀刃上，务必讲究经费的使用绩效。

2014 年修订后的《中华人民共和国预算法》颁布，并于 2015 年 1 月 1 日正式实施，《中华人民共和国预算法》改革重要创新之一是加强预算绩效管理与绩效评价。2018 年中共中央、国务院发布的《关于全面实施预算绩效管理的意见》提出"建成全方位、全过程、全覆盖的预算绩效管理体系"的要求。与之相适应，2022 年，财政部公布修订后的《事业单位财务规则》，将事业单位财务管理的主要任务从"实施绩效评价"提升到"全面实施绩效管理"，而绩效评价是全面绩效管理的核心环节。

第二节　教育财务管理环境与目标

一、教育财务管理环境的变化

财务管理环境是指对财务管理产生重大影响的所有外部条件和因素。教育事业单位的筹资活动，受国家财政形势和教育形势的影响，教育事业单位的资金投放和使用，必须受相关财经、政策法规的规制。教育生态环境显著影响学校财务管理效率与效果，将

倒逼学校对自身财务管理模式进行创新，使之更具先进性与适配性。[①]

在新常态下，管好、用好教育经费，确保经费使用规范、安全、有效，是当前和今后一段时期学校财务管理工作的重点。因此，要做好学校财务管理工作，提升财务管理水平，必须准确把握教育发展改革方向，主动适应经济发展新常态，深入分析和认识学校财务管理工作的新特征，从而为学校事业发展提供有力保障。

（一）法律法规逐步健全

新修订的《中华人民共和国预算法》对各级政府提出了以权责发生制为基础编制年度政府综合财务报表的明确要求。2015 年 10 月，财政部发布了《政府会计准则——基本准则》，并于 2017 年 1 月正式实施。2017 年 10 月，财政部印发了《政府会计制度——行政事业单位会计科目和报表》，自 2019 年 1 月 1 日起施行，鼓励有条件的行政事业单位提前执行。为了保证新《政府会计制度》能在行政事业单位尽快落实并执行，财政部于 2018 年 2 月发布了《政府会计制度——行政事业单位会计科目和报表》《行政单位会计制度》《事业单位会计制度》有关衔接问题处理规定，这标志着我国多年来在行政事业单位实行的以收付实现制为核算基础的政府会计制度正式告别历史舞台，新《政府会计制度》在行政事业单位正式施行。与原制度相比较，新制度实行"3 + 5"会计要素"双基础""双核算"体系，兼顾了高校财务、预算、资产、成本等方面管理的需要，促使高校的财务状况、事业成果、预算执行情况得到更为全面、真实、合理的反映，规范各项经济活动，从源头上防范财务风险，对于提升高校会计信息质量、完善内部控制机制和风险控制体系起到强有力的推动作用。

以高校为例，高校要严格遵守新《中华人民共和国预算法》等财税法律法规，主动顺应国家财税体制改革方向，积极、认真地做好组织实施工作。为促使高校各项收支按预算进度执行，及时发现财务管理中存在的问题和违法违纪行为，保证高校资金安全、规范、有效使用，提高财务管理水平，高校财务管理工作就必须提高对财务监督的认识，建立健全各项监督制度，加强财务监督，把更多的时间、精力投入强化预算执行和经费监管上来。新修订的《事业单位财务规则》《高等学校财务制度》单独增设"财务监督"一章，对财务监督作出规定，明确规定了财务监督的主要内容、财务监督机制、内部和外部监督制度，凸显了财务监督的重要地位和作用。

（二）教育财政性经费平稳增长

公共教育经费支出占国内生产总值比例反映一个国家的政府为教育发展所做的财政贡献，与公共教育经费支出占公共财政支出比例一起成为较为全面反映一国政府教育投

[①] 冉艳."双一流"背景下高校财务管理框架创新——环境嬗变观下的探讨［J］. 西南师范大学学报（自然科学版），2018 – 05 – 20.

入"努力程度"的两个指标。2010 年 7 月发布的《国家中长期教育改革和发展规划纲要（2010—2020 年)》再次明确提出，提高国家财政性教育经费支出占国内生产总值比例，2012 年达到 4%。这充分体现了党中央、国务院优先发展教育事业、优先保障教育投入的决心。

目前，我国已经连续多年保持教育财政性经费占国内生产总值比例一直不低于 4%，教育经费投入大幅增加，学校的办学条件保障水平以及服务经济社会发展的能力显著增强。同时，我们要注意到，2017 年以来，由于推进供给侧结构性改革，实施减税降费，特别是全面实施营改增，中央一般公共预算收入增速进一步放缓，国家对教育的投入增长有限，教育投入进入了平稳增长阶段。另外，国家在拨款体制上，更加注重以绩效为导向，加大了结转结余统筹力度，重视存量资金的盘活。在经费投入的"后 4%"时代，一方面需要保障经费投入的稳步增长，另一方面更需提高教育经费的使用效率。要唤醒高校"趴窝"的财政存量资金，将"死钱"变"活"、"零钱"化"整"，激发存量资金的源头活水，以改革的思维找准突破口，保证高校经费稳增长。

（三）高校教育改革不断深化

对于高等教育发展规划，2017 年，教育部、财政部等多部委联合发布了《世界一流大学和一流学科建设高校及建设学科名单》，明确了 42 所"一流高校"与 95 所"一流学科单位"。2022 年，第二轮"双一流"建设高校及建设学科名单公布，共有建设高校 147 所。2017 年 3 月，教育部等五部门联合下发了《关于深化高等教育领域简政放权放管结合优化服务改革的若干意见》（以下简称"放管服"改革)，将简政放权、有效管理与优化服务三者有机融合，充分尊重和发挥高校的自主办学能力，提出了完善高校资金的使用管理、提升内部管理能力、强化多元化治理机制。

首先，高校预算拨款制度有待进一步完善。目前，高等教育经费来源多元化格局尚未形成，绝大部分高校在经费上仍然依靠预算拨款。预算拨款主要分为基本支出拨款和项目支出拨款，基本支出拨款主要用于高校的正常运转和完成日常工作任务，以生均定额为基础，基本保持稳定；项目支出拨款（包含"双一流"专项）主要用于高校完成特定的工作任务或事业发展目标，为竞争性拨款，差异巨大。加入"双一流"建设高校和建设学科名单是高校获取各界认可，同时争取项目拨款最有效的途径。

其次，如何管理好、运用好这些资金，提高经费使用效益，是"双一流"建设中高校财务管理面临的重要挑战之一。2013 年以来，随着反腐力度加大，国家连续出台了有关厉行节约反对浪费的一系列制度，教育部也印发了贯彻落实中央八项规定的"二十条意见"。2015 年以来又陆续印发了关于科研经费、国有资产管理、内部控制规范、财务信息公开等一系列规范性文件，各省级主管部门也相应出台了细化管理办法，各级部门对各类资金的使用和管理，实现"一个资金一个管理办法"。财经法律法规越来严格，执行力越来越强。

最后，突出绩效评价。"双一流"战略启动要引进第三方评估、采取动态竞争，奠定了未来高等教育资源配置的基本机制。在充分利用国内外第三方评价结果的基础上，形成对高校的多元客观评价。突出绩效导向，专项资金在相对稳定支持的基础上，实行动态调整，对成效明显的建设高校加大支持力度，对缺乏实效的建设高校减小支持力度。从立项之初，绩效评价即被放在了相当重要的位置。

二、教育财务管理的目标

教育财务管理尽管是从企业财务管理中派生出来的，但由于教育与经济、学校与企业有许多不同之处，因此，教育财务管理既具有一般财务管理的共性，也有其自己的特点。企业财务管理在资金运用上比较强调投资效果及经济效益，所以在财务规划上对资金市场、现金流动、投资风险、资本结构均相当重视。教育财务管理的目的更多地侧重资金运用后所产生的非经济效益，所以在财务管理上并不以营利为目的。根据教育事业单位的特点，教育财务管理的目标有以下几个层次。[①]

(一) 基本目标——建立运行有效的财务管理系统

教育财务工作，首先必须筹好、用好、管好教育经费。首先，建立运行有序、管理有效的财务管理和控制系统是教育财务管理的基本目标。其次，建立健全内部管理制度，采取有效的控制措施是做好高校财务管理工作的前提，一个运行有效的财务管理系统是高校正常运转的保障。高校财务管理工作应当以事前预防为主，事后监督工作为辅，避免出现违法违规行为。

(二) 主要目标——筹资最大化

相对需求而言，财务资源总是稀缺的。筹资是通过各种渠道和方式筹措资金的财务管理活动，保证教育经费持续稳定增长，为教育事业发展提供充足的财力支持和物质支撑。对高校而言，筹资最大化即筹集高校发展所需要的资金最大化，也是高校财务管理的主要目标。高校的资金来源总的来说以政府投入、学费收入为主，其他收入为辅。学费是政府审批的事业性收费项目，由高校收取用来补充教育经费的不足，是筹资的重要组成部分，但受学费标准和学生人数的限制。其他筹资项目如社会捐资助学等，筹资的范围更为广泛。高校应该积极申请政府各项专项资金和争取社会捐资助学，积极构建多元化的筹资体系，以达到筹资最大化的目标。

---

① 孙杰．高校财务管理创新理念与关键问题 [M]．长春：吉林大学出版社，2018．

（三）终极目标——资金使用效益最大化

资金使用效益最大化即让高校筹集的资金发挥最大的使用效益，这是教育财务管理的终极目标。2018 年 8 月 27 日，国务院印发了《关于进一步调整优化结构提高教育经费使用效益的意见》，明确提出要把教育经费用到最关键的地方；2018 年 9 月 1 日，中共中央、国务院发布《关于全面实施预算绩效管理的意见》，两个文件均体现了全面绩效理念。在高校的资金使用上，首先要保障高校的正常运转，其次要服务于高校发展大局，将资金重点投放到高校规划和优先发展的项目上，同时必须进行资金使用效益评价，把绩效管理放在导向位置，强化绩效思维和理念，将绩效管理贯穿全过程，从而实现资金使用效益最大化的目标。

第三节　教育财务管理体制

长期以来，由于教育财务管理体制不规范，财务会计的核算、计划、控制、决策、组织、分析等职能得不到充分发挥，人们把学校财务管理工作仅仅看作为记账、算账、报账的简单工作，而财务人员也由于受这种传统观念的影响，满足或习惯于充当"出纳"和"账房先生"的角色，放松或忽视管理。《国家中长期教育改革和发展规划纲要（2010—2020 年)》指出，以转变政府职能和简政放权为重点，深化教育管理体制改革，提高公共教育服务水平。明确各级政府责任，规范学校办学行为，促进管办评分离，形成政事分开、权责明确、统筹协调、规范有序的教育管理体制。教育财务管理体制既要主动适应教育、财税等领域体制改革新要求，也要通过教育财务体制改革推动教育领域综合改革，提升教育治理能力和水平。

一、中小学财务管理体制

"校财局管"模式是当前中小学财务管理的基本模式。即在一定区域内，由县级财政和教育部门确定的会计核算中心统一办理区域内的会计核算。学校在校长领导下管理学校的财务活动，设置财务报账员，负责日常在会计核算中心集中报账；它是在遵循学校资金所有权、使用权、审批权不变，学校的预算管理体制不变，会计法律主体责任不变的前提下，实行的"集中记账，分校核算"模式。

根据《中小学财务制度》的规定，中小学财务管理实行校长负责制。学校的财务活动在校长的领导下，由学校财务部门统一管理。"集中记账，分校核算"，不改变学校的财务管理权。

"校财局管"模式在实施中，因地制宜，中小学可以实施会计集中核算，也可以实施分散会计核算。具体采取何种方式，由地方财政部门根据当地实际情况确定。

集中会计核算模式是指根据区县中小学校地理分布情况，在区县教育局设立会计核算中心，负责所辖区域中小学校的账务管理；乡（镇）中心学校设报账会计人员，负责对周边所辖中小学校的财务管理。会计核算中心会计员负责对全区县中小学校的经费进行审查和账务核算，实现对学校统一预算、统一账户、统一收支、统一核算、统一归档等一体化管理。

在分散会计核算模式下，乡（镇）中心学校（独立中学）可设置会计核算点，设立会计和出纳岗位，核算点直接对所辖各中小学校的财务收支进行集中核算，每月向县教育局计财科报送会计报表。中心学校所辖的各中小学校取消银行账户和会计岗位，只设报账员，及时向中心学校报账。相对于集中会计核算模式来说，分散会计核算模式中乡（镇）中心学校财务较为独立，不集中到区县会计核算中心进行账务处理。

集中与分散结合模式指的是部分区县"校财局管"结合了上述两种模式，在区县教育局或会计核算中心设置各中小学校账套，各中小学校自行设置会计与出纳岗位，财会人员对日常收支进行初审，并进入统一的会计核算系统进行经费开支的金额记录，提交后由区县教育局或会计核算中心统一审核后，根据资金性质通过国库集中支付或同一银行账户支付，返还相关票据和凭证给学校保管。

二、高校财务管理体制

随着市场机制的引入，高校面向市场自主办学的法人地位的确定，根据《中华人民共和国高等教育法》《中华人民共和国会计法》《高等学校财务制度》的明确要求，高校实行"统一领导、集中管理"的财务管理体制，规模较大的高校实行"统一领导、分级管理"的财务管理体制，高校的财务工作实行校（院）长负责制。

（一）"统一领导、集中管理"的财务管理体制

"统一领导、集中管理"的财务管理体制是指要在高校统一领导下，根据高校事业发展的需要统筹安排和使用高校的各项经费和资源，对财经工作和财务活动进行集中管理。

统一领导的主要内容有以下几个方面：一是统一财经方针政策；二是统一财务收支计划；三是统一财务规章制度；四是统一资源调配；五是统一财务业务领导。

集中管理主要包括：一是财权的集中管理；二是财务规章制度制定和执行的集中管理；三是会计核算和会计事务的集中管理。

（二）"统一领导、分级管理"的财务管理体制

高校在实行"统一领导、集中管理"财务管理体制的同时，《高等学校财务制度》

也规定规模较大的高校实行"统一领导、分级管理"的财务管理体制。分级管理是指在高校统一领导财务工作前提下，在明确学校和二级单位权限、责任、利益以及财务规章制度健全的基础上，根据财权划分，事权与财权相结合的原则，由学校和校内二级单位进行分级管理。

分级管理的内容主要有：第一，在高校统一财务收支计划和资源配置下，校内二级单位有权对学校下达的预算经费和分配的资源进行统筹安排和使用。第二，在学校统一财经政策和财务规章制度下，二级单位有权制定财务规章制度的实施办法，在不违反国家和高校统一财经政策和财务规章制度的前提下，可以根据本单位的具体情况和加强财务管理需要，制定各种管理条例和具体实施办法，但应报学校批准和备案。第三，在高校统一财务业务领导下，二级单位有权管理本级财务业务。

在高等教育体制改革不断深入、招生规模不断扩张、经费来源不断扩充的背景下，为了适应新发展要求，我国许多高校陆续实施校院两级财务管理体制改革，构建科学高效的资源配置机制，实现教育资源的优化和合理配置，保障学校和学院的协调可持续发展。

第四节　高校财务治理体系的完善

《中国教育现代化2035》对教育现代化部署的十项战略任务之一是"推进教育治理体系和治理能力现代化"，高校治理改革是高等教育改革创新的重要方面，是实现高等教育高质量发展的重要保障。现代高校治理体系的建立，要求简政放权，形成政府宏观管理、高校依法自主办学、社会广泛参与支持的格局。财务治理是高校治理的核心要素之一，高校应积极推进财务治理制度体系的建设。当前，完善财务治理体系，需要强化的路径主要有以下方面。

一、优化治理结构

首先，高校要完善财务治理体系的顶层设计，坚持党委领导下的校长负责制，进一步细化完善"三重一大"机制与流程，确保高校党委会与校长办公会职责的运用与发挥。

其次，高校的财务部门要从学校的全局规划出发，科学分配学校的财务资源；重视学校的现金流管理，严格控制财务风险；选聘专业财务人员，坚持不相容岗位相分离，实现部门间及人员间相互制约和监督，提高财务治理工作的专业性与科学性。

再次，高校还要积极建设财务监督的相关治理体系，校内加强岗位职责调整，落实财务副校长与分管校长等监督主体，提升学校会计信息的质量，使学校的财务收支情况更加有效与透明。校外应当自觉接受国家审计、财政监管、巡视巡察全覆盖、全方位、全流程的监管，确保财务监督质量持续改进。

最后，加大财务人员培训教育力度。高校应当加强财务人员准入机制，切实提高学校财务负责人的工作效率与能力水平。新政府会计制度下，学校的财务人员要求拥有更高的专业能力，能够应对复杂化的核算内容；要深化业财融合，从过去核算型向管理型转变，从埋头记账向抬头想问题、思考管理转变，确保财务决策的科学性。

二、完善预算管理体系

首先，随着预算的全面公开，高校需积极设立预算管理团队，制定预算管理制度，综合管理预算资金落实状况。其中，明确预算目标是制定预算方案的重要前提，应当充分结合历史财务数据，根据学校发展现状与财力，贯彻收支平衡与量入为出的原则，制定涵盖长期与中短期预算目标的预算方案。

其次，新政府会计制度要求预算会计与会计核算系统相结合，高校财务部门在进行预算管理时要将会计要素更加细分化，决算报告与财务报告也需要协调，并对各项目的预算执行施以针对性、差异性管理，促使预算目标尽快实现，预算管理难度增加。

最后，高校需加强对预算方案的考核，简化考核程序，评价各部门预算资金支出状况，贯彻执行预算考核奖惩机制，以切实发挥预算考核作用价值，及时向外部公开预算执行结果，通过社会监督提高财务管理成效。

中小学在实施会计集中核算的过程中，财政部门应强化核算中心服务职能，负责会计核算与资金支付工作，加强对预算执行控制与信息反馈。核算中心及时跟踪学校资金使用进度，实时控制预算指标，对计算用款与超预算等施以事前控制。及时与领导沟通交流，报告财务运行情况与问题原因，侧重对办学条件改善与发展建设等方面的关注，为主管部门决策提供数据材料支持。

三、完善资产管理制度

随着国家对高等教育投入的不断加大，高校国有资产规模实现跨越式增长。高校资产一般由国家拨款形成，国有资产三权分离，所有权归国家，使用权和管理权分散于高校不同部门，多头管理，并且学校财务处与国资处对资产分类标准不一致，资产管理缺乏产权明晰、责任明确的运行机制。例如高校对固定资产的采购、验收、使用、调拨、转让、管理、维护、盘点和报废等没有建立相关的内控制度。另外，资产账实不符，表现在会计信息无法真实反映资产数量和增减变化情况，在政府会计制度修订之前，固定资产在使用中不计提折旧、不计算盈亏，资产出租收入、处置收入管理不符合规定，资产管理没有形成相应的保值增值管理制度，资产无法发挥最大效用。

近年来，高校无形资产在总资产中比重也有所增加，而高校无形资产认识不足、管理意识不强，因人才流失、校企合作导致无形资产流失的现象较普遍。部分高校无形资产没有纳入会计核算或核算不健全，对于无形资产价值评估方法也不够完善，资产负债表中无形资产仅显示摊余价值，但是摊余价值并不能真正体现无形资产的价值，无形资产的账面价值和实际价值差异巨大。建立完善的无形资产管理制度是十分必要的。

新政府会计制度下，对高校资产的会计核算、预算管理、财务管理方面提出了全新的要求，财务人员需充分掌握"预算会计"和"财务会计"下的"3＋5"会计要素平行记账的核算方式，深刻理解"收付实现制"和"权责发生制"之间的区别和关联，在核算当中应当采取权责发生制，资产以货币形式的价值量化，完善资产管理制度体系。

四、加强成本核算

高校进行成本核算已经成为必然，政府会计制度的实施为高校成本核算的开展提供了制度和理论基础。对高校教育成本和生均教育成本进行科学、准确的核算，是高校进行成本管理和绩效评价的基础，直接影响着高校获得财政拨款的多少。它还有助于高校进行精细化管理，优化教育资源配置、有效利用教育资源，在降低成本的基础上提高教学质量、发挥自身竞争优势，实现高校高质量发展。

新政府会计制度下，成本核算的可操作性越来越强，但仍需从上到下层层落实，需进一步探索建立与高校特点相适应的、统一、规范、科学的教育成本核算体系，选取先进的核算方法，如将作业成本法研究应用于高校教育成本核算；结合信息技术手段和校园大数据库建设，逐步建立作业成本法应用的规范化应用指南，有利于科学准确地核算不同类型学生的教育成本。政府主管部门要加强对高校教育资金使用和成本核算的监督和审核，加强绩效管理在高校的应用，将预算审批、绩效评价与成本管理挂钩。

五、强化资金绩效

近年来，在政府及教育主管部门等多方努力下，教育财务制度体系健全细化，基本解决了合规性的问题，但是绩效问题和风险管理问题逐步凸显。

高校应实行以结果为导向的全面预算，将绩效管理纳入预算的各环节和全过程，逐步建立和完善预算的绩效管理机制，强化预算编制的目标性、预算执行的监控性，重视对预算完成情况的评价以及对评价结果的应用。通过绩效管理和评价，不断提升管理效能，将会使高校各类资金投入产出指标的计算更为合理，各类项目资金绩效评价的结果更为客观，各类资产配置的决策更为科学。

六、推动信息化向智慧化转变

财务信息化建设，提高了财务管理的效率和水平。健全的财务信息系统可为学校的规划、战略、绩效等提供全方位的服务，实现业务与财务、战略与财务有效融合，带动高校的内部控制建设，提升高校的治理能力，为高校事业发展提供保障。

"大智移云物"时代，教育财务要从信息化向智慧化转变，加快推进财务、资产、基建、采购、科研、教学、人事等业务系统的对接，实现业务流、资金流、信息流等数据的融合共享，打造优化协同、监控分析、智慧感知、智慧预测于一体的智慧财务，将财务监管融入学校管理全过程，实现全覆盖，将重复、繁杂的财务服务工作交给财务机器人处理，让财务人员从工作的机械属性中剥离出来，将时间和精力更多安排在预算分析、业财协同、税收筹划、财务监督、风险管理等方面。

▎本章小结▎

本章主要介绍教育财务管理的内容、目标、运行体制及环境。教育财务管理是组织教育事业单位资金活动，处理同各方面财务关系的一项经济管理工作。教育财务目标有三个层次，其中，资金效用最大化是财务管理活动的最高目标。教育财务管理环境的变化推动财务目标的演变。在不同的体制下，财务管理的任务有所不同，高校财务治理体系的完善既要优化顶层设计，也要加强制度建设。

 阅读案例

S高校改进财会监督管理模式

财会监督作为国家十大监督体系之一，是高校事业发展的重要保障，同时也是高校财务治理的核心内容之一。

S高校适应国家高质量发展和学校"双一流"建设需要，整合校内外各方力量，以信息化技术为主要手段，综合运用国家巡视、审计整改、校内巡察、纪检举报、内控评价等信息，建立国家财会监督为主导，校内财会监督为基础，第三方监督为辅助的"三位一体"加全方位、全过程、全人员、全覆盖的"多方共治"高校财会监督管理模式，如图1-1所示。

S高校以资金监控为突破口，先行开展财会监督管理工作试点，探索校内财会监督管理模式：一是在学校层面成立由校办党办、审计纪委、财务部门及各职能部门组成的内部控制建设小组；二是在财会层面单独成立内部控制及财务内部稽核科室，从而实现财会内部监督由专门机构和人员负责。召开专题会议研究财会监督管理等文件精神，提升全校师生对财会监督管理工作重要性的理解和认同，同时制定不同阶段任务工作方

案，细化流程节点，建立流程图，明确部门和人员的责任分工，财会监督管理效果明显提高。

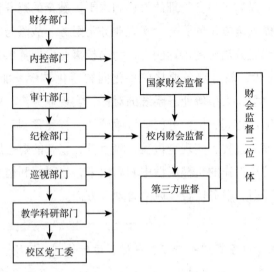

图1-1 S高校财会监督管理模式

资料来源：改编自耿晓霞等．新形势下高等学校财会监督管理的思考——以S高校为例［J］．教育财会研究，2022（10）．

 思考题

1. 明确教育财务管理的目标有什么作用？

2. 高校教育管理体制是如何运行的？

3. 教育财务管理环境通常需考虑哪些因素？

第二章　高校预算管理

预算管理工作是高校财务运行的关键部分，预算编制又是预算管理工作的关键环节，科学合理的预算编制是高校进行资金管理的基础。预算水平的高低不仅直接影响着高校的资金运转效率和经费使用效益，也关系着既定工作计划和战略目标的实现。

2014 年 8 月 31 日，十二届全国人大常委会第十次会议颁布修订后的《中华人民共和国预算法》，自 2015 年 1 月 1 日起实施。《中华人民共和国预算法》是中国特色社会主义法律体系的一部重要法律，是财政领域的基本法律制度。2020 年 8 月 20 日，国务院颁布修订后的《中华人民共和国预算法实施条例》，自 2020 年 10 月 1 日起施行。新《中华人民共和国预算法》完善了政府预算体系，健全了透明预算制度。同时也对高校预算提出了新要求，高校应制定明确的资金支出绩效目标，通过建立绩效预算评价体系，使预算和绩效挂钩，逐步实现注重支出效果的管理目标。高校需加强预算管理工作，通过不断完善和优化自身财务预算体系来提高财务管理水平。

第一节　预算与预算管理

一、预算的含义

关于预算概念的由来，一种观点认为来自英语。在英国，budget 曾用于描述财政大臣用来放置向议会提交政府开支需求和收入来源等材料的皮包。后来预算（budget）一词演变为政府行政机关提交立法机关审批的财政收支计划，即公共预算。另一观点认为预算二字来自拉丁语之 Bulga，即皮袋之意，后传到英国，则为 budget。第一次在中文里使用现代意义"预算"一词，是黄遵宪 1895 年刊行的《日本国志》，是从日本舶来的。

现代预算的含义，指的是涵盖未来一定期间内所有经济活动过程的计划，是单位最高管理当局为整个单位及其各部门所预定的策略、目标及行动方案正式的、数量表达，即用财务数据和统计表格表达或确定的单位经济计划和目标。

预算在不同领域内其内容的解释不完全相同，本书预算所侧重的领域是高校。《高等学校财务制度》指出，高校预算是指高校根据事业发展目标和计划编制的年度财务收支计划。高校预算管理是高校根据预算目标对未来一定时期内的财务收支计划应该怎么去管理的一项经济活动。它包括预算编制、预算审查批准、预算执行、预算调整、预算分析、预算考评、预算监督等一系列的管理活动。

二、高校预算的分类

（一）以预算属性为依据，分为收入预算和支出预算

收入预算是年度内高校通过各种渠道获得并用于高校教育教学、科研和其他活动的非偿还性资金的收入计划，包括财政拨款、事业收入、上级补助收入、社会捐赠等所获得的收入。

支出预算是高校开展教学活动、科研活动、设备购置等其他活动的年度支出计划，包括基本支出预算和项目支出预算。

收入预算和支出预算是高校预算的重要组成部分，两者在预算编制过程中都很重要，不能只关注支出预算，而忽视收入预算。因为收入预算是对各项经费收入的统计，如果资金收入无法实现，那么再全面的预算计划都无法实施，这势必影响高校各项战略目标的实现。

（二）以预算范围为依据，分为部门预算和校内预算

部门预算是以高校为单位，根据同级财政部门和主管部门的要求，按照相关法律、法规、制度将高校全年各项收支编入预算，并报经主管部门和同级财政部门审核后，由同级财政部门报同级人民代表大会批准，人民代表大会批准预算草案后，同级财政部门通过主管部门向高校批复年度预算方案，此预算具有法定性。

校内预算是高校依据有关规章制度要求，根据高校事业发展需求，并结合高校实际财力状况而编制的预算。校内预算是部门预算在高校细化落实的措施，将部门预算具体化、并逐项落实到具体部门和具体责任人，是部门预算在高校内部管理的延伸。

由此，可以理解为高校部门预算是对外的，校内预算是对内的。而在高校内部管理中，不管是部门预算还是校内预算，都称之为预算。一般情况下，部门预算与校内预算数据是一致的。

三、高校预算管理的职能与特点

预算管理是通过预算，将市场与组织内部管理过程控制有效衔接起来的一种机制。

（一）高校预算管理的职能

高校预算管理主要具备计划、协调和控制职能。计划职能是高校通过科学预测，合

理编制高校收支项目预算；协调职能促进部门预算各个构成部分的协调统一，促进高校发展规划与社会、市场变化相适应和合理分配高校资源，充分发挥高校预算的协调作用；控制职能包括预算编制的事前控制、预算执行的事中控制和评价分析的事后控制。高校预算管理可有效促进学校目标的实现，不同高校的预算侧重点也不尽相同，高校应根据自身发展规划制定预算。

（二）高校预算管理的特点

1. 全面性。高校预算管理的全面性首先表现为全员参与性，预算管理涉及学校事务的方方面面，需要全体人员的参与和配合；其次是对参与人员进行教育培训，提高对预算管理的认识，树立全员参与的意识，激发全员的主观能动性，为预算管理提供一个良好的运营环境。

2. 内容丰富性。新中国成立后，长期以来我国高校经费均来自国家财政拨款收入。改革开放后，我国高校的经费来源逐步多元化，不仅有财政拨款收入，还有学费、住宿费、科技成果转化收入、捐赠收入、经营运作收入和其他商业收入等多项来源。支出涵盖基本工资、职工福利费、社会养老保险费、公务费、助学金等。

3. 战略性。预算管理是服务于战略管理，要与高校战略管理目标相一致的管理机制，只有符合高校战略要求的预算才能为高校的战略实施给予支持。

四、高校预算管理的原则与程序

（一）高校预算管理的原则

1. 战略导向原则。高校进行预算管理时，需要符合高校战略规划要求，同时预算管理的目标应与高校目标具有一致性，确保高校的发展动力充足。预算管理应围绕高校的战略目标和业务计划有序开展，引导各预算责任主体聚焦战略、专注执行、达成绩效。

2. 过程控制原则。高校预算系统应识别和管理相关联的过程并确保这些过程的有效运作。预算管理的过程控制主要对于高校的教育教学目标和教育教学质量，通过实时监控、分析等手段把握预算目标的实现进度并实施有效评价，为保障高校运行提供有效支撑。

3. 融合性原则。预算管理应以业务为先导、以财务为协同，将预算管理嵌入高校运行活动的各个领域、层次、环节。高校建设教学楼、购置教学用具、教学经费、招聘教师等都应进行预算管理，将预算管理融入高校的各项活动中，高校才能更有计划且合理地使用资金，提高教育教学质量，完成教育教学目标。

4. 平衡管理原则。预算管理应平衡长期目标与短期目标、整体利益与局部利益、收入与支出、结果与动因等关系，促进高校可持续发展。高校在预算年度终了时，应当清理核实全年预算收入、支出数字和往来款项，做好决算数字的对账工作，系统地整理和积累财务基础资料，通过系统资料分析，可以总结一年预算执行、平衡收支、资金使用效益等方面的经验，同时对于与预算指标有较大差异的收支项目要进行分析，找到问题症结所在。

5. 权变性原则。权变性原则是指高校在进行全面预算管理工作时，要依据高校实际发展的情况，做好预算工作的调整，即在保证预算工作对于管理工作有一定的约束性和指导性的前提下，给予全面预算工作相应的灵活性，依据实际运营环境的变化，作出相应的工作调整，针对特殊情况可以做到特别办理。预算管理应刚性与柔性相结合，既强调预算对高校运行的刚性约束，又可根据内外环境的重大变化调整预算。

（二）高校预算管理的程序

高校预算管理程序包括预算的编制、审批、执行、调整、分析、考核等全过程（见图 2 - 1）。高校的一切收入和支出都必须全部纳入学校预算统一管理，统筹安排使用。

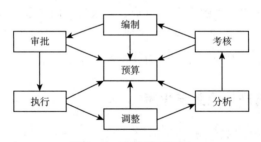

图 2 - 1　预算管理流程

高校预算控制主要包括预算编制控制、预算审批控制、预算执行控制、预算调整控制、预算分析控制和预算考核控制。在每一个控制环节中，都要建立健全预算控制制度，落实控制和监督的责任。

五、高校预算管理体制

预算管理体制是财政管理体制的重要组成部分，简称预算体制，是国家在组织预算收入和支出活动中，划分国家同企事业单位之间、中央和地方政府之间、上级与下级政府之间，在预算管理方面的职责、权限、预算收支范围以及组织原则、管理方式和机构设置的制度。这里仅介绍常见的高校预算管理体制及其分工。

（一）学校党委会

学校党委会是高校预算管理的最高决策机构，主要职责是审查批准经办公会审议通过的财务预算和财务决算有关事项。

（二）校长办公会

校长办公会的主要职责是审议批准预算管理制度；审议部门预算、校内预算草案；实施预算控制，监督预算执行；审议年度预算调整方案及年终决算。

（三）预算管理委员会

预算管理委员会是专业的预算管理机构，是高校实施专业化、精细化、科学化预算管理必不可少的专门机构，主要职责是协助校长办公会完成相关工作。预算管理委员会一般由校长担任主任，分管财务的副校长或总会计师担任副主任，财务、教务、人事、资产等有关职能部门负责人及有关二级学院院长作为代表成员。其职能包括：加强预算管理制度建设，初审部门预算，校内预算草案，监督预算执行，强化预算控制，关注年度预算调整方案及年终财务决算等。高校不设置预算管理委员会的由校长办公会行使此职能。

（四）财务部门

财务部门或单设预算管理部门，是高校预算管理的职能管理部门，负责预算管理制度的起草，预算编制、执行、调整、考评、决算和监督等方面的具体工作等。

（五）预算责任部门

高校各二级学院及部门是高校预算管理的责任部门，也是高校预算具体实施部门。其主要职责是：落实预算管理制度，提供相关归口项目预算编制数据，落实本部门的预算收入和支出责任，提出预算调整建议。

六、高校预算管理的意义

（一）有利于实现整体战略目标

通过预算，高校可以科学合理分配资源，以及通过预算的规划、决策、控制和评价功能，有助于高校中长期规划中重大项目和重大任务的完成，确保高校整体战略目标的实现。

（二）有利于统筹配置资源

预算是实施科学财务管理的有效工具，通过预算可以统筹配置高校现有资源和未来可期资源，保障高校事业发展对资源的需求，也有利于提高资金使用效益。

（三）有利于控制财务风险

在高校经费总收入持续增加的情况下，支出的增长幅度远远大于收入的增长，资金供求矛盾日益突出。如何寻求收支间的平衡，预算管理起到了重要调和作用。加强预算管理对控制财务风险，促进高校稳定、协调和快速发展具有十分重要的意义。

（四）有利于提高内部控制能力

高校通过预算的事前预测、事中控制、事后考核评价等程序，将内部控制置于高校管理的全过程之中，从而达到预算控制目的，也提高了高校内部控制能力和内部控制水平。

（五）有利于实施绩效评价

高校根据业务发展需要，将预算层层分解到各部门和人员，明确责任和细化目标。根据确定的目标，对相关部门和人员进行绩效评价，并以评价结果为依据实施奖惩，从而有利于激发学校全体员工的工作积极性。

第二节　预算编制

一、预算编制内容

高校预算编制的主要项目如图 2－2 所示。

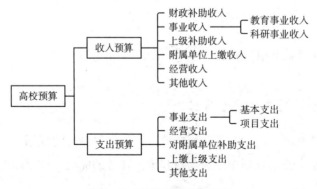

图 2－2　高校预算编制内容

（一）收入预算

高校所有收入都要编入预算，没有预算的收入，高校不能收取或者说高校不能列为收入；对列入预算的收入，高校应当全部收取，不能少收或不收。收入预算主要包括以下几项。

1. 财政补助收入，是指高校从同级财政部门取得的各类拨款，包括教育经费拨款、预算内投资、国有资源（资产）有偿使用收入等。其中，教育经费拨款采取定额加定项补助的方式，定额拨款即高校按照学生人数和生均定额拨款标准计算编制；定项补助是高校根据事业发展需求向同级财政部门提出申请，由财政部门根据财力状况和高校发展需要专门安排的具有特定用途的经费。

2. 事业收入，是指高校开展教学、科研及辅助活动取得的收入，包括教育事业收入和科研事业收入。教育事业收入主要是学费和住宿费收入，其预算按照学生人数与收费标准计算编制；科研事业收入按照高校横向和纵向科研项目情况，并结合上年度收入情况编制。

3. 经营收入，是指高校在教学、科研及辅助活动之外开展非独立核算经营活动取得的收入，其预算可以参照上年收入情况编制。

4. 上级补助收入，是指高校从主管部门和上级单位取得的非财政补助收入，其预算一般参照上年收入情况编制。

5. 附属单位上缴收入，是指高校附属的纳入部门预算编报范围的法人单位，按有关规定上缴的收入，其预算一般参照上年收入情况编制。高校二级学院不是学校的附属单位，其所发生的学费收入、培训收入等，不作为附属单位上缴收入预算。

6. 其他收入，是指高校取得的除上述规定以外的各项收入，包括投资收益、利息收入、捐赠收入、从相关单位取得的赞助收入等，其预算一般参照上年收入情况编制。

（二）支出预算

高校所有支出都要编入预算，无预算不能支出，超预算不能支出；列入支出预算的经费，要尽快支出，一般情况下，年度内要完成预算支出任务。每年高校都要按照总支出的一定比例预留备用金，用于当年预算执行中的自然灾害、上级政策调整等突发事件处理增加的支出及其他难以预见的开支。支出预算主要包括以下几项。

1. 事业支出，是指高校开展各类教学活动和教学辅助活动发生的基本支出预算和项目支出预算。

（1）基本支出预算包括人员经费支出预算和日常公用经费支出预算，人员经费支出预算要按照预算基础信息库中的人员信息和相关薪资政策计算编制；日常公用经费支出预算一般按照上年支出情况编制。

（2）项目支出预算，是指高校用于与业务活动紧密相关的项目支出，包括业务类项目支出预算和投资类项目预算。业务类项目支出预算，如印刷费（大宗）、物业管理费、维修费（大型）、咨询费等，一般根据上年度支出数编制。高校要充分考虑各二级学院和部门特殊业务开展情况。投资类项目支出预算，用于固定资产、基础设施、大型修缮等方面重大投资类项目，要根据有关部门批复的规划、高校制定的年度重大投资计划等编制支出预算。

2. 经营支出，是指高校在教学、科研及辅助活动之外开展非独立核算经营活动发生的支出，其预算一般参照上年支出情况编制。

3. 对附属单位补助支出，是指高校对附属单位的补助支出，如对附属中小学、附属医院补助等，其预算一般参照上年支出情况编制。

4. 上缴上级支出，是指高校按规定上缴上级部门或单位的支出，这种情况比较少见，如果存在，则应该按照相关上缴政策规定的上缴数编制预算。

5. 其他支出，是指除上述规定范围以外的各项支出，主要包括利息支出、捐赠支出等，其预算一般参照上年支出情况编制。

二、预算编制流程

高校预算的编制采取自下而上和自上而下相结合的程序进行，俗称"两上两下"。预算编制控制流程如图 2-3 所示。

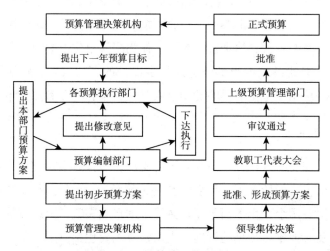

图 2-3 预算编制控制流程

以校内预算的编制为例，其主要流程如下。

（一）下达目标

校长办公会根据高校发展战略和预算期经济形势的初步预测，在决策的基础上提出下一年度高校财务预算目标，包括收入目标、成本费用目标、利润目标，并确定财务预算编制的政策，由预算管理层下达各部门。

（二）编制上报

各部门按照预算管理层下达的财务预算目标和政策，结合自身特点以及预测的执行条件，提出详细的本部门财务初步预算方案上报高校财务管理部门。

（三）审查平衡

高校财务管理部门对各部门上报的财务初步预算方案进行审查、汇总，提出综合平衡的建议。在审查、平衡过程中，预算管理层应当进行充分协调，对发现的问题提出初步调整的意见，并反馈给各有关部门予以修正。

（四）审议批准

高校财务管理部门在各部门修正调整的基础上，编制出学校财务预算方案，报预算管理层讨论。对于不符合高校发展战略或者财务预算目标的事项，高校预算管理层应当责成有关部门进一步修订、调整。在讨论、调整的基础上，高校财务管理部门正式编制学校年度财务预算草案，提交校长办公会或者党委审议批准，形成学校年度预算。

（五）下达执行

高校财务管理部门对校党委或校长办公会审议批准的年度总预算，分解成一系列的指标体系，由财务预算管理层逐级下达各部门执行。

三、预算编制原则

（一）量入为出，收支平衡

当前，高校经费收入渠道逐步拓宽，收入也是逐年增加，而高校支出需求远远大于收入的增幅。因此，高校在编制预算时，一定要坚持量入为出、收支平衡的原则，量力而行，不能搞寅吃卯粮的工程项目，不能编制赤字预算。银行贷款等融资经费应当编入年度预算，不能通过教职工集资、融资租赁等方式融资。

（二）积极稳妥，应收尽收

高校收入预算编制的重点和难点在事业收入和其他收入上，财政拨款收入按标准计算编制即可。事业收入要确认收费标准、收费范围、收费项目，并确保收费率；无项目、超范围、超标准的不能收费，更不能列入学校预算；其他收入不是一个"筐"，也不是什么都可以放，应该严格按照相关规定进行编制，因此要做到程序合规、全面完整、及时准确。收入预算的编制既要做到不漏项、不漏编，更要做到应收尽收、应编尽编。

（三）统筹兼顾，保障重点

高校预算编制首先要坚持量入为出、收支平衡的原则，支出预算编制不可能满足所有支出项目的需求。因此，高校既要统筹兼顾，保障基本支出，确保年度事业发展计划有序开展，又要保障重点，确保高校重点工作、重大项目进展。

（四）勤俭节约，效益优先

高校要坚持勤俭办学，严格遵守中央八项规定，严格按照"三公"经费开支标准，不搞豪华型建设，不搞奢侈性活动。高校经费安排要坚持效益优先，把经费投向效益突出的项目，对目标性不明确、效益低或无实质性效益的项目不能安排预算。

（五）公开透明，责任追究

高校预算编制要坚持公开透明的原则，对编制程序、支出标准和定额、重大项目、资金分配等，要做到客观、公正、透明，确保资金分配科学合理。预算编制还要坚持责任追究原则，对预算项目、基础数据、经费分配等环节和事件都要实行责任可追究，增强预算的约束力。

四、预算编制方法

（一）增量预算法

增量预算法又称调整预算方法，是指以基期成本费用水平为基础，结合预算期业务量水平及有关影响成本因素的未来变动情况，通过调整有关原有费用项目而编制预算的一种方法。增量预算法是以上一年度的预算额为基础来调整预算金额的。增量预算有三个前提假设：第一，现在存在的项目和活动都是必需的；第二，原本的各项目经费都是合理的；第三，预算费用的调增是有必要的。

增量预算法的优势在于操作过程简便，只要知道了上一年的预算执行情况，相关预算工作人员不用花费太多时间精力去搜集有关的预算信息资料就能完成预算的编制。

但是增量预算法只是单纯地在上一年预算的基数上进行简单的追加金额就可以完成下一年的编制，这种方法并不能把握好高校的财政变动和发展规划，也不能保持与高校发展需求相连接，不能与时俱进并且很难体现预算的效益性。例如常见的问题有：预算资金在分配过程中难以做到科学合理，有些预算部门会因为以往的预算基数过大，每一年累计下来结余资金过多；有的预算部门觉得自己预算基数本来就过小，想努力扩充本部门的预算金额，这种情况持续下去，高校的资金结构会发生恶化，资源配置的公平性得不到保证，资金的使用效率低。此外，该方法完全不符合预算编制及时性的要求。因此增量预算法使用的局限性较大，一般只有在收支规模比较小且资金变动也比较稳定、预算编制流程较为粗糙，以及财务预算综合水平差的部门使用。

（二）零基预算法

零基预算法，是指高校在编制预算时，不考虑以前年度的预算基础，依据科学合理的标准，对所有业务活动进行重新评价，同时按照轻重缓急、效益优先的原则进行排序，然后根据学校事业发展需要和经费规模来安排预算。

高校年度经费预算一般采用零基预算编制方法。在经费规模基本确定的前提下，首先考虑安排人员经费预算、水电暖等学校基本运转经费预算；再考虑开展教学科研等事业发展所急需的项目经费预算，主要涉及高校实验室建设、学科建设课程建设、科研项目人才引进等；最后考虑高校基本建设、大型修缮等大项目支出预算。

零基预算编制步骤如下：

1. 各高校提供部门专项经费需求计划。零基预算的编制分为经常性经费与专项经费。经常性经费是指与高校规模密切相关，可以利用定额法或比例法计算的收支项目的经费；专项经费是指与高校维持和发展相关，但与高校规模关系不密切的经费。在要求校内各部门提出预算期内资金需求计划时，仅需向高校申报经费需求计划，要求具体说明经费项目的性质、目的和数额。

定额计算法的公式可表示为：某项预算经费＝人数×单位定额费用

比例计算法的公式可表示为：某项预算经费＝某项收入支出×相应比例（％）

2. 确定基本数字。高校财务人员首先应通过查阅以前年度的财务预、决算及会计资料，向人事、学生管理、教务部门了解全校在职教职工情况、离退休教职工情况、学生情况以及其他情况，以取得编制经常性经费的相关数据资料。

（1）全校在职教职工情况，主要包括教职工的编制数，每个教职工的基本工资、津贴、奖金等收入构成，工资＝基本工资＋津贴＋奖金。

（2）离退休教职工情况，主要包括离退休教职工的级别，每个离退休教职工的离退休费的构成等，离退休费＝离休费＋退休费。

（3）学生情况，主要包括学生在校人数，当年招生人数，毕业人数，专科生、本科生、硕士生等各类人数以及学生支出标准。

（4）其他情况，包括房屋及建筑物、交通工具、房屋及建筑物附属设备、行政办公设备、教学科研专用仪器设备等资产的数量，新旧程度和性能状况等。

3. 确定定额标准。零基预算法将突破现有的支出基数，不仅考虑各单位的既得利益，又要尽可能化解分配格局变化带来的各种矛盾，为保证预算安排的公平合理，关键在于确定以下支出标准。

（1）确定人员支出及对个人和家庭的补助支出的经费标准。人员支出包括基本工资、补助工资、其他工资、职工福利费、社会保障费及助学金。其中基本工资、补助工资和其他工资构成工资总额，预算的安排要根据主管部门下达的工资总额确定，并考虑当年新出台的调资政策；职工福利费是按照工资总额的一定比例计提；社会保障费主要包括离退休人员养老金、医疗保险基金、失业保险金、住房公积金等，可按照当地政府主管部门确定的比例以工资总数为基数计提；助学金包括学生困难补助、勤工助学基金、奖贷基金、学生价格补贴等，这些费用按国家规定的比例和标准进行测算。人员经费是必保项目，在安排支出预算时应优先安排。

$$人员经费 = 工资总额 + 职工福利费 + 社会保障费 + 其他人员支出$$
$$个人和家庭的支出 = 离休费 + 退休费 + 退职费 + 生活补助$$
$$+ 医疗费 + 住房补贴 + 其他$$

（2）确定公用经费标准。公用经费主要包括公务费、业务费、设备购置费、修缮费、业务招待费及其他费用。对这部分费用的分配，可采用人均定额标准和事均定额以及业务为主的等级定额标准。为保证制定的定额标准具有先进合理性，需用统计分析法对同类高校历年经费使用情况进行审核和评价，尽量减少主观因素的影响。

（3）核定专项经费的项目和额度。在编制财务预算时，对专项经费的确定，尤其需要特别严格地贯彻零基预算的指导思想。对各部门提出的专项经费项目的性质、目的、使用效果以及急需程度进行调查分析，依照学校总体规划和年度工作计划，安排最必要的项目，使有限的教育经费更加合理。

4. 编制经费收入预算，确定高校预算收入总额。

（1）采用定额计算法编制财政补助收入和事业收入预算。

（2）按经营合同规定的上缴数或所属单位目标收入的比例计算编制所属单位上缴收入预算。

5. 编制高校经费支出预算草案。

（1）采用定额计算法或比例计算法编制经常性经费项目预算。

（2）采用成本效益分析法编制专项经费项目预算。成本效益分析法通过比较项目的全部成本和效益来评估项目的价值。对于不能按定额法或比例计算法的预算项目，可对各部门项目资金需求计划的支出预算及其使用效果进行对比，分析轻重缓急程度，据此来判断各项费用开支的合理性及优先顺序。

$$可分配项目资金 = 项目资金总额 - 必要项目支出$$
$$分配的项目资金 = 可分配项目资金 \times 本项目收益率 \div 各项目收益率合计数$$

（3）按部门汇总编制经费支出预算草案。在安排了全部必需的支出项目预算后，剩余的经费不能满足一些非必需项目时，可采用比例法，即把剩余的经费按一定比例分配到各项目，按分配的数额编制计算。

6. 将高校经费支出预算草案与经费收入预算进行对比，根据项目重要性及缓急情况调整收支差额，或采用剩余经费分配法分配非必须项目的支出预算。

7. 进行计算汇总，综合平衡。根据掌握的相关资料和各单位提出的部门专项经费需求计划，按照定额和经费合同规定分别计算财政补助收入、事业收入和所属单位上缴收入支出方面，按定额计算经常性经费。对于专项经费，按照成本效益原则，分析、判断项目的重要性，对各项目的性质、目的、轻重缓急程度、使用效果等进行调查分析，并依据高校的总体规划和年度工作计划进行综合平衡，最后按部门汇总编制经费支出预算方案。

【例2-1】A大学为省人民政府和教育部共同建设的重点大学、国家重点支持的西部地区十四所大学之一。学校实行"统一领导，分级管理"的财务管理体制，财务处是学校唯一的一级财务机构，统一管理全校的各项财务工作，全面负责预算的编制、执行、控制和考核等工作。该校于20×2年实施了以零基预算法为基础的预算改革，上一年度教师共有1 250人，月平均工资为3 700元，奖金每人每年2万元，津贴每人每年1.8万元，社会保障费每人每月1 165元，本年度新增教师100人，上一年度教师支出如表2-1所示，根据零基预算法编制本年度教师支出预算表如表2-2所示。

表2-1　　　　　　　　　　上一年度教师支出表　　　　　　　　单位：万元

科目	支出额
工资总额	10 300.00
其中：基本工资	5 550.00
奖金	2 500.00
津贴	2 250.00
社会保障费	1 747.50
合计	12 047.50

表2-2　　　　　　　　　　本年度教师支出预算表　　　　　　　　单位：万元

科目	预算额
工资总额	11 124.00
其中：基本工资	$(1\,250+100)\times0.37\times12=5\,994.00$
奖金	$(1\,250+100)\times2.00=2\,700.00$
津贴	$(1\,250+100)\times1.80=2\,430.00$
社会保障费	$(1\,250+100)\times0.1165\times12=1\,887.30$
合计	13 011.30

（三）滚动预算法

滚动预算法，是指高校根据上一期预算执行情况和新的预测结果，按既定的预算编制周期和滚动频率，对原有的预算方案进行调整和补充，逐期滚动并持续推进的预算编制方法。滚动预算与高校的战略管理相辅相成、密切相关，战略发展规划为滚动预算的编制和实施提供框架、目标和方向，滚动预算为高校战略发展规划的落地和实施提供资金支持。

当前，高校编制的中期财政规划就是采用滚动预算编制方法。收入预算，根据基础数据库数据和相关政策连续性编制即可，待政策调整年份对预算作相应调整即可；支出预算，利用基础数据库数据和相应支出标准即可连续编制支出预算。滚动预算编制的难点也是其有利的一点，就是项目支出预算的编制，尤其是重大项目和重点工程的预算编制，因项目实施周期一般跨度较长，需要连续不间断又没有统一规律地安排经费预算，特别适合采用滚动预算法。滚动预算通常每年编一次，逐期向后滚动，并根据实际执行情况和高校的工作重心、重大项目和重点工程进展情况不断对后几年的预算进行更新完善。

三年期滚动预算流程如图 2-4 所示。滚动周期建议为一年，时间起点为每年 3 月份人大会议后实施。在滚动预算周期内，保持经费总量控制和政策连续性，对重点滚动支持的项目实施项目库管理。同时协调校内各部门分工协作，如政策法规处负责一些宏观指标的制定，财务处负责具体编制。也有专家建议高校滚动预算的编制年限为五年，这样可以同高校的五年规划相衔接。

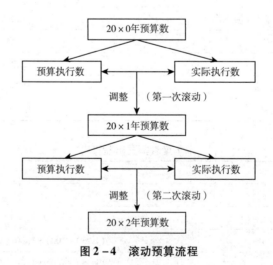

图 2-4　滚动预算流程

【例 2-2】Z 高校是安徽省的一所国家公办全日制本科院校，学校专业涵盖工学、理学、文学、教育学、艺术学、管理学、法学等多个学科。根据规定，该高校自 20×0 年开始采用三年期滚动预算法编制财务预算表，20×0 年部门财务收支预算总表如表 2 - 3 所示。

表 2 - 3　　　　　　　　20×0 年部门财务收支预算总表　　　　　单位：万元

收入		支出	
项目	预算数	项目（按功能分）	预算数
一、一般公共预算拨款收入	4 833 689.57	一、一般公共服务支出	100.58
二、政府性基金预算拨款收入	1 626.00	二、外交支出	1 808.00
三、国有资本经营预算拨款		三、教育支出	664 106.10
四、事业收入	5 381 320.26	四、科技支出	10 727 096.53
五、事业单位经营收入	134 553.96	五、文化旅游体育与传媒支出	69.50
六、其他收入	526 219.42	六、社会保障和就业支出	261 163.81
		七、卫生健康支出	4 058.50
		八、住房保障支出	242 401.25
本年收入合计	10 877 409.21	本年支出合计	11 900 804.27

由于 20×0 年 Z 大学卖出旧设备，买入新教学设备，其 20×0 年实际收入为 11 998 895.56 万元，实际支出为 13 566 506.28 万元，对 20×0 年的预算与实际数进行调整，并调整下一期预算表，如表 2 - 4 所示。

表 2 - 4　　　　　　　20×0~20×2 年收入支出预算表　　　　　单位：万元

20×0 年		20×1 年		20×2 年	
收入	支出	收入	支出	收入	支出
10 877 409.21	11 900 804.27	11 091 458.00	13 278 201.00	12 000 000.00	13 300 000.00

等到 20×1 年结束时，将 20×1 年实际收入与支出与预算数进行调整和修正，继续编制 20×1~20×3 年收入与支出预算数，如表 2 - 5 所示。以后各期收入与支出预算编制按上述方式进行。

表 2 - 5　　　　　　　20×1~20×3 年收入支出预算表　　　　　单位：万元

20×1 年		20×2 年		20×3 年	
收入	支出	收入	支出	收入	支出
11 065 322.36	13 798 058.28	11 253 235.51	15 695 082.29	12 368 000.00	1 578 800.00

（四）绩效预算法

绩效预算法，是在成本效益分析的基础上确定实施方案所需费用来编制预算的一种方法。按照制订的计划进行预算编制是绩效预算的特点之一，首先通过预算计算出成本，然后根据成本测算相应的效益，通过效益来评价业绩，是绩效预算编制的流程。高校绩效分析主要是对以下三点，即教育经费投入产出绩效、科研经费的效益以及基建投资效益进行分析。绩效预算法的核心主要是建立一套完整的评估体系，该体系能够提取出高校业务活动绩效的指标，根据指标的要求对教育资源进行合理安排。绩效评估体系可参看本书第八章的相关内容。

五、预算编制归档

高校预算编制形成大量珍贵的材料，也是今后监督检查的重要依据，对预算编制材料及时、完整、全面整理归档十分重要。归档材料内容主要包括同级财政部门、主管部门预算编报及预算下达通知；高校预算编报及预算下达通知；重大项目和重点工程预算测算过程材料；大额专项资金立项报告书；校内预算编制说明；高校预算管理委员会、校长办公会审议材料；党委会决议预算编制过程中形成的工作底稿等。

预算编制归档材料，要按年度整理成卷，纳入会计资料一并保管，保管期限与同年会计账簿保存期限一致。

第三节　预算执行与控制

一、预算执行

预算执行是预算管理的关键环节，影响整个预算实施质量和实施效益。

（一）预算执行内容

就高校收入而言，除政府拨款之外自筹经费在预算经费中占相当大的比例。高校应鼓励多渠道筹资并将高校的全部收入纳入高校财务管理，同时应建立工作台账进行考核，落实各级经济责任制，这是实现全年收入预算的基础。

就支出而言，应按预算规定的工作任务内容、数量、标准进行财经纪律、财务制度的监督。高校年度综合财务预算实行"预算包干、结余留用、超支不补"的预算管理办法，各部门必须精打细算、节约办事，对超预算、无预算的开支，财务部门有权拒绝执行。

（二）预算执行措施

1. 建立制度。高校要建立预算执行督查、分析、调度、责任追究制度，以及预算控制和调整制度，以保障预算顺利执行。

2. 分解预算。高校收到主管部门批复的预算后，要做好月度、季度用款计划，合理分解全年预算，确保高校集中使用经费时资金能够跟得上。

3. 明确责任。高校收到主管部门批复的预算后，将预算收入任务和支出指标进行分解，下达到预算执行部门，并明确每一笔预算资金的责任人，确保事权与收入、支出责任相结合。

4. 加快执行。高校应当重视并认真做好预算执行工作，科学安排支出进度。财政拨款资金要优先用于基本支出，确保财政拨款资金的使用进度；加强对结转结余资金管理，制定政策盘活存量资金。需要政府采购的，应当在部门预算第一轮下达执行确定经费补助项目后，立即启动相关采购程序，尽快开展招标工作。

5. 跟踪分析。预算执行过程中，高校财务部门要定期或不定期统计分析预算执行情况，将执行情况同预算进行比对，从中找出差异和存在的问题，分析产生问题的原因，形成预算执行情况分析报告，提请高校预算管理委员会、校长办公会研究后，提出解决问题的建议方案，按规定程序提交学校党委审定。

6. 定期调度。高校预算管理委员会、财务部门要定期调度各二级学院、部门预算执行情况，并将调度的情况在高校内部及时进行通报，以促使相关部门重视预算执行，加快预算执行进度。

7. 实施监督。高校应当严格按照法律法规组织会计核算和开展会计监督。监督内容包括各预算执行单位是否依法依规组织收入，各类支出是否符合依据、标准、审批权限和使用要求，项目支出预算是否专款专用等。

【例2-3】K大学是位于广西的一所国家公办全日制本科院校，学校专业涵盖工学、理学、文学、教育学、艺术学、管理学、法学等多个学科。20×1年和20×2年支出预算决算对比如表2-6和表2-7所示。

表2-6　　　　　　　　　　20×1年支出预算决算对比

项目	20×1年预算数（万元）	20×1年调整预算数（万元）	20×1年决算数（万元）	执行率（%）
合计	93 411.82	102 286.75	102 286.75	109.50
高等教育支出	83 594.10	89 747.50	89 747.50	107.36
科学技术支出		7 938.20	7 938.20	
社会保障和就业支出	7 417.34	3 720.50	3 720.50	50.16
医疗卫生和计划生育支出	400.13	410.33	410.33	102.55
农林水支出		20.00	20.00	
住房保障支出	2 000.25	450.22	450.22	22.51

表 2 - 7　　　　　　　　　　　　 20×2 年支出预算决算对比

项目	20×2 年预算数（万元）	20×2 年调整预算数（万元）	20×2 年决算数（万元）	执行率（%）
合计	105 543.85	99 647.42	99 647.42	94.41
高等教育支出	100 743.25	85 536.56	85 536.56	84.91
科学技术支出		9 808.91	9 808.91	
社会保障和就业支出	4 052.10	3 599.89	3 599.89	88.84
医疗卫生和计划生育支出	748.50	702.06	702.06	93.80

20×1 年 K 大学的支出预算数为 93 411.82 万元，调整预算数为 102 286.75 万元，年终决算数 102 286.75 万元，执行率 109.50%。由于本年度上级部门提高了本科学生和硕士研究生的奖学金标准，并且提出学生精准扶贫政策，政策在本年度需落到实处；财政部门增拨学生资助资金，同时财政部门在 20×1 年增拨了中地共建专项经费，所以本年度实际支出数超预算数。而明细项中科学技术支出和农林水支出在预算中没体现，决算数据中有体现，其原因是调整了 20×1 年的预算统计口径与 20×2 年一致，所以造成了此种差异。

20×2 年 K 大学支出预算数为 105 543.85 万元，调整预算数为 99 647.42 万元，年终决算数为 99 647.42 万元，执行率为 94.41%。主要是本年度年初预算数中包含了存量资金消化 6 000 万元，是造成预算执行差异的主要原因。明细项中，科学技术支出在预算编制中未体现，而决算数据中有体现，是因为上级部门下发的决算统计口径中科学技术支出是单独列支的，而预算编制统计口径中科学技术支出在高等教育支出中列示。

综上数据可以看出，K 大学在预算执行中，总体来说预算执行水平是不错的，但在明细执行中，由于上级部门拨款的滞后性，以及政府采购流程过长，专项经费从拨款到使用的周期过长等原因，影响了经费使用中的均衡性，是 K 大学需要引起注意的地方。

二、预算控制

（一）预算控制内容

1. 收入控制。主要根据编制的收入预算来控制，按照财政拨款进度确认财政拨款收入；事业收入、其他收入等无预算的要调整预算，有预算要尽收，每项收入都要有依据、有标准、合法合规。收入要归口到高校财务部门统一管理，不得公款私存。高校不得截留、挪用、滞留应当上缴的预算收入。

2. 支出控制。高校各二级学院、部门，要按照精打细算、勤俭节约的原则，严格按批复的预算安排好全年的经费支出，严禁超预算或无预算支出；实行项目管理的，要切实保障项目执行进度，不得随意变更资金用途，确保专款专用及资金使用效益。健全支出内部管理制度，确定单位经济活动的各项支出标准，明确支出报销流程，按照规定办理支出事项。

3. 预算执行控制。高校财务部门要认真组织会计核算，对预算执行情况进行全方位、全过程监控，建立预算执行分析机制。定期召开预算执行分析会议，研究解决预算执行中存在的问题，提出改进措施，提高预算执行的有效性；将高校预算执行情况及时向校领导汇报，并定期向各二级学院、部门通报预算执行情况，如图 2－5 所示。

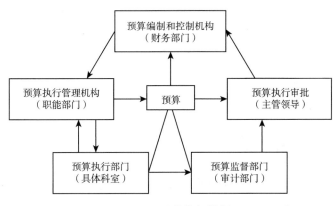

图 2－5　预算执行控制

4. 政府采购控制。政府采购目录范围内和采购限额标准以上的所有支出项目，均应纳入政府采购预算编制范围，做到应编尽编。纳入政府采购预算的目的，要严格按照政府采购程序实施政府采购，做到应采尽采。

（二）预算控制流程

根据时间不同，预算控制可分为事前控制、事中控制和事后控制。

1. 事前控制，是指在预算资金使用之前，通过项目论证、以前年度预算执行及考评情况等分析活动，对资金的用途和效益作出的预算控制和安排。

2. 事中控制，是指在预算执行过程中，对资金的支出去向和预算执行进行跟踪分析，查找问题并向预算执行责任部门反馈，及时给予纠正的措施。

3. 事后控制，是指在预算期后，对各二级学院、部门的预算执行情况进行汇总，分析存在的问题，作为年度奖惩的依据，也为下一年度预算编制提供参考。

高校要采取有效措施加快预算执行进度，从事前控制、事中控制、事后控制三个方面严格控制存量资金的规模。健全结转结余资金定期清理机制，有效盘活存量资金；为提高资金使用效益，对各二级学院、部门大额存量资金和结余结转超过 2 年的资金，高校统一将资金收回，统筹用于高校教育事业发展急需的项目。

三、预算调整

因高校预算是年度财务计划，其运行时间跨度大，因此，在预算的执行过程中，由于种种意想不到原因，计划和实际执行之间会出现差异，这就需要根据实际情况的变化进行合理的调整。但是这种调整只能是必要的微调而不是经常性的、大幅度调整。否则，编制预算就失去了其应有的财务管理作用，甚至导致高校财务收支处于无序运行状态。

（一）预算调整时间

1. 定期调整。每个预算阶段（一般为每季度）结束后，由预算管理委员会有关责任中心负责人参加的预算分析协调会，讨论预算调整事宜。

2. 不定期调整。高校外部环境、内部条件等方面发生重大变化，可以根据情况随时提出预算调整申请。

（二）预算调整原则

1. 不随意调整原则。高校预算一经批复，一般不得调整。在预算执行过程中，遇到国家重大政策调整、高校发展方向调整、高校事业发展发生重大变化或发生不可抗力因素影响预算执行时，高校应当调整预算。

2. 内部挖潜原则。当不利于预算执行的重大因素出现后，应首先通过内部挖潜或采取其他措施弥补，只有在无法弥补的情况下，才能提出预算调整申请。

3. 积极调整原则。当外部环境和内部条件发生重大变化，应积极主动提出预算调整申请，以保证预算方案符合客观实际情况。

（三）预算调整程序

因客观因素引起的年度预算调整，预算执行责任部门向高校财务部门提出书面调整申请报告，预算管理委员会、校长办公会负责审核，报经学校党委审议通过后，按规定程序报送主管部门审批，财务部门根据主管部门批复意见调整年度预算。因特殊情况对预算执行影响较大需要调整预算时，只能此增彼减，不得突破预算总额；调整权限必须与审批权限一致；调整必须有利于提高效益、加快预算执行、促进事业发展。

当外部环境与内部条件等客观因素导致高校重大变化时，经预算管理委员会和高校党委协商一致后，可提出预算调整申请。审批程序为：由预算管理委员会和学校党委提出预算调整意向，财务部门编制预算调整申请表，提交预算执行情况分析报告，说明调整内容和原因，上报主管部门审议批准，如图2-6所示。

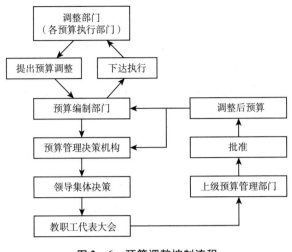

图 2－6　预算调整控制流程

第四节　决算编制

一、高校决算的必要性

高校财务决算是部门决算的重要组成部分，是依据预算管理关系实施的一种行政行为，能够为财政部门及上级主管部门进行决策提供数据参考。高校财务决算是以年终审核无误的会计账簿为基础，结合部门预算等相关资料，反映高校在会计年度经济活动的运行状况，由财务决算报表和文字说明两大部分组成。当前，高校内外部环境发生了深刻变化，经济活动日益复杂，资金来源更加多元化，相关利益主体对高校的财务状况更加关注，而高校财务决算报表就是高校自身和相关决策者了解高校财务状况的最直接工具，同时财务决算也是财政有关部门审查预算批复的基本依据。

二、决算编制原则

（一）提高认识

高校决算是高校预算执行结果和财务状况的总结性文件，是预算管理的一个重要环节，反映高校预算执行结果，体现高校战略目标实现情况以及高校年度事业发展成效情况，是高校自我考核、上级有关部门以及社会公众对高校评价的重要参考依据。部分高校有时忽视决算的重要性，仅看作是一套报表数字，由财务部门填报上交就行了。其实，应把决算编制同预算编制摆到同样重要的位置给予重视，建立机制，加强管理。

（二）夯实基础

高校在编制决算前，要做好充分的准备工作，为编制决算奠定坚实基础。应当进行必要的固定资产盘查、债权债务核实、对外投资核对、费用清算、收入催缴等工作，对现金、银行存款、零余额账户、财政拨款、事业收入、资产等数据进行清点核对，确保财务信息真实完整，全面、如实地反映高校年度财务状况和收支情况。

（三）认真编制

高校要按照主管部门规定的时间完成决算编制工作，需要专业人士编制，要学会、理解编制要求，积极协调各预算执行部门提供决算数据，全面、完整、据实填报决算数据，认真撰写决算报告。决算报表附注和说明要作为决算报告的重要内容一并填报。

（四）科学分析

高校应当加强对决算数据分析和分析结果运用工作，科学设置财务分析指标，对学校财务状况、学校与校内各部门财务收支等进行横向与纵向比较，为学校决策提供依据。

（五）严格审核

高校应当建立决算编制审核制度，明确报表编制和资料提供的责任主体、审批权限和时间要求等，确保决算真实、完整、准确、及时，符合有关法律法规要求。

（六）全面归档

高校决算报告编制完成后，经学校预算管理委员会、校长办公会审核，学校党委会批准后，报主管部门审核，经同级财政部门批复后整个决算工作结束。经财政部门、主管部门批复后的决算，其所有流程形成的资料要及时、全面、完整整理归档，与同年预算编制资料同档保存，形成完整的年度预算管理资料。

（七）及时公开

根据主管部门对决算公开的要求，将由财政部门、主管部门批复后的决算在规定时间、规定范围内进行公开。次年，在校代会期间，高校财务处要向大会做上一年度预算执行情况的报告，分析说明上一年度高校经费收支及财务状况。

三、决算编制程序

（一）熟悉决算编制要求

决算报告由财务部门抽调精干力量，专人负责编制。决算编制前，编制人员要学习研究并掌握决算系统中每张报表要求填报的内容、口径、范围、特殊说明等事项，比对决算系统各报表与往年在填报时有无变化，以及变化对决算填报和高校财务的影响程度等。

（二）编制工作底稿

根据决算报表填报要求，将决算报表中涉及的所有收支项目，在基本和项目支出分类的前提下，利用决算编报信息系统，进行政府功能科目分类、经济科目分类，编制资产负债表、资产情况表、收支明细表、支出项目明细表和采购表等工作底稿。

（三）填报决算系统

根据审核无误的工作底稿，填报财政部门统一的决算管理信息系统，填报信息系统时要注意各报表的填报顺序，也可以利用系统的报错功能来提高填报效率。各报表间数据平衡后，决算系统填报完毕。

（四）编制决算填报说明和决算分析

决算报表填报完成后，要撰写决算填报说明并进行决算分析。主要包括：高校概况、当年收入支出与上一年度变化情况、当年收入支出结构性分析、当年收入支出预算执行情况分析、"三公"经费情况分析、资产负债表财务状况分析等，在分析时要详细解释说明各种数据的成因，最后对决算编制中遇到的特殊事项进行说明。

（五）审核审批

决算报表及说明编制完成后，报学校预算管理委员会、校长办公室审核，并经学校党委会审批通过后，报主管部门审核。

第五节　预算考评

高校应当加强预算绩效管理，建立"预算编制有目标、预算执行有监控、预算完成有评价、评价结果有反馈、反馈结果有应用"的全过程预算绩效管理机制。高校在预算编制时对项目支出和整体支出应当设置绩效目标，项目支出绩效目标根据专项发展规划目标设定，整体支出绩效目标由高校根据发展规划目标和年度目标设定。

一、预算考评对象

（一）预算编制

对预算编制的考评主要聚焦信息资料的准确性、可靠性；考评重大项目和重点工程专项经费预算安排的可行性、必要性等。

（二）预算执行

预算执行考评是通过一系列业绩指标，跟踪监控预算执行实施进程、业务进展以及相关资源匹配等情况，主要聚焦预算执行过程中长期存在的执行进度慢、业务进展慢、资金到位率低、资金使用效益不高等问题。

（三）决算

决算考评是通过对预算执行最终结果和资金使用效益进行分析和评价，检验其是否达到了预期的效果和目标。

（四）整改情况

通过预算考评发现的问题，应当及时、全面、彻底整改，整改情况要作为下一年度预算安排的重要内容进行参考。

二、预算考评原则

（一）目标性原则

高校预算考评体系设计其根本目的在于实现高校战略目标和本年目标，在目标确定之前，管理者已经进行了科学预测，在严谨的分析和调查的基础上制订全面预算年度计划。因此，在预算考评时如无特殊原因，未能实现预算目标就说明执行者未能有效地执行预算，高校要将目标原则作为实施预算管理考核的首要原则，引导各部门负责人重视预算，加强管理，为实现高校战略和预算目标而努力。

（二）责权利匹配原则

高校在预算申报、执行、绩效评价等方面享有权利，同时也承担与权利相辅相成的责任与义务，预算考评的奖惩和激励也应与之相匹配。

（三）例外性原则

在预算执行中，可能会出现不可预计的特殊事项，如外部政策变化、自然灾害等特殊事项，预算考评时要对这些特殊事项做特殊处理。发生特殊事项的，要评估对预算管理的影响程度，适时调整考评指标，并对预算调整情况加以考评。

（四）可行性原则

可行性原则要求制定的考核标准是可以操作的，考核指标可以量化，考核信息可以获得，考核者对于考核方法能正确应用等。若预算考核不能够实施，那么考评就是无效的，不能进行正确考评会影响下期预算的编制。

（五）时效性原则

高校对预算的考核应及时进行，并依据激励制度及时进行奖惩，只有这样，才有助于偏差的及时纠正以及管理上的改进，保证各部门预算目标的完成。如果考核不及时，奖惩不在一段时间内兑现，将很难达到预期回报，很难维持员工的忠诚度，激励机制将形同虚设。

（六）公开、公平、公正原则

预算考评机制建立和实施应坚持公平、公开、公正原则，加强考评过程管理，保留考评工作底稿和考评过程记录，接受教职工监督，以备责任追究。

三、预算考评程序

高校预算考评主体为学校预算管理委员会，接受考评对象为预算执行各责任部门和各责任人。第一，由预算管理决策机构进行预算分析与考核。第二，年底由财务部门按部门分项目统计出各部门预算执行情况，并上报学校预算管理决策机构。第三，由各预算部门向预算管理决策机构汇报该部门预算管理措施及制度建设情况、预算资金使用情况和资金使用效益情况。第四，高校预算管理决策机构根据预算实际执行情况与预算目标相对照，对预算部门进行综合打分。第五，根据考评结果，对绩效优良的部门通报表扬；对绩效差劣的部门采取通报批评等方式予以警示。高校预算管理决策机构将预算绩效考核项目结果可在一定范围内公布，接受监督。

预算考核控制流程如图 2-7 所示。

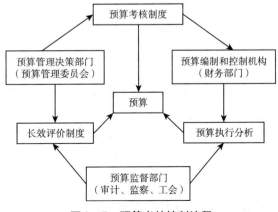

图 2-7　预算考核控制流程

四、设置预算考评指标体系

建设绩效指标丰富、评价标准科学的预算绩效指标体系，是全面实施绩效管理的基础，考核指标体系的设置是预算考核的关键，指标的设置要科学合理，既要全面又要兼顾重点，不仅要有收入、支出等财务指标，也要有教学、科研实施成果等非财务指标；不仅要有定量指标，也要有定性指标。绩效指标应尽量进行定量表述，不能以量化形式表述的，可采用定性表述，但应具有可衡量性。绩效指标的权重设定，依据综合指标的重要程度、项目的特点、预算资金量的大小等因素，设置符合项目本身的绩效指标权重，且指标权重并不是唯一的，需要结合不同高校、不同项目的特殊性调整权重比例。在此，仅列举一些传统的预算考核指标。

1. 收入预算考核的指标。

$$收入预算完成率 = \frac{当年实际收入数}{当年收入预算数} \times 100\%$$

$$总收入增长率 = \frac{当年总收入 - 上年总收入}{上年总收入} \times 100\%$$

$$事业收入增长率 = \frac{当年事业收入 - 上年事业收入}{上年事业收入} \times 100\%$$

$$经营收入增长率 = \frac{当年经营收入 - 上年经营收入}{上年经营收入} \times 100\%$$

$$事业单位收入占总收入比率 = \frac{事业收入}{总收入} \times 100\%$$

$$经营收入占总收入比率 = \frac{经营收入}{总收入} \times 100\%$$

2. 支出预算考核的指标。

$$支出增长率 = \left(\frac{本期支出总额}{上年同期支出总额} - 1 \right) \times 100\%$$

$$人均开支 = \frac{本期支出总额}{"工资"目平均人数} \times 100\%$$

$$专项支出占总支出比重 = \frac{本期专项支出数}{本期支出总额} \times 100\%$$

$$人员支出占总支出比重 = \frac{本期人员支出数}{本期支出总额} \times 100\%$$

3. 预算执行考核的指标。

$$财政拨款收入预算执行率 = \frac{决算数}{年初预算数} \times 100\%$$

$$非财政拨款收入预算执行率 = \frac{决算数}{年初预算数} \times 100\%$$

$$年初结转和结余预算执行率 = \frac{决算数}{年初预算数} \times 100\%$$

$$人员经费预算执行率 = \frac{决算数}{年初预算数} \times 100\%$$

【例 2 - 4】 某学校是以培养、培训小学及幼儿教师为主的全日制普通高校，其决算相关信息统计表、部门决算量化评价表中预算执行情况信息如下。

1. 财政拨款收入预决算情况。20×1 年度部门预算财政拨款收入数为 8 954.21 万元，决算数为 11 555.55 万元，财政拨款收入预算执行率 = 决算数/年初预算数 × 100% = 129.05%，财政拨款收入预决算差异率为 29.05%。

2. 非财政拨款收入预决算情况。20×1 年度部门预算非财政拨款收入数为 3 750 万元，决算数为 4 227.88 万元，非财政拨款收入预算执行率 = 决算数/年初预算数 × 100% = 112.74%，非财政拨款收入预决算差异率为 12.74%。

3. 年初结转和结余预决算情况。20×1 年度部门预算中年初结转和结余数为 1 452.88 万元，决算数为 2 650.65 万元，年初结转和结余预算执行率 = 决算数/年初预算数 × 100% = 182.44%，年初结转和结余预决算差异率为 82.44%。

4. 基本支出预决算情况。20×1 年度年初预算人员经费数为 7 276.17 万元，决算数为 9 117.77 万元，人员经费预算执行率 = 决算数/年初预算数 × 100% = 125.31%，人员经费预决算差异率为 25.31%。

该校最后通过决算，预算执行情况项目满分 50 分，评分得 28 分，如表 2 - 8 所示。

表 2 - 8　　　　　　　　　　部分决算评价量化指标得分情况

一级指标		二级指标		评分标准	差异率（%）	分数
名称	权重	名称	权重			
预算执行情况	50	财政拨款收入预决算差异率	15	差异率 = 0，得满分；差异率（绝对值）> 0 时，每增加 5%（含）扣减 1 分，减至 0 分为止	29.05	10
		非财政拨款收入预决算差异率	15		12.74	13
		年初结转和结余预决算差异率	10	差异率 = 0，得满分；差异率（绝对值）> 0 时，每增加 10%（含）扣减 1 分，减至 0 分为止	82.44	0
		基本支出预决算差异率	10	差异率 = 0，得满分；差异率（绝对值）> 0 时，每增加 5%（含）扣减 1 分，减至 0 分为止	25.31	5
合计	50		50			28

目前，有很多学者在探索建立可推广的高校预算管理绩效评价指标体系，更加强调预算的效率与效果，如表 2 - 9 所示的指标体系为一级指标、二级指标、三级指标，每

级指标都有代表的权重，高校可以根据预算实行情况进行打分，再根据权重计算出最后的总得分。通过预算考核发现高校预算管理中存在的问题，并进行修改和完善。

表 2－9　　　　　　　　　　高校预算管理绩效评价指标体系

一级指标		二级指标		三级指标		指标内涵	指标说明
内容	权重	内容	权重	内容	权重		
绩效目标	15	目标设定	15	绩效目标合理性	7.5	反映设定的绩效目标的合理水平	评价要点：①是否符合国家法律法规、国民经济和社会发展总体规划；②是否符合高校"三定"方案确定的职责；③是否符合高校制定的中长期实施规划
				绩效指标明确性	7.5	反映设定的绩效目标的明确程度	评价要点：①是否将高校整体的绩效目标细化分解为具体的工作任务；②是否通过清晰、可衡量的指标值予以体现；③是否与高校年度的任务数或计划数相对应；④是否与本年度高校预算资金相匹配
预算编制	20	预算编制与调整的科学合理性	6	预算编制与调整的政策和程序	3	反映预算编制的范围与标准符合政策依据的程度，调整程序的合法合规性	评价要点：①是否符合"量入为出、收支平衡"的预算编制原则；②预算的范围和标准是否符合政策依据
				预算调整率	3	反映高校预算调整概况	评价要点：①编制的二上项目预算是否在一上上报范围；②是否经过高校领导班子集体审议
		人力投入	5	专任教师数	2	反映高校专任教师数量	评价要点：①当年在职的专任教师数；②当年具有博士学位的在职专任教师数；③当年具有正高、副高职称的在职专任教师数
				行政人员数	2	反映高校行政人员数量	评价要点：当年专职从事行政工作的人员数
				教辅及后勤人员数	1	反映高校教辅及后勤人员数量	评价要点：①当年专职从事教辅工作的人员数；②当年专职从事后勤工作的人员数
		财力投入	5	教育经费投入	2	反映高校教育经费投入金额	评价要点：当年财政教育经费拨款数
				科研经费投入	2	反映高校科研经费投入金额	评价要点：科研项目受资助金额
				其他经费投入	1	反映高校其他经费投入金额	评价要点：各项专项基金受资助金额
		物力投入	4	生均校舍面积	1	反映高校生均校舍面积情况	生均校舍面积 = 校舍总面积/学生数
				人均科学仪器设备	2	反映高校人均科研仪器设备数	人均科研仪器设备 = 科研仪器设备数/师生数
				人均图书册数	1	反映高校人均图书馆册数	人均图书册数 = 图书册数/师生数

一级指标		二级指标		三级指标		指标内涵	指标说明
内容	权重	内容	权重	内容	权重		
预算执行	22	预算执行合法合规性	11	收费项目合法合规性	5.5	反映各类收费项目的合法合规性	评价要点：①所有收费项目及收费标准是否严格按照国家及地方文件执行；②所有收费项目是否按照规定公示；③本年度是否没有与收费项目相关的整改事项
				支出项目合法合规性	5.5	反映各类支出项目的合法合规性	评价要点：①预算资金支出是否符合国家有关财务规章制度规定的开支范围及标准；②本年度是否没有与预算资金支出相关的整改事项
		预算执行	11	预算完成率	5	反映高校预算计划的完成情况	预算完成率＝预算完成数/预算数×100%
				结转结余率	3	反映财政拨款结转和结余的管理水平	结转结余率＝结转结余总额/支出预算数×100%
				结转结余变动率	3	反映年末财政结转结余与上年同期相比的增减变化	结转结余变动率＝[（本年度累计结转结余资金总额－上年度累计结转结余资金总额）/上年度累计结转结余资金总额]×100%
预算控制	17	组织与制度环境约束	17	预算管理组织有效性	6	反映高校层面对预算管理工作的重视程度以及高校预算管理工作的专业水平	评价要点：①高校层面是否成立专门的预算管理工作领导机构；②是否设置了总会计师或由具有财经及管理专业背景的校领导分管预算管理工作；③预算管理工作负责人是否具有硕士及以上学历（或学位）
				预算管理制度健全性	6	反映高校层面预算管理制度的完整性、规范性和适应性	评价要点：①预算管理制度是否建立完整；②预算管理制度是否有效
				预算信息公开性	5	反映高校预算信息公开化程度和及时性程度	评价要点：①是否按照国家信息公开条例及教育部高等学校信息公开办法，制定和建立学校信息公开制度；②制度中是否反映预算信息公开内容的完整性和规范性；③预算信息是否按照信息公开文件规定的时间公开；④是否以网站作为预算信息公开渠道及方式

一级指标		二级指标		三级指标		指标内涵	指标说明
内容	权重	内容	权重	内容	权重		
预算效果	26	人才培养	10	培养过程质量	4	反映高校学生培养过程的质量	评价要点：①课程教学质量；②导师指导质量；③学生国际交流情况
				在校生质量	3	反映高校在校生的综合素质	评价要点：①学位论文质量；②优秀在校生情况；③授予博士和硕士学位数（设置上限）
				毕业生质量	3	反映高校毕业生的质量	评价要点：①毕业生总体就业情况，以及优秀博士、硕士毕业生就业情况；②用人单位对毕业生职业胜任能力、职业道德、满意度等进行评价
		科学研究	9	科研成果	4	反映高校取得的科研成果数量	评价要点：①学术论文数量及质量；②出版专著数量及质量和专利转化数量；③出版的"十二五"国家级规划教材数量
				科研获奖	2.5	反映高校科研成果获得社会认可的程度	评价要点：①国家最高科学技术奖、自然科学奖、技术发明奖、科学技术进步奖数量；②教育部高校科研成果奖数量；③省级科研奖、专业领域科研奖数量
				科研项目	2.5	反映高校获得的科研立项数量	评价要点：①国家自然科学基金、国家社会科学基金、教育部人文社会科学研究项目、全国教育科学规划课题数量；②省部级及重要横向科研项目数量；③专业领域各类科研项目数量
		社会服务	7	社会服务贡献	7	反映高校社会服务职责及履行情况	评价要点：提供学科在社会服务方面的主要贡献及典型案例，包括但不限于推动科技成果转化，服务地方经济建设或国防事业；举办重要学术会议，创办学术期刊，引领学术发展；推进科学普及，承担社会公共服务；发挥智库作用，为制定政策法规、发展规划、行业标准提供咨询建议并获得采纳等

资料来源：杨蓉，曹瑾.高校预算管理绩效评价指标体系设计研究［J］.教育财会研究，2018.29（6）.

五、考评结果的运用

（一）评价结果有奖惩

建立与预算考核结果相配套的奖惩机制是严格执行预算管理的有效手段。充分发挥预算考评结果的作用，创造的经验和成绩要进行推广，不足的地方要及时改正。有效运用预算考评结果，将评价结果与年度考核挂钩，与以后年度预算分配挂钩。建立必要的奖惩机制，并将考评结果纳入学校年度奖惩范围，对预算执行部门实施奖惩。

（二）预算责任追究

1. 有下列行为之一的，责令改正，对负有直接责任的主管人员和其他直接责任人员依法给予降级、撤职、开除的处分：（1）未将所有政府收入和支出列入预算或者虚列收入和支出的；（2）截留、占用、挪用或者拖欠应当上缴国库预算收入的；（3）违反《中华人民共和国预算法》规定，改变预算支出用途的；（4）擅自改变上级政府专项转移支付资金用途的。

2. 违反《中华人民共和国预算法》规定举借债务或者为他人债务提供担保，或者挪用重点支出资金，或者在预算之外及超预算标准建设楼堂馆所的，责令改正，对负有直接责任的主管人员和其他直接责任人员给予撤职、开除的处分。

3. 有下列行为之一的，责令改正，追回骗取、使用的资金，有违法所得的没收违法所得，对单位给予警告或者通报批评，对负有直接责任的主管人员和其他直接责任人员依法给予处分：违反法律、法规的规定，改变预算收入上缴方式的；以虚报、冒领等手段骗取预算资金的；违反规定扩大开支范围、提高开支标准的。

第六节　预算管理应用案例

一、高校概况

A 高校是 1980 年经教育部批准设立的公办全日制普通本科综合性大学，承担研究生、普通本专科教育，成人本专科教育等多重教育教学任务。A 高校 4 个教学系部，覆盖哲学、经济学、法学等 12 个学科门类，设置 28 个职能处室，学生 39 000 余人，教职工 2 300 余人。A 高校坚持以教学为中心，高度重视师资队伍建设，不断加强基础设施建设，强化教学管理，推进教学改革，促进学科专业建设，初步形成了科学规范、运行良好的教学质量监控体系。A 高校正积极努力加快教育事业改革，加强国内外合作，争取 5 年内把学校建设成为国内一流大学。

二、预算管理体制

学校党委会是最高决策机构，负责预算的审议批准；校长办公会对党委会负责，是 A 高校最高议事机构，负责 A 高校预算的审批；学校预算管理委员会由校长任主任，分管财务工作的副校长任副主任，由财务、资产、人事、后勤、审计纪检等部门以及相关二级学院负责人组成，主要负责预算具体事项的讨论、审议报校长办公会审议；学校预算日常管理工作主要由财务处负责。近几年，A 高校不断加强预算管理制度建设，在预算编制、预算执行、预算控制、预算考评等预算管理方面制定了相关规章制度，作为约束预算管理行为的规范。

三、预算编制

A 高校预算编制包括部门预算和校内预算编制。

部门预算是以高校为单位，根据省同级财政部门和主管部门的要求，按照相关法律、法规、制度将高校全年各项收支编入预算。部门预算报表包括收入预算表、收入支出预算总表、支出明细表。

校内预算是高校各部门依据有关规章制度要求，根据高校事业发展需求，并结合各部门的实际财力状况按照经济分类编制的部门支出预算。校内预算主要是指各部门支出明细表（经济用途分类）。

（一）预算编制方法

A 高校年度预算编制主要采用零基预算法，三年中期财政规划编制主要采用滚动预算编制方法。

（二）预算编制准备阶段

7 月初，A 高校财务处印发关于编制下一年度预算工作的通知，要求各二级学院、部门整理维护基础数据库中的相关数据，统计分析重大项目和重点项目进展情况，测算预算收入及支出需求。

（三）预算编制流程

预算编制流程采取"两上两下"的方式。

1. 预算"一上"阶段。9 月底，A 高校各二级学院及相关部门填写"一上"预算申报表；对于 100 万元以上的重大项目，各部门需填写项目申请书，包括项目名称、预计金额、项目论证情况（必要性、可行性、项目实施措施及进度安排、项目目标效益等）并按重要性进行排序。此外，对于财政拨款项目还需填报绩效目标表。上述材料经学院或部门主要负责人签字并加盖部门公章后报学校财务处。10 月中旬，A 高校财务处根据各二级学院、部门预算申报情况，进行分析、汇总、调研、论证，确定部门预算"一上"内容和数据，经学校预算管理委员会、校长办公会审定，并经学校党委会批准后上报省教育厅。

2. 预算"一下"阶段。11月上旬，省教育厅将省财政厅下达的"一下"预算控制数下达给 A 高校。财务处结合各二级学院及相关部门"一上"预算申报情况，制定校内预算"一下"方案，经预算管理委员会和校长办公会研究审定，并经学校党委会批准后，下达给各二级学院及相关部门。

3. 预算"二上"阶段。11月下旬各二级学院及相关部门根据财务处下达的"一下"控制数，细化预算申报表，涉及政府采购的项目要编制政府采购预算，经部门主要负责人签字并加盖部门公章后，报学校财务处。财务处汇总分析各二级学院及相关部门"二上"数据，并进行经济分类科目的细化，形成学校部门预算初稿（见附表）；政府采购部门对政府采购项目分项目填列政府采购明细表，主要包括采购项目、采购品目、组织形式、采购方式、代理机构等，一并纳入学校部门预算初稿。经学校预算管理委员会、校长办公会审定后，报学校党委会批准上报主管部门。

4. 预算"二下"阶段。12月中旬，部门预算"二上"后，A 高校财务处进行校内预算的"二下"程序，将预算批复到各二级学院及相关部门，政府采购项目可以实施预采购等采购流程。待次年1月份，部门预算"二下"后，若有调整，学校可以立即调整校内预算。

（四）部门预算的编制

1. 收入预算编制。收入预算依据生均财政定额拨款、收费标准、学生数以及校内各部门测算的其他收入进行编制。有关的基础数据，如表 2-10 和表 2-11 所示。

表 2-10　　　　　　　　　　A 高校人员情况　　　　　　　　　　　单位：人

序号	人员类别		学科类别	人员数量
1	学生	本专科生	文史、管理类	8 000
2			理工类	7 600
3			艺术类	3 000
4			其他	19 155
5			本专科生小计	37 755
6		研究生		1 500
7		成人教育生		2 000
8		学生人数小计		41 255
9		其中住宿学生数		38 000
10	其他	离休		84
11		退休		1 200

序号	人员类别		学科类别	人员数量
12	其他	外籍专家		110
13		函大、电大、夜大及短训班培训人数		2 750

表 2 – 11　　　　　　　A 高校财政拨款、学费和住宿费等定额标准　　　　　单位：元/人

序号	类别		财政拨款定额	学费	住宿费	函大、电大、夜大及短训班培训费
1	本专科生	文史、管理类	7 000	6 000		
2		理工类	8 400	7 000		
3		艺术类	11 900	11 000	700	
4		其他				
5	研究生		16 000	12 000		
6	成人教育生			5 000		
7	其他	离休	70 000			
8		退休	100			
9		外籍专家	80 000			
10		函大、电大、夜大及短训班培训人数				6 000

（1）财政拨款测算。学生拨款、收费以及离退休、外籍专家拨款，依据表 2 – 10 和表 2 – 11 中基础数据及对应标准，即得到此部分预算拨款数额。专项经费补助在本案例中包括两个项目：基础设施升级改造 1 440 万元、高水平应用型建设培育专业 2 910 万元。专项经费补助项目是根据高校在预算期内的发展要求，从项目库中选取的重点建设项目，基础设施升级改造和高水平应用型建设培育专业分别经学校后勤处和教务处组织专家充分论证，得出明细的实施内容以及预算规模，报经学校审批立项后确定。

（2）科研项目经费。此项经费是由 A 高校承担的纵向和横向科研项目组成，编制预算时由二级学院和科研处根据最近三年的课题申报情况，按预计数填报（见表 2 – 12）。

表 2 – 12　　　　　　　　　　　A 高校科研项目明细表　　　　　　　　单位：万元

序号	项目名称	预算金额
1	国家社科基金	400
2	国家自然科学基金	300
3	省部级社科、自然和软科学基金	200
4	横向课题	300
5	合计	1 200

（3）资产处置收入。按照政府有关规定，资产处置收入应上缴国库，形成国库收入，高校可以以国有资源（资产）有偿使用收入安排的拨款方式，向财政部门申请拨回。资产处根据各部门资产处置情况确定的资产处置收入（见表2-13）。

表2-13　　　　　　　　　　　A 高校资产处置计划表

序号	资产类别	数量（件）	预计资产处置金额（万元）
1	房屋	0	0
2	车辆	1	2
3	设备	200	80
4	其他	1 600	68
5	合计	1 801	150

（4）其他收入。包括本级横向拨款、非本级拨款、投资收益、利息收入、捐赠收入、出租收入、其他国有资产（资源）有偿使用收入等。本案例只涉及利息收入、房租收入和其他国有资产（资源）有偿使用收入。利息收入的测算根据以往三年平均确定；房租收入根据学校后勤处和资产管理处提供的出租合同确定；其他国有资产（资源）有偿使用收入主要包含校企、后勤实体收入，网络及上机等服务收入，根据有关业务管理部门提供的收入数据确定，联合办学管理根据 A 高校与其他机构签订的相关合同确定（见表2-14）。

表2-14　　　　　　　　　　　A 高校其他收入预算明细表　　　　　　　　单位：万元

序号	项目		金额
1	利息收入	利息收入	90
2	房租收入	房租收入	1 290
3	其他国有资产（资源）有偿使用收入	校企、后勤实体收入	960
4		网络及上机等服务收入	190
5		联合办学管理费	650
6		小计	1 800
7	合计		3 180

（5）上年结转。此项目为预算期内支出项目的一项资金来源，根据上年度预计结余结转的资金数额确定，A 高校 20×1 年应用型特色高校建设工程结转 762 万元。

（6）汇总形成高校的收入预算。根据表2-10 至表2-14 汇总形成 A 高校的收入预算（见表2-15）。

表 2－15　　　　　　　　　　　20×2 年 A 高校收入预算　　　　　　　　　　单位：万元

项目	收入总计	财政拨款			专户管理资金				科研事业收入	其他收入	上年结转
		小计	经费拨款	国有资源（资产）有偿使用收入安排的拨款	小计	学费收入	住宿费收入	函大、电大、夜大及短训班培训			
收入合计	74 628	42 786	42 636	150	26 700	22 200	2 850	1 650	1 200	3 180	762
一、学生收费及拨款	63 506	36 806	36 806		26 700	22 200	2 850	1 650			
二、离退休拨款	600	600	600								
三、专项经费补助	4 350	4 350	4 350								
四、外籍专家经费	880	880	880								
五、科研项目经费	1 200	0							1 200		
六、资产处置收入	150	150		150							
七、其他收入	3 180	0								3 180	
八、上年结转	762										762

2. 支出预算编制。支出预算依据政府部门有关政策规定、高校发展规划和高校在预算期内的重点任务进行编制。首先，优先保障人员经费、水、电、暖、物业管理等高校基本运转项目的资金需求，这部分项目的资金来源根据主管部门的规定并结合高校实际，主要使用财政拨款和专户管理资金安排。其次，根据节约原则，从紧安排办公费、交通费、差旅费、"三公"经费等日常公用支出，这部分项目的资金来源主要为财政专户管理资金以及少量财政拨款资金。最后，根据主管部门的批复项目以及 A 高校自身发展需要安排业务类项目和投资发展类项目，资金来源分别为财政专户管理资金和财政拨款。

（1）确定业务归口管理部门（见表 2－16）。

表 2－16　　　　　　　　　　　A 高校业务归口管理部门

序号	业务	归口部门
1	教学科研活动	二级学院
2	协调和管理教学	教务处
3	协调和管理科研	科研处
4	教学楼升级改造、维修、维护等	后勤处
5	工资福利等	人事处
…	…	

（2）归口管理部门编制预算。归口部门的预算编制包括三部分：一是日常运行经费的编制，按照教职工人数和 A 高校规定的每人每年 2 000 元标准编制；二是专项经费

的编制，各二级学院的专项经费，按照学生人数和 A 高校规定的生均每人每年 800 元标准编制；三是人事部门负责编制人员经费。预算编制情况如表 2 - 17 至表 2 - 20 所示。

表 2 - 17　　　　　　　A 高校二级学院日常运行经费和专项经费表

部门	经费数额				合计（万元）
	日常运行经费		专项经费		
	教职工数量（人）	金额（万元）	学生数量（人）	金额（万元）	
数字与传媒学院	108	21.6	3 380	270.4	292
应用设计学院	110	22.0	3 400	272.0	294
…	…	…	…	…	…
合计	1 800	360.0	39 000	3 120.0	3 480

表 2 - 18　　　　20×2 年 A 高校教学管理及辅助部门日常运行经费和专项经费表

序号	部门	人数（人）	日常运行经费（万元）	专项经费			合计（万元）
				名称	金额（万元）	业务明细说明	
1	教务处	38	7.6	实践教学建设	210	涉及实践教学基地 70 个，每个基地补助经费 3 万元	707.6
				特色专业建设	120	拟建设特色专业 12 个，每个专业每年给予 10 万元的建设	
				精品课程建设	150	共涉及精品课程 30 门，每门课程补助经费 5 万元	
				教改经费	100	教改课题 50 项，每项课题补助经费 2 万元	
				教师工作室建设	120	对 3 个教师工作室进行改造，预计每个工作室 40 万元	
	小计	38	7.6		700		
2	科研处	15	3	科研课题经费	800	国家级课题 10 个，金额为 400 万元；省级课题 30 个，金额为 260 万元；校级课程 45 个，金额 140 万元	803
…	…	…	…	…	…	…	…
	合计	400	79.5		5 600		5 679.5

表2-19 20×2年A高校行政部门日常运行经费和专项经费表

序号	部门	人数（人）	日常运行经费（万元）	专项经费 名称	专项经费 金额（万元）	专项经费 业务明细说明	合计（万元）
1	后勤管理处	55	11	水电暖费用	3 000	预计水费500万元，电费600万元，采暖费用1 900万元	
				物业管理	1 350	学校相关楼宇设施、学生公寓、配电室以及保安费等	
				维修管理	1 110	校园公共设施、实验室、教室等项目维修改造费用	
				…	…	…	
	小计	55	11		8 223		
2	基建处	15	3	新学生公寓建设	3 500	新建学生公寓一栋	3 503
…	…	…	…	…	…	…	…
	合计	375	75		16 220.5		16 295.5

表2-20 20×2年A高校人员支出经费表 单位：万元

序号	主管部门	类别	对应科目	明细	本年建议安排数 合计	本年建议安排数 金额
1	人事处	在职在编人员支出	工资福利支出	基本工资	37 980	8 400
				津贴补贴		5 718
				其他工资福利支出		1 557
				其他社会保障缴费		3 780
				机关事业单位基本养老保险缴费		4 062
				职业年金缴费		1 860
				绩效工资		12 600
			对个人和家庭的补助	奖励金		3
		离退休人员支出	对个人和家庭的补助	其他社会保障缴费	3 024	120
				离休费		1 200
				退休费		1 704
		其他人员支出	工资福利支出	其他工资福利支出	1 722	1 476
				其他社会保障缴费		60
			对个人和家庭的补助	抚恤金		60
				生活补助		60
				其他对个人和家庭的补助		66
2	学生处	计提奖助基金	对个人和家庭的补助	助学金	1 335	1 335
	合计				44 061	44 061

（3）安排财政专项支出。如基础设施升级改造、重点学科建设、实验室设备升级等项目支出经费（见表 2 - 21 和表 2 - 22）。

表 2 - 21　　　　　　　A 高校学生宿舍升级改造专项经费表　　　　　单位：万元

序号	项目	金额	依据
1	设备购置	300	中标合同
2	材料	150	中标合同
3	…	…	…
合计		1 440	

表 2 - 22　　　　　　A 高校高水平应用型传媒专业群专项经费表　　　　单位：万元

序号	项目	金额	依据
1	人才引进	200	20 万元/人
2	设备购置	500	政府采购预算
3	…	…	…
合计		2 910	

（4）编制各二级学院、教学管理及辅助部门、行政管理部门、财政专项支出的日常运行经费和专项经费，按照经济用途分类的支出费用表，以数字与传媒学院为例（见表 2 - 23）。

表 2 - 23　　　　　A 高校数字与传媒学院支出经费表（经济分类科目）　　　单位：万元

经济分类科目	经费数额		合计	说明
	日常运行经费	专项经费		
办公费	12		12	购买日常办公用品 8 万元、书报杂志等 4 万元
印刷费	5	20.4	25.4	日常印刷打印资料 5 万元；印制各种考试试卷，毕业、招生宣传等资料 20.4 万元
咨询费				
手续费				
水费				
电费				
邮电费				
取暖费				
物业管理费				
差旅费		10	10	教学、科研等事项出差费用，预计 100 人次，每次 1 000 元
因公出国（境）费用				

经济分类科目	经费数额		合计	说明
	日常运行经费	专项经费		
维修（护）费		60	60	学院办公室改造 20 万元，网络教室改造 40 万元
租赁费		20	20	招生、毕业等事项外租场地费 20 万元
会议费		30	30	计划召开教学、科研会议 3 场，每场预计 10 万元
培训费				
公务接待费				
专用材料费	2	36	38	教学、实习购买各种材料
劳务费		15	15	外请专家讲座费 10 人，每人 1 万元；科研课题评审 10 项，每项 0.5 万元
委托业务费				
公务用车运行维护费				
其他交通费用		25	25	招生、实习、毕业等活动车辆使用费
税金及附加费用				
其他商品和服务支出	2.6		2.6	各种会费 1 万元，广告宣传费 1.6 万元
房屋建筑物购建				
办公设备购建				
专用设备购建		54	54	为网络教室配备电脑设备 100 台，预计 54 万元
大型修缮				
信息网络及软件购置更新				
其他交通工具购置				
文物和陈列品购置				
无形资产购置				
其他资本性支出				
合计	21.6	270.4	292	

（5）根据收入预算表、日常运行经费和专项经费表、人员经费表生成收入支出预算总表（见表 2-24）。

表 2 – 24　　　　　　　　　20×2 年 A 高校收入支出预算总表　　　　　　　单位：万元

收入预算			支出预算		
序号	名称	金额	序号	名称	金额
1	上年结转财政拨款	762.0	1	上年结转财政专项支出	762.0
	其中：2018 年应用型特色高校建设工程	762.0		其中：2018 年应用型特色高校建设工程	762.0
2	财政拨款	42 636.0	2	本年财政专项支出	4 350.0
	其中：基本经费拨款	38 286.0		其中：基础设施升级改造	1 440.0
	项目经费拨款	4 350.0		高水平应用型建设培育职业	2 910.0
3	纳入国库管理的非税收入	150.0	3	人员支出	44 061.0
	其中：国有资产处置收入	150.0		其中：在职在编人员支出	37 980.0
4	教育事业收入	26 700.0		离退休人员支出	3 024.0
	其中：学费收入	22 200.0		其他人员支出	1 722.0
	住宿费收入	2 850.0		计提奖助基金	1 335.0
	其他收入	1 650.0	4	部门经费	25 455.0
5	科研事业收入	1 200.0		其中：二级学院经费	3 480.0
6	其他收入	3 180.0		教学管理及辅助部门经费	5 679.5
				行政部门经费	16 295.5
	收入预算合计	74 628.0		支出预算合计	74 628.0

（6）编制支出明细表（经济分类科目）。根据各二级学院、教学管理及辅助部门、行政管理部门的日常运行经费和专项经费及人员经费，汇总编制 A 高校支出明细表（见表 2 – 25）。政府预算和部门预算支出经济分类科目见本章后附表。

表 2 – 25　　　　　　　　　A 高校支出明细表（经济分类科目）　　　　　　　单位：万元

经济科目编码	经济科目名称	总计
301	工资福利支出	39 702
30101	基本工资	7 243
30102	津贴补贴	4 021
30107	绩效工资	15 320
30108	机关事业单位基本养老保险缴费	3 836
30109	职业年金缴费	1 194
30110	职工基本医疗保险缴费	3 307
30112	其他社会保障缴费	405
30113	住房公积金	2 622
30114	医疗费	32

经济科目编码	经济科目名称	总计
30199	其他工资福利支出	1 722
302	商品和服务支出	22 835
30201	办公费	873
30202	印刷费	752
30203	咨询费	129
30204	手续费	14
30205	水费	645
30206	电费	1 290
30207	邮电费	129
30208	取暖费	1 505
30209	物业管理费	3 698
30211	差旅费	1 600
30212	因公出国（境）费用	353
30213	维修（护）费	3 315
30214	租赁费	1 053
30216	培训费	267
30217	公务接待费	206
30218	专业材料费	963
30226	劳务费	1 772
30227	委托业务费	344
30228	工会经费	645
30229	福利费	43
30231	公务用车运行维护费	256
30239	其他交通费用	738
30240	税金及附加费用	21
30299	其他商品和服务支出	2 224
303	对个人和家庭的补助	4 728
30301	离休费	481
30302	退休费	2 543
30304	抚恤金	162
30305	生活补助	7
30307	医疗费补助	125
30308	助学金	1 335
30309	奖励金	3
30399	其他对个人和家庭的补助	72

续表

经济科目编码	经济科目名称	总计
310	资本性支出	7 363
31002	办公设备购置	275
31003	专用设备购置	1 078
31006	大型修缮	2 236
31099	其他资本性支出	3 774

（五）校内预算编制

校内预算的编制也应当采取"两上两下"的预算编制流程，编制方法与部门预算编制方法相一致，并按照高校财务部门的统一部署完成相关工作。对于收入预算和支出预算相关数据的测算，要严格按照高校统一制定的标准和范围进行；重大项目和重点工程支出预算，其执行部门要根据项目或工程进展情况及需求进行测算。高校批复到各部门的预算，各部门要根据业务性质进行进一步细化，明确到具体工作和具体责任人。

四、预算执行

（一）预算执行

A 高校收到主管部门批复的预算后，做月度、季度用款计划，分解全年预算。同时，学校财务部门将预算分解到各一级学院、部门，并明确其预算执行任务，保证预算执行进度、执行质量。一般情况下，高校各二级学院、部门将预算执行任务进行进一步分解，落实到具体业务和具体责任人。预算执行部门应定期向学校财务部门报告预算执行情况，以及预算执行中遇到的困难和问题，学校财务部门要定期调度、督促预算执行部门加快预算执行进度。

（二）预算调整

一是因国家政策、事业计划和任务较大变动引起的预算调整，由财务部门会同有关部门提出专项报告，报学校党委会审议通过后，按规定程序报主管部门审批，财务部门根据主管部门批复调整年度预算。二是高校重大急需业务资金，在高校总收入允许范围内，由经费使用部门提出申请，100 万元及以上大额度资金及使用报党委会审批，100万元以下急需项目资金可由校长办公会议审批，财务部门根据批示调整校内预算支出，并报同级财政部门备案。

五、决算

预算期末，所有业务核对无误并记账完毕，对校内各部门的预算执行和效果进行统计分析，形成校内预算的总结分析材料。按照主管部门的要求进行决算工作，根据高校财务系统数据填列财政决算系统报表，在此基础上进行总结分析，形成全年的决算分析材料。报经预算管理委员会、校长办公会和党委会通过后，以正式文件报主管部门，待主管部门批复决算后，进行决算公开。

六、预算考评

预算期末，由预算管理委员会指定专人，成立预算考评小组，对预算执行效果进行考评。考评的内容主要包括预算执行率、预算执行进度、预算执行绩效等方面，对整个预算期内的执行结果做详细分析，并与预算做比较，分析差异产出原因，为加强预算管理提供依据，对校内各预算责任部门和责任人进行有效奖惩。

从 A 高校预算管理案例可以看出，预算是高校战略规划的重要组成部分，高校战略、中长期规划、年度计划需要通过预算得到具体落实，预算管理贯穿高校业务活动的整个过程。通过预算编制，使各部门对高校目标拥有统一的认识，以产生战略协同效应；通过预算实施、分析差距、反馈调整，高校就能够不断强化自身特有的竞争优势，以实现既定的战略目标。通过对高校收入预算分析，可以了解高校的收入来源及结构、经费增长挖掘潜力、经费增长趋势等；通过对高校支出预算的分析，可以了解高校事业发展方向、保障重点、经费支出结构等。在高校的运行过程中，预算是主线、是指挥棒，高校日常运转、工程项目、重大活动、固定资产投资等都要围绕预算来展开。管好预算，就是管好学校财经命脉，能够为高校的长远发展提供经费保障。

附表　　　　　　　　　　政府预算和部门预算支出经济分类科目

政府预算经济分类			部门预算经济分类		
科目编码		科目名称	科目编码		科目名称
类	款		类	款	
501		机关工资福利支出	301		工资福利支出
				01	基本工资
	01	工资奖金津补贴		02	津贴补贴
				03	奖金
				08	机关事业单位基本养老保险缴费
				09	职业年金缴费
	02	社会保障缴费		10	城镇职工基本医疗保险缴费
				11	公务员医疗补助缴费
				12	其他社会保障缴费
	03	住房公积金		13	住房公积金

政府预算经济分类			部门预算经济分类		
科目编码		科目名称	科目编码		科目名称
类	款		类	款	
				06	伙食补助费
	99	其他工资福利支出		14	医疗费
				99	其他工资福利支出
502		机关商品和服务支出	302		商品和服务支出
				01	办公费
				02	印刷费
				04	手续费
				05	水费
				06	电费
				07	邮电费
	01	办公经费		08	取暖费
				09	物业管理费
				11	差旅费
				14	租赁费
				28	工会经费
				29	福利费
				39	其他交通费用
				40	税金及附加费用
	02	会议费		15	会议费
	03	培训费		16	培训费
	04	专用材料购置费		18	专用材料费
				24	被装购置费
				25	专用燃料费
	05	委托业务费		03	咨询费
				26	劳务费
				27	委托业务费
	06	公务接待费		17	公务接待费
	07	因公出国（境）费用		12	因公出国（境）费用
	08	公务用车运行维护费		31	公务用车运行维护费
	09	维修（护）费		13	维修（护）费
	99	其他商品和服务支出		99	其他商品和服务支出
503		机关资本性支出（一）	310		资本性支出
	01	房屋建筑物购建		01	房屋建筑物购建

政府预算经济分类			部门预算经济分类		
科目编码		科目名称	科目编码		科目名称
类	款		类	款	
	02	基础设施建设		05	基础设施建设
	03	公务用车购置		13	公务用车购置
	05	土地征迁补偿和安置支出		09	土地补偿
				10	安置补助
				11	地上附着物和青苗补偿
				12	拆迁补偿
	06	设备购置		02	办公设备购置
				03	专用设备购置
				07	信息网络及软件购置更新
	07	大型修缮		06	大型修缮
	99	其他资本性支出		08	物资储备
				19	其他交通工具购置
				21	文物和陈列品购置
				22	无形资产购置
				99	其他资本性支出
504		机关资本性支出（二）	309		资本性支出（基本建设）
	01	房屋建筑物购建		01	房屋建筑物购建
	02	基础设施建设		05	基础设施建设
	03	公务用车购置		13	公务用车购置
	04	设备购置		02	办公设备购置
				03	专用设备购置
				07	信息网络及软件购置更新
	05	大型修缮		06	大型修缮
	99	其他资本性支出		08	物资储备
				19	其他交通工具购置
				21	文物和陈列品购置
				22	无形资产购置
				99	其他基本建设支出
505		对事业单位经常性补助			
	01	工资福利支出			
	02	商品和服务支出			
	99	其他对事业单位补助			
506		对事业单位资本性补助			

续表

政府预算经济分类			部门预算经济分类		
科目编码		科目名称	科目编码		科目名称
类	款		类	款	
	01	资本性支出（一）	310		资本性支出
	02	资本性支出（二）	309		资本性支出（基本建设）
507		对企业补助	312		对企业补助
	01	费用补贴		04	费用补贴
	02	利息补贴		05	利息补贴
	99	其他对企业补助		99	其他对企业补助
508		对企业资本性支出			
	01	对企业资本性支出（一）	312	01	资本金注入
				03	政府投资基金股权投资
	02	对企业资本性支出（二）	311		对企业补助（基本建设）
509		对个人和家庭的补助	303		对个人和家庭的补助
	01	社会福利和救助		04	抚恤金
				05	生活补助
				06	救济金
				07	医疗费补助
				09	奖励金
	02	助学金		08	助学金
	03	个人农业生产补贴		10	个人农业生产补贴
	05	离退休费		01	离休费
				02	退休费
				03	退职（役）费
	99	其他对个人和家庭的补助		99	其他对个人和家庭的补助
510		对社会保障基金补助	313		对社会保障基金补助
	02	对社会保险基金补助		02	对社会保险基金补助
	03	补充全国社会保障基金		03	补充全国社会保障基金
511		债务利息及费用支出	307		债务利息及费用支出
	01	国内债务付息		01	国内债务付息
	02	国外债务付息		02	国外债务付息
	03	国内债务发行费用		03	国内债务发行费用
	04	国外债务发行费用		04	国外债务发行费用
512		债务还本支出			
	01	国内债务还本			
	02	国外债务还本			

续表

政府预算经济分类			部门预算经济分类		
科目编码		科目名称	科目编码		科目名称
类	款		类	款	
513		转移性支出			
	01	上下级政府间转移性支出			
	02	援助其他地区支出			
	03	债务转贷			
	04	调出资金			
514		预备费及预留			
	01	预备费			
	02	预留			
599		其他支出	399		其他支出
	06	赠与		06	赠与
	07	国家赔偿费用支出		07	国家赔偿费用支出
	08	对民间非营利组织和群众性自治组织补贴		08	对民间非营利组织和群众性自治组织补贴
	09	其他支出		99	其他支出

┤ 本章小结 ├

预算管理贯穿高校业务活动的全过程。本章重点介绍高校预算管理的流程与方法，预算管理的流程包括预算的编制、执行与控制、决算和考评等环节。预算方法主要有增量预算法、零基预算法和滚动预算法等。高校预算的编制遵循"两上两下"流程，按收入预算和支出预算两类分项编制；预算执行与控制包括收入预算、支出预算、执行预算控制和政府采购预算控制；决算是高校预算执行结果和财务状况的总结性文件；预算考评的关键是设计科学合理的指标体系。

 思考题

1. 试说明高校预算的分类、原则、意义。

2. 试说明预算编制的流程与方法。

3. 试分析零基预算法优缺点。

4. 试说明预算执行控制与调整的程序。

5. 试说明决算管理的原则。

6. 试说明预算考评的原则、程序、要求。

7. 试分析预算考评指标体系的设计及应用。

第三章 高校资产管理与核算

近年来，党和国家持续加强国有资产管理，党的十九大强调"加强国有资产监督管理"，中央要求建立政府向本级人大常委会报告国有资产管理情况的制度，2021年4月1日起施行的《行政事业性国有资产管理条例》，重新构建我国行政事业性国有资产管理制度体系。

资产是高校从事教学、科研、行政、后勤等公益性服务活动的基本物质条件和保障，是高校开展人才培养、学科建设、学术交流的重要物质基础。随着国家对高等教育投入逐年递增，高校的国有资产占有量也在攀升，结构越来越复杂，这给国有资产管理带来了新的挑战。新《事业单位财务规则》规定"事业单位的各项经济业务事项按照国家统一的会计制度进行会计核算""不能量化就不能管理"。事业单位财务管理以会计核算为基础，各方面财务管理都需要会计核算提供准确的数据。

第一节 高校资产管理概述

一、高校资产的概念及特征

（一）高校资产的概念

《政府会计准则》规定，资产是指政府会计主体过去的经济业务或者事项形成的，由政府会计主体控制的，预期能够产生服务潜力或者带来经济利益流入的经济资源。经济资源在同时满足以下条件时，确认为资产：一是与该经济资源相关的服务潜力很可能实现或者经济利益很可能流入政府会计主体；二是该经济资源的成本或者价值能够可靠地计量。

服务潜力是指政府会计主体利用资产提供公共产品和服务以履行政府职能的潜在能力。经济利益流入表现为现金及现金等价物的流入，或者现金及现金等价物流出的减少。

依据《高等学校财务制度》规定，资产是指高校依法直接支配的各类经济资源。

高校的资产包括流动资产、固定资产、在建工程、无形资产、对外投资、公共基础设施、政府储备物资、文物文化资产、保障性住房等。

高校的国有资产来源包括：使用财政资金形成的资产；接受调拨或者划转、置换形成的资产；接受捐赠并确认为国有的资产；其他国有资产。

（二）高校资产的特征

1. 资产的实质是一种经济资源。这种经济资源必须具有使用价值，具有为高校开展教学、科研和社会服务活动提供或者创造物质条件的某种经济权利或者潜在能力。

2. 依法直接支配。直接支配突破了高校资产类别界限，拓展了资产外延，将高校管理的用于履行公共管理职能和提供基本公共服务的"政府储备物资、公共基础设施、保障性住房、文物文化资产"纳入管控范畴，夯实了全口径资产管理基础。

3. 能用货币计量。高校直接支配的各项经济资源，如房屋、文物、存货等，其实物形态各不相同，为了提供会计信息的需要，该经济资源的成本或者价值能够可靠地计量，才能确认为资产。

4. 形态多样。高校的资产不仅包括具有实物形态的固定资产、存货等有形资产，也包括不具有实物形态的专利权、商标权等无形资产，还包括各种债券。

二、高校资产的分类

高校的资产种类繁多，形态各异，按不同标准对资产进行分类，便于实施分类管理。

（一）按流动性分类

高校资产按流动性分类，可分为流动资产和非流动资产。流动资产是指可以在一年以内变现或者耗用的资产，包括货币资金、短期投资、应收及暂付款、存货等。非流动资产包括固定资产、在建工程、无形资产、长期投资、公共基础设施、政府储备资产、文物文化资产、保障性住房和自然资源资产等。

（二）按使用性质分类

高校的资产按使用性质分类，可以分为经营性资产和非经营性资产。经营性资产是指以营利为目的而拥有，且实际也具有为高校带来盈利能力的资产；非经营性资产是指不以营利为目的，为教学、科研和行政管理所使用的资产。

（三）按形态分类

高校的资产按是否具有实物形态分类，可分为有形资产和无形资产。有形资产是指具有实物形态的资产，如存货、固定资产、保障性住房等；无形资产是指为学校所有、没有实物形态的资产，如专利权、商标权等。

三、高校资产管理体制

高校资产管理是指高校依据国家及政府相关部门关于资产管理的规定、要求和限制，对高校拥有的资产进行使用和运作，满足高校职能需要，确保资产安全、完整和增值的行为。2021 年 4 月 1 日起正式施行的《行政事业性国有资产管理条例》，是行政事业性国有资产领域的第一部行政法规，为行政事业性国有资产管理实践赋予了新的行动指引。

高校资产为国家所有，实行由财政部门和高校主管部门监督管理，高校依法直接支配的管理体制。

（一）高校主管部门的职责

1. 研究制定所属高校国有资产管理的具体办法并组织实施和监督检查。

2. 组织高校国有资产的清查、登记、统计汇总等工作。

3. 按规定权限审核或者审批高校有关资产购置、对外投资、出租、处置等事项。

4. 指导和监督高校资产管理信息化工作。

5. 推进高校资产优化配置，指导高校建立国有资产共享共用机制、校内资产管理绩效考核体系等。

（二）高校的职责

1. 完善资产管理内部控制体系。遵循资产管理与预算管理相结合、资产管理与财务管理相结合、实物管理与价值管理相结合等原则，建立健全高校国有资产管理制度并组织实施，明确资产使用人和管理人的岗位责任，确保不相容岗位相互分离，授权批准制度严格执行，资产安全和有效使用。按照国家规定设置国有资产台账，维护国有资产的安全完整，防止国有资产流失。

2. 合理配置和管理国有资产。需要配置资产的，明确优先采用调剂方式配置。不能调剂的，可以采用购置、建设、租用等方式。对需要办理权属登记的资产应当依法及时办理。

3. 按规定办理国有资产配置、出租、对外投资、处置等事项的审批申报工作，根据审批结果办理国有资产相关手续，并按规定上缴国有资产收益。

4. 建立健全国有资产管理信息系统。对资产进行实时、动态、有效管理，做到账表、账账、账证、账实相符，组织国有资产清查盘点工作，出现资产盘盈盘亏的，应当按照财务、会计和资产管理制度有关规定处理，做到账实相符和账账相符。按时编报国有资产统计报表和国有资产管理情况报告。

5. 负责建立校内资产的共享、共用机制，研究建立高校国有资产绩效考核体系，对本校国有资产实行绩效管理。

（三）高校资产管理内部分工

1. 资产管理部门。资产管理部门是高校各类资产综合管理的职能部门，负责对全校资产进行统筹管理，充分发挥资产效能。

2. 财务部门。财务部门负责国有资产的资金和账务管理，按照有关规定进行国有资产的会计核算，各项资产应进一步按照资产类别/项目、资产种类/规格/保管地点、单位/个人等进行明细核算。与高校资产管理部门协调一致做好国有资产管理工作。

3. 各院、部、系等资产使用部门。使用部门负责对其依法直接支配的各类资产实施日常管理，确保资产的安全和完整。贵重资产、危险资产、有保密等特殊要求的资产，应当指定专人保管、专人使用，并规定严格的接触限制条件和审批程序。资产需要维修、保养、调剂、更新、报废的，资产使用人、管理人应当及时提出。

第二节　资产配置

资产配置是指高校根据履行职能的需要，按照国家有关法律、法规和规章制度规定的标准和程序，通过调剂、购置、建设、租用、接受捐赠等方式为教学、科研、行政等各部门配备资产的行为。

一、配置原则

高校应根据学校发展规模、教学需要、科研方向，结合资产存量、资产配置标准、绩效目标和财政承受能力配置资产。需要配置资产的，优先通过调剂方式配置资产。不能调剂的，可以采用购置、建设、租用等方式。坚持资产配置与预算管理相结合。各部门购置、建设、租用资产应当提出资产配置需求，编制资产配置相关支出预算，并严格按照预算管理规定和财政部门批复的预算配置资产。

二、配置程序

高校新购置资产原则上应履行预算编制、申报审核、规范采购、登记入账的程序，确保所有资产合理配置、公开采购、有据可循、有档可查。

（一）预算编制

资产归口管理部门应牵头会同有关部门审核资产存量，拟订下一年度资产购置计划，包括拟购置资产的品目、参数、数量、经费来源等，经高校审定后纳入下一年度部门预算草案。根据经批复的部门预算办理资产购置。年度预算执行中追加调整资产购置的，应按有关规定程序办理报批。专项经费购置资产，按其专项经费管理办法执行。

（二）申报审核

高校购置大型专用设备，资产归口管理部门需提前牵头组织可行性研究论证，以确保设备购置项目的科学性。需要采购的产品在中国境内无法获取或者无法以合理的商业条件获取，以及法律法规另有规定确需采购进口产品的，应按照财政部《政府采购进口产品管理办法》进行采购。

高校采购进口科研仪器设备，应按规定建立进口产品专家论证机制，由资产归口管理部门牵头组织专家论证。专家组应当由五人以上的单数组成，其中应包括一名法律专家，产品技术专家应当为非本单位并熟悉拟购置产品的专家，产品技术专家原则上不得从同一单位聘请，并且与采购人或采购代理机构没有经济和行政隶属等关系，采购人代表不得作为专家组成员参与论证。高校应确保专家论证工作规范有序，不得干扰专家独立论证，不得提前拟订论证意见，专家论证意见随采购文件存档备查。高校应定期将采购进口科研仪器设备情况向主管财政部门进行备案。

（三）规范采购

高校拟购置资产符合政府采购相关规定的，按照政府采购规定依法采购。高校可自行采购科研仪器设备，自行选择科研仪器设备评审专家。并可根据本校实际情况探索建立教学、科研以及行政管理等所需材料、低值易耗品的集中采购制度，逐步实行"统一采购、统一配发、统一结算"，规范资产购置行为。

（四）登记入账

高校资产归口管理部门应及时对配置的固定资产进行验收、登记，对购置的专业设备、贵重精密设备（仪器）等，应当会同有关专业技术人员进行验收，录入资产管理信息系统。经验收合格后，资产管理部门要填制"固定资产验收单"，办理固定资产入库手续；财务部门要填制记账凭单，计入固定资产总账。资产、财务部门应及时入账，做好资产变动核算。

三、配置的评价

（一）资产配置的合规性

资产配置的合规性主要看是否做到以下几方面：（1）达到招标限额的资产购置前

进行评估论证；（2）资产购置按预算或依程序执行；（3）购置程序按照政府招标采购有关管理规定执行；（4）资产配备符合限制标准及国家规定；（5）资产验收、入账程序健全。

（二）资产配置的合理性

资产配置的合理性主要看以下几方面指标：（1）直接用于教学科研的固定资产占固定资产总额的比例；（2）直接用于教学科研的固定资产指直接用于教学科研的房屋和仪器设备。其中，房屋价值计算公式为教学科研的房屋面积/房屋总面积×房屋总价值。

第三节　资产基础管理

一、库存现金管理

高校应当严格按照《现金管理暂行条例》等有关规定，建立健全内部现金管理制度，设置"库存日记账"并按规定办理现金收支业务。

（一）现金使用范围的管理

按照《现金管理暂行条例》规定，行政事业单位可以在下列范围内使用现金：职工工资、津贴；个人劳务报酬；根据国家规定颁发给个人的科学技术、文化、艺术、体育等各种奖金；各种劳保、福利费用以及国家规定的对个人的其他支出；向个人收购农副产品和其他物质的价款；出差人员必须随身携带的差旅费；结算起点以下的零星开支；中国人民银行确定需要支付现金的其他开支。

随着电子支付方式的普及，使用现金支付的情形越来越少。

（二）库存现金限额的管理

库存现金限额是指国家规定由开户银行给各单位核定一个保留现金的最高额度。库存现金限额的核定管理是为了保证现金的安全、规范现金管理，同时又能保证开户单位的现金正常使用。按照《现金管理暂行条例》及实施细则规定，库存现金限额由开户银行和开户单位根据具体情况商定，凡在银行开户的单位，银行应根据实际需要核定3~5天的日常零星开支数额作为该单位的库存现金限额。

库存现金限额 = 前一个月的平均每天支付的数额(不含每月平均工资数额)×限定天数

库存现金限额经银行核定批准后，开户单位应当严格遵守，每日现金的结存数不得超过核定的限额。库存现金限额一般每年核定一次，单位因生产和业务发展及变化需要增加或减少库存限额时，可向开户银行提出申请，经批准后，方可进行调整，单位不得擅自超出核定限额增加库存现金。

（三）建立、健全现金管理制度

1. 钱账分管制度。即管钱的不管账，管账的不管钱。高校应配备专职出纳员，负责办理现金收付和保管业务，非出纳人员不得经管现金收付和保管业务。收付、结算、审核、登记工作不得由一人从事。

2. 现金必须及时交库。现金收入业务较多、单独设有收款部门的高校，收款部门的收款员应当将每天所收现金连同收款凭据等一并交财务部门核收记账；或者将每天所收现金直接送存开户银行后，将收款凭据以及向银行送存现金的凭证等一并交财务部门核收记账。不得挪用、挤占和将公款私存银行。

3. 不准坐支现金。各单位实行收支两条线，不准坐支现金。所谓坐支现金，是指企事业单位和机关、团体、部队从本单位的现金收入中直接支出现金。如遇特殊情况确需坐支的必须报开户行审批。

4. 坚持日清日结。出纳员办理现金出纳业务，必须严格现金收付手续，出具收据，加盖"收讫""付讫"戳记。做到按日清理、按日结账，结出库存现金账面余额，并与库存现金实地盘点数核对相符。每日账款核对中发现现金溢余或短缺的，应当及时进行处理。

5. 坚持现金盘点制度。一方面出纳自身盘点；另一方面应由领导以及有关业务人员定期抽查盘点，重点检查账款是否相符，有无白条抵库、有无私借公款、有无挪用公款、有无账外资金等违纪行为。

二、银行存款管理

（一）设置相关账户

高校应当按开户银行或其他金融机构、存款种类及币种等，分别设置"银行存款日记账"，由出纳人员根据收付款凭证，按照业务的发生顺序逐笔登记，每日终了应结出余额。

（二）建立、健全银行存款管理制度

高校应当严格按照《银行支付结算办法》等有关规定，建立健全各种存款的内部管理制度，并按规定办理银行存款收支业务。

1. 开设银行存款账户。各类货币资金应按照资金性质或业务需要开设银行存款账户，严格管理银行账户，只供本单位使用。各类银行存款的支票预留印鉴和密码，由财务负责人和出纳人员分别掌握，不得向其他部门或个人借用、泄露。如因借用泄密而造成的经济损失应由财务部门查明原因，追究借用、泄密者的赔偿责任。

2. 严格遵循结算要求。财务部门收到结算票据，填写进账单并及时送存银行，在银行确认收妥后，有关经办的业务部门方可办理业务结算手续。在款未收妥之前，不可办理钱物交易的结算手续。各种支出凭证必须如实填明款项的来源或用途，按规定和实际需要选择转账结算方式。

3. 加强支票管理。银行存款账户必须有足够的资金保证支付，不准签发空头支票和远期支付凭证。使用现金支票，不论对外支付款项或补充库存，均需由财务负责人或其指定人签发。使用转账支票，应由经办部门或经办人员持填写借据和结算凭证（包括购货发票、账单、收据等）经财务负责人和校长签字同意后，由出纳开出转账支票。由于支票丢失造成的经济损失，应由丢失人赔偿，特殊情况可由财务部门根据具体情况提出处理意见，经校长或上级批准后处理。

4. 定期清查银行存款。"银行存款日记账"应定期与"银行对账单"核对，至少每月核对一次。月度终了，高校银行存款账面余额与银行对账单余额之间如有差额，必须逐笔查明原因并进行处理，按月编制"银行存款余额调节表"，调节相符。

三、应收及预付款项管理

应收款项科目包括财政应返还额度、应收票据、应收账款、预付账款、应收股利、应收利息、其他应收款、坏账准备。

高校必须建立良好的应收及预付款项的内部控制制度，主要包括：

1. 职责分工制度。应收及预付款项的记账人员、开具销售发票人员不应兼任出纳员；票据保管人员不得经办会计记录；各岗位人员都应有严密的办事手续制度。

2. 严格的审批和审查制度。各种赊销预付，接受顾客票据或票据的贴现换新，都必须按规定的程序批准。对预付账款的协议、合同应严格审查，对销货退回和折让、票据贴现和坏账转销应加强审核和管理。

3. 健全的凭证保管、记录和审核制度。客户的借款凭证必须妥善地审查保管，做好明细记录并及时登记入账，凭证的收入和支出必须经过审查。

4. 及时收款制度。高校应加强对应收及预付款项的管理，定期对应收及预付款项进行核对，及时进行清理结算，不得长期挂账；针对逾期账款采取不同措施，努力促使账款及时、足额地清算和回收。对经办人员建立责任制度，加强各项账款的催收工作。

对核对中发现问题，无法收回的应收及预付款项，要及时查明原因，分清责任，逾期三年或以上、有确凿证据表明确实无法收回的应收、预付款，按规定报经批准后予以核销，并在相应备查簿中保留登记。

【例 3-1】某事业单位经批准对外出租一处房产，合同约定租金每半年支付一次。按照本级预算管理等有关规定，该单位取得的租金收入应全额上缴财政。因外界因素影响，承租单位自 2021 年起未按期支付租金，请问该事业单位应当如何进行账务处理？

解答： 该单位出租资产发生应收未收租金款项时，应当在按合同约定收取租金的时点，按照应收未收租金的金额，借记"应收账款"科目，贷记"应缴财政款"科目。后续取得租金收入时，按照实际收到的金额，借记"银行存款"等科目，贷记"应收账款"科目；按规定上缴应缴财政款项时，借记"应缴财政款"科目，贷记"银行存款"等科目。

特别需要说明的是，自 2020 年起，预算一体化试点建设启动，单位通过预算管理一体化系统申请支付资金，财政部门直接控制每笔资金支付，不需要再向代理银行下达零余额账户用款额度。单位无须再核算零余额账户用款额度和财政应返还额度。

四、存货管理

高校存货管理的任务是建立健全存货管理制度，创新管理手段，对存货从购置、配置、使用到处置全过程进行实时、动态管理，全面掌握学校存货的存量、结构、效能和状态，科学配置各类存货，提高存货使用效率和效益。

（一）存货的内容

存货是指高校在开展教学、科研及其他活动中为耗用或出售而储存的资产，如材料、产品、包装物和低值易耗品等，以及未达到固定资产标准的用具、装具、动植物等。已完成的测绘、地质勘察、设计成果等的成本，也通过本科目核算。

新政府会计制度中的存货主要包括三项内容："在途物资""库存物品""加工物品"，其中"加工物品"下设"自制物品""委托加工物品"两个一级明细科目。在填制资产负债表时将"在途物资""库存物品""加工物品"三项内容加和得到资产负债表中的"存货"信息。其他类型物品，分别做如下处理：（1）单位随买随用的零星办公用品，可以在购进时直接列作费用，不通过库存物品核算；（2）单位控制的政府储备物资，应当通过"政府储备物资"科目核算；（3）单位受托存储保管的物资和受托转赠的物资，应当通过"受托代理资产"科目核算；（4）单位为在建工程购买和使用的材料物资，应当通过"工程物资"科目核算。

（二）存货的实物管理

存货管理通常由单位的后勤部门负责，应配备专职或兼职的存货计划人员、采购人员和保管人员，按照内部控制制度要求建立健全存货的计划、采购、验收、保管、领发的责任制度，制定合理的储备定额、消耗定额，明确各自的权限和责任，各司其职、各自负责。

（三）存货的价值管理

存货管理部门做好实物明细账核算，会计部门做好财务总账核算。

1. 存货的价值确认。高校存货取得的途径主要有外购、加工、置换、接受捐赠和无偿调入等方式。高校存货的入账价值，按实际成本入账。需注意的是，以下三项应计入"当期费用"，不计入存货成本：（1）非正常消耗的直接材料、直接人工和间接费用；（2）仓储费用，不包括加工间隙所发生的仓储费；（3）不能归属于达到目前场所和状态的其他支出。

对于接收捐赠等存货，其成本的确定遵循下列顺序：（1）其成本按照有关凭据注明的金额加上相关税费、运输费等确定；（2）如果没有相关凭据可供取得，但按规定经过资产评估的，其成本按照评估价值加上相关税费、运输费等确定；（3）没有相关凭据可供取得、也未经资产评估的，其成本比照同类或类似资产的市场价格加上相关税费、运输费等确定；（4）没有相关凭据且未经资产评估、同类或类似资产的市场价格也无法可靠取得的，按照名义金额入账，相关税费、运输费等计入当期费用。

【例3-2】某高校20×2年2月10日购入A、B两种自用材料。其中A材料价值11 600元，当日支付货款并收到结算凭证，但货物尚未收到；B材料价值23 200元，当日货物验收入库，款项尚未支付。20×2年3月5日A材料验收入库；20×2年5月10日用银行存款支付款项。相关会计处理如下：

（1）20×2年2月10日的账务处理。

A材料购入：

财务会计：

借：在途物品——A材料　　　　　　　　　　　　　　　　　11 600
　　贷：财政拨款收入　　　　　　　　　　　　　　　　　　　　　11 600

此处发生了现金支出，需同时编制预算会计分录。

预算会计：

借：事业支出　　　　　　　　　　　　　　　　　　　　　　11 600
　　贷：财政拨款预算收入　　　　　　　　　　　　　　　　　　　11 600

B材料购入：

财务会计：

借：库存物品——B材料　　　　　　　　　　　　　　　　　23 200
　　贷：应付账款　　　　　　　　　　　　　　　　　　　　　　　23 200

此处未发生现金收支，不需要编制预算会计分录（待付款时需编制预算会计分录）。

（2）20×2年3月5日的账务处理。

财务会计：

借：库存物品——A材料　　　　　　　　　　　　　　　　　11 600
　　贷：在途物品——A材料　　　　　　　　　　　　　　　　　　11 600

（3）20×2 年 5 月 10 日的账务处理。

财务会计：

借：应付账款　　　　　　　　　　　　　　　　　　　23 200

　　贷：银行存款　　　　　　　　　　　　　　　　　　　23 200

预算会计：

借：事业支出　　　　　　　　　　　　　　　　　　　23 200

　　贷：资金结存——货币资金　　　　　　　　　　　　　23 200

【例 3 - 3】接受捐赠材料一批，以现金支付运输费 5 000 元，无发票价、评估价、市价，按名义价 1 元计。

财务会计：

借：库存物品　　　　　　　　　　　　　　　　　　　　　1

　　贷：捐赠收入　　　　　　　　　　　　　　　　　　　　　1

借：其他费用　　　　　　　　　　　　　　　　　　　5 000

　　贷：银行存款　　　　　　　　　　　　　　　　　　　5 000

预算会计：

借：其他支出　　　　　　　　　　　　　　　　　　　5 000

　　贷：资金结存——货币资金　　　　　　　　　　　　　5 000

2. 存货的发出。单位开展业务活动等领用、按照规定自主出售发出或加工发出。库存物品，按照领用、出售等发出物品的实际成本，借记"业务活动费用""单位管理费用""经营费用""加工物品"等科目，贷记"库存物品"科目。

存货发出的计价方法有先进先出法、加权平均法以及个别计价法。对于低值易耗品、包装物两类特殊的物品，可以采用一次摊销法或五五摊销法。计价方法一旦选定，不允许轻易变更。

采用一次摊销法摊销低值易耗品、包装物的，在首次领用时将其账面余额一次性摊销计入有关成本费用，借记有关科目，贷记"库存物品"科目。采用五五摊销法摊销低值易耗品、包装物的，首次领用时，将其账面余额的 50% 摊销计入有关成本费用，借记有关科目，贷记"库存物品"科目；使用完时，将剩余的账面余额摊销计入有关成本费用，借记有关科目，贷记"库存物品"科目。

五、固定资产管理

固定资产是指使用期限超过一年，单位价值在 1 000 元以上，并在使用过程中基本保持原有物质形态的资产。单位价值虽未达到规定标准，但是耐用时间在一年以上的大批同类物资，作为固定资产管理。

固定资产一般分为：房屋及构筑物；通用设备；专用设备；图书、档案；家具、用具、装具及动植物。学校固定资产的管理总体上要求购置手续完备、保管责任到人、处置遵守程序。固定资产管理程序如图 3 – 1 所示。

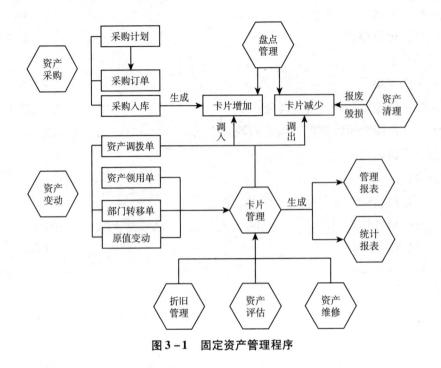

图 3 – 1　固定资产管理程序

（一）固定资产的特征

1. 固定资产是高校正常公务活动中拥有的实物资产，供单位使用，而不是供出售的资产。

2. 固定资产具有有限使用寿命，当寿命终结时必须废弃或进行重置。

3. 固定资产的价值来自取得合法财产使用权的交换能力，而不是来自履行契约的。

4. 固定资产是非货币性资产，使用期限较长，一般在 1 年以上。固定资产能在连续若干生产周期中发挥作用，并保持其原有实物形态。

5. 固定资产单位价值比较大。

（二）固定资产的分类

高校的固定资产种类较多，规格不一，为了加强对固定资产的管理，便于组织会计核算，有必要对其进行科学、合理的分类。固定资产的分类必须与日常管理结合起来，分类是否科学、合理，对固定资产的管理和核算都有直接影响。

高校的固定资产必须从管理需要和核算要求等方面进行分类，常用的分类如表 3 – 1 所示。

表 3-1　　　　　　　　　　　　　　高校固定资产的分类

分类标准	主要内容	概念	评价
按固定资产使用情况分类	在用固定资产	在用固定资产是指使用中的固定资产，包括正在使用中的固定资产和修理中的固定资产以及季节性暂时停用的固定资产	反映固定资产的实际利用情况，能发现固定资产使用中的浪费问题，有利于加强固定资产的管理，促使单位合理使用固定资产，发挥资产的使用效能
	闲置固定资产	闲置固定资产是指不使用的固定资产，包括多余的固定资产、不适用的固定资产和待报废固定资产	
按固定资产经济用途分类	房屋及构筑物	房屋包括高校拥有的办公用房、生活用房（食堂、医务用房、职工宿舍等）、库房等；构筑物包括水塔、道路、围墙、雕塑等	反映高校固定资产的组成结构，已有的固定资产是否与单位公务活动相适应，有利于加强固定资产的合理配置，更好地使用预算资金
	通用设备	通用设备是指高校通用性设备，如电脑、打印机、复印机、传真机、家具、汽车、摩托车、电动车等	
	专用设备	专用设备是指因业务需要购置的具有特定专业用途的设备，如侦察设备、检测设备、监控设备、气象设备、防空设备等	
	图书、档案	图书、档案专指高校在图书馆、阅览室里长期存放的图书、档案，不包括各单位办公室中购买的业务用书	
	家具、用具、装具及动植物	家具、用具、装具及动植物是指高校在使用中的家具、用具、装具及动植物	
按经营情况分类	非经营性固定资产	非经营性固定资产是指高校为完成公务和开展业务活动所占有、使用的固定资产	反映高校对闲置固定资产用于经营的情况，有利于加强资产的管理和对经营资产收入的监督
	经营性固定资产	经营性固定资产是指高校用于从事盈利性活动的固定资产	

（三）固定资产的确认

1. 确认时点。

（1）对于不需要安装的固定资产，在验收合格时确认入账。

（2）对于需安装的固定资产，在安装完成交付使用时确认入账。

（3）采用建设方式配置资产的，应当在建设项目竣工验收合格后及时办理资产交付手续，并在规定期限内办理竣工财务决算，期限最长不得超过1年。

对已交付但未办理竣工财务决算的建设项目，应当按照国家统一的会计制度确认资产价值。

2. 制定固定资产目录。高校应当设置"固定资产登记簿"和"固定资产卡片"，按照固定资产类别、项目和使用部门、购入时间等进行明细核算。出租、出借的固定资产，应当设置备查簿进行登记。

高校应当根据固定资产定义及教育部制定的固定资产明细目录，参照《政府会计准则第3号——固定资产》，结合本校的具体情况，制定适合于本单位的固定资产目录、具体分类方法，作为固定资产核算的依据。在制定固定资产目录过程中，应注意以下几点。

（1）固定资产的各组成部分具有不同的使用寿命、适用不同折旧率且可以分别确定各自原价的，应当分别将各组成部分确认为单项固定资产。

（2）高校以经营租赁租入的固定资产，不作为固定资产核算，应当另设备查簿进行登记。

（3）购入需要安装的固定资产，应当先通过"在建工程"科目核算，安装完毕交付使用时再转入本科目核算。

（4）高校购建的房屋及构筑物，不能够分清购建成本中的房屋及构筑物部分与土地使用权部分的，应当全部作为固定资产核算；能够分清购建成本中的房屋及构筑物部分与土地使用权部分的，应当将其中的房屋及构筑物部分作为固定资产核算，将其中的土地使用权部分作为无形资产核算。

（5）对于应用软件，如果其构成相关硬件不可缺少的组成部分，应当将该软件价值包括在所属硬件价值中，一并作为固定资产进行核算；如果其不构成相关硬件不可缺少的组成部分，应当将该软件作为无形资产核算。

3. 确定入账价值。

（1）对于外购的固定资产，成本包括实际支付的购买价款、相关税费、使固定资产交付使用前所发生的可归属于该项资产的运输费、装卸费、安装费和专业人员服务费等。以一笔款项购入多项没有单独标价的固定资产，按照各项固定资产同类或类似固定资产市场价格的比例对总成本进行分配，分别确定各项固定资产的入账价值。

（2）对于房屋建筑物等自建形式配置的资产，应及时进行竣工决算审计，并编造完工清册，逐项注明完工财产的数量和价值办理有关权属证明和财产移交。其成本包括建造该项资产至交付使用前所发生的全部必要支出。固定资产的各组成部分需要分别核算的，按照各组成部分固定资产造价确定其成本；没有各组成部分固定资产造价的，按照各组成部分固定资产同类或类似固定资产市场造价的比例对总造价进行分配，确定各组成部分固定资产的成本。

高校资产管理部门组织验收，经验收合格的项目，应填制"基本建设工程完工项目验收单"，登记固定资产账簿、卡片；财务部门办理与购入固定资产相同的入账手续。对于无法及时完成竣工结算但已投入使用的自建资产，应通过暂估形式及时办理资产入账工作。

（3）对于改建、扩建、修缮的固定资产，成本按照原固定资产的账面价值，即"固定资产"科目账面余额减去"固定资产累计折旧"科目账面余额后的净值，加上改建、扩建、修缮发生的支出，再扣除固定资产拆除部分账面价值后的金额确定。

（4）对于接受捐赠、无偿调入的固定资产，成本按照有关凭据注明的金额加上相关税费、运输费等确定；没有相关凭据可供取得，但依法经过资产评估的，其成本应当按照评估价值加上相关税费、运输费等确定；没有相关凭据可供取得、也未经评估的，其成本比照同类或类似固定资产的市场价格加上相关税费、运输费等确定；没有相关凭据也未经评估，其同类或类似固定资产的市场价格无法可靠取得，所取得的固定资产应当按照名义金额入账。

（5）对于自行繁殖的动植物，成本包括在达到可使用状态前所发生的全部必要支出。

（6）对于置换取得的固定资产，成本按照换出资产的评估价值加上支付的补价或减去收到的补价，加上为换入固定资产支付的其他费用（运输费等）确定。

（7）对于盘盈的固定资产，按照取得同类或类似固定资产的实际成本确定入账价值；没有同类或类似固定资产的实际成本，按照同类或类似固定资产的市场价格确定入账价值；同类或类似固定资产的实际成本或市场价格无法可靠取得，按照名义金额入账。

（8）后续支出的资本化与费用化区分。固定资产在使用过程中发生的后续支出，符合确认条件的，计入固定资产成本，应当同时从原值中扣除被替换部分的账面价值。不符合确认条件的，计入当前费用或相关资产成本。

【例3-4】某高校购入需要安装的电梯一部，电梯价格为800 000元，运输及保险费100 000元，扣留质量保证金50 000元，约定如无质量问题6个月后退还。相关会计处理如下：

（1）购入电梯时。

财务会计：

借：在建工程　　　　　　　　　　　　　　　　　　　900 000

　　贷：财政拨款收入　　　　　　　　　　　　　　　　　850 000

　　　　其他应付款　　　　　　　　　　　　　　　　　　 50 000

预算会计：

借：事业支出　　　　　　　　　　　　　　　　　　　850 000

　　贷：财政拨款预算收入　　　　　　　　　　　　　　　850 000

（2）电梯安装完成时。

财务会计：

借：固定资产　　　　　　　　　　　　　　　　　　　900 000

　　贷：在建工程　　　　　　　　　　　　　　　　　　　900 000

预算会计不做账。

（3）支付质量保证金时。

财务会计：

借：其他应付款   50 000

    贷：财政拨款收入   50 000

预算会计：

借：事业支出   50 000

    贷：财政拨款预算收入   50 000

（四）固定资产的使用管理

高校国有资产使用应遵循权属清晰、安全完整、风险控制、注重绩效的原则。资产使用包括自用和有偿使用。

1. 自用。高校应建立健全自用资产的验收、领用、使用、保管、维护、交回等内部管理流程，并加强审计监督和绩效考评。高校应做好自用资产使用管理，经常检查并改善资产使用状况，减少资产的非正常损耗，做到高效节约、物尽其用，充分发挥国有资产使用效益，防止国有资产使用过程中的损失和浪费。

2. 有偿使用。国有资产有偿使用是指高校在确保正常履职和事业发展的前提下，以获取经济利益为目的，按照有关规定，将其占有的国有资产出租、出借和对外投资等行为。

高校国有资产应首先保证履行职能及事业发展需要，严格控制对外投资和出租、出借国有资产。高校拟将占有、使用的国有资产对外投资和出租、出借的，应当进行可行性论证后，按程序履行报批手续。未经批准，不得对外投资和出租、出借国有资产。

对外投资的相关要求将在第五章详细展开，这里介绍一下出租、出借国有资产的相关规定。高校将占有的国有资产对外出租、出借应当符合下列要求：（1）不便调剂使用的闲置实物资产；（2）出租、出借资产不影响本校工作正常开展；（3）利用出租、出借资产从事的活动符合法律、法规、规章的规定；（4）按市场公允价格获取出租、出借收益。

高校占有的下列资产不得对外出租、出借：（1）已被依法查封、冻结的；（2）产权有争议的；（3）未取得产权共有人同意的；（4）其他法律、行政法规规定不得对外出租、出借的。

高校按审批权限履行资产出租、出借报批手续。例如，依据《安徽省省级行政事业单位国有资产使用管理暂行办法》的有关规定：（1）出租、出借资产价值在50万元以上（含50万元）且资产出租出借期限在6个月以上的，报省教育厅审核同意后，由省教育厅报省财政厅审批。（2）出租、出借资产价值在50万元以下的或出租出借期限在6个月以内（含6个月）的，由省属高校自行审批，并于批复之日起15个工作日内将审批文件报省教育厅备案。省属高校对自行审批事项的真实性、合法性负责。

高校资产出租的价格，原则上应采取公开拍租的形式确定，必要时可采取评审或者资产评估的方法确定。

高校资产（房产）出租在确定承租方后，应当签订出租合同。合同租期一般不超过 5 年，且合同签订主体与资产（房产）产权主体、收益上缴主体一致。出租合同签订后，应在 30 日内将合同报省财政厅备案，取得合同备案编号，并依据合同备案编号上缴出租收入。资产出租期间，若需变更资产出租合同，应当重新办理报批手续；若需提前终止资产出租合同，应当办理备案手续；合同期满后继续出租的，应当重新办理审批手续。

高校不得向任何组织（含校办产业）和个人提供保证、抵押、质押等方式的经济担保。

高校出租出借和处置国有资产应缴纳的税款和所发生的相关费用（资产评估费、技术鉴定费、交易手续费等）在收入中抵扣，抵扣后的余额按规定缴入政府非税收入汇缴结算户。科技成果转移转化收益管理按国家和省有关规定执行。

高校应在取得国有资产收入后 30 个工作日内上缴国有资产收益。上缴国有资产收益时，按照政府非税收入管理规定，办理缴款。

国有资产收益及相关支出全部纳入学校预算，按照部门预算编报、审批程序执行。

（五）固定资产折旧的计提

新政府会计制度规定，对固定资产计提折旧，将折旧产生的费用计入当期支出，有利于反映资产随着时间推移和使用程度发生的价值消耗情况，客观反映资产价值，有利于权责发生制下政府财务报告的编制。计提折旧属于未纳入部门预决算管理的业务，无须平行记账，不影响事业单位支出的预算口径，同时促进了事业单位将固定资产实物管理与价值管理相结合，避免账务记录与实务脱钩。

高校对固定资产采用年限平均法或工作量法计提折旧，计提固定资产折旧不考虑残值。计提的时点是当月增加的资产，当月计提折旧；当月减少的资产，当月不计提折旧。已提足折旧的固定资产，可以继续使用的，应当继续使用，规范管理。文物和陈列品、图书、档案、动植物等，不计提折旧。

1. 平均年限法。平均年限法又称为直线法，是将固定资产的折旧均衡地分摊到各期的一种方法。采用这种方法计算的每期折旧额均是等额的。计算公式如下：

$$年固定资产折旧率 = \frac{1}{预计使用年限}$$

$$月折旧率 = \frac{年折旧率}{12}$$

$$月折旧额 = 固定资产原价 \times 月折旧率$$

采用平均年限法计算固定资产折旧虽然简单，但也存在一些局限性。例如，固定资产在不同使用年限提供的经济效益不同，平均年限法没有考虑这一事实。又如，固定资产在不同使用年限发生的维修费用也不一样，平均年限法也没有考虑这一因素。

因此，只有当固定资产各期的负荷程度相同，各期应分摊相同的折旧费时，采用平均年限法计算折旧才是合理的。

2. 工作量法。工作量法是根据实际工作量计提折旧额的一种方法。这种方法可弥补平均年限法只重使用时间，不考虑使用强度的缺点，计算公式为：

$$单位工作量折旧额 = \frac{固定资产原值}{预计使用工作量}$$

$$某项固定资产月折旧额 = 该项固定资产当月工作量 \times 单位工作量折旧额$$

资产管理员要制订资产维修计划，完善资产维护保养制度，检查并改善资产的使用状况，减少资产的非正常损耗，延长国有资产的使用寿命。

【例3-5】A高校20×1年10月购入电信设备一套，价值12万元，价款已支付，财务人员误计当期费用。20×2年4月，财务人员收到通信设备的资产卡片信息，发现通信设备未登记入账。假设通信设备采用平均年限法计提折旧，折旧年限为10年。相关会计处理如下：

（1）20×1年10月误计当期费用的会计处理。

财务会计：

借：业务活动费用   120 000

    贷：财政拨款收入   120 000

预算会计：

借：事业支出——财政拨款支出   120 000

    贷：财政拨款预算收入   120 000

（2）20×2年4月进行会计差错的更正处理。

借：固定资产   120 000

    贷：以前年度盈余调整   120 000

（3）20×1年10月至12月补提折旧：120 000 ÷10 ÷12 ×3 = 3 000（元）。20×2年1月至4月补提折旧4 000元。

借：以前年度盈余调整   3 000

    业务活动费用   4 000

    贷：固定资产累计折旧   7 000

同时，同步调增A高校20×2年初资产负债表期初项目，固定资产年初余额

120 000 元，固定资产累计折旧年初余额 3 000 元，在净资产变动表中填报本年以前年度盈余 117 000 元。

六、在建工程管理

在建工程是指已经发生必要支出，但尚未达到交付使用状态的工程。即新建、改建、扩建、大型修缮、技术改造、设备更新等资本性支出。新政府会计制度下对基本建设投资已并入大账，不再单独建账、单独核算，不再区分基本建设与非基本建设项目，完成竣工财务决算时在建工程转固定资产。基建工程的管理在第五章投资管理中也有相应的介绍。在建工程的会计处理与固定资产大体相同，主要不同点是在购入或新建时，先计入在建工程，待竣工结算时再由在建工程结转至固定资产账户。

七、无形资产管理

（一）无形资产的内容

无形资产是指高校所控制的、不具有实物形态的可辨认非货币性资产，包括专利权、商标权、著作权、技术秘密、土地使用权、特许经营权校名校誉及依照国家法律、法规规定或者依法由合同约定享有或持有的其他无形资产。

高校无形资产主要包括：

1. 专利权，是指依照《中华人民共和国专利法》的规定，界定高校为专利权人的，在法定期限内为高校所占有或专有的各种发明创造（职务发明）。

2. 商标权，是指以高校名义申请注册的，一定期限内在指定的物品或服务上使用特定的名称、图案、标记的权利。

3. 著作权亦即版权，是指由高校主持，代表高校意志，并由高校承担责任的文学艺术创作、科学著作、音像制品、图纸、模型、计算机软件等，依法界定高校为著作权人，高校享有出版、发行等方面的专有权利。

4. 技术秘密，是指高校作为权利人，由高校独有的、不公开的、具有实用价值的先进技术、科研成果、资料、技能、知识等。

5. 土地使用权，是指高校依法、有偿取得的土地使用权，视为高校的无形资产。国家土地管理部门无偿划拨的，专门用于与教育事业活动有关的土地使用权，一般不作为无形资产。

6. 特许经营权，是指高校所属经济实体在某一地区经营或销售某种特定商品的权利，或是依法取得使用他人商标、专利技术的权利。

7. 校名校誉，是指所有以校名为核心的所有不具有实物形态、能为高校创造价值的无形资产权益的总称。校名校誉包括高校及所属各单位名称及其注册商标、服务标记、标志性物品、建筑等；国家及各部门、单位或个人授予、赋予、赠予高校的各种名誉及各种特许权等。

8. 软件类无形资产，是指高校购入的不构成相关硬件不可缺少组成部分的软件。

9. 植物新品种、集成电路布图设计等其他无形资产。

（二）无形资产管理主要任务

1. 完善管理体制，明晰产权关系。一般而言，高校国有资产管理委员会、资产管理主管部门、归口部门、使用部门（使用人）共同组成高校的无形资产管理体系，并建立各级对应的无形资产管理岗位责任制度。高校的各项无形资产，应按国家相关法律、法规规定及时申请专利，及时办理注册登记，明晰权属。

2. 建立健全规章制度，保障无形资产的安全和完整。高校应设置严密的账务管理体系，加强保护。资产管理部门要详细登记造册，建立专项档案，使用单位设台账并进行日常管理，归口部门设明细账，国资办负责定期汇总无形资产总资产账，财务部门负责管理无形资产总财务账，根据资产管理部门提供的资产相关凭证或文件及时进行账务处理，并定期核对账目。无形资产的各级账务管理人员应每月对账一次，确保账账、账实相符。

3. 加强无形资产的开发和利用，促进其价值的转化。无形资产在未产生经济价值时，各无形资产管理相关部门应将其登记在账。当无形资产产生价值或因投入资金产生成本和费用时，应由财务部门进行账务处理。对无产权、只有使用权的无形资产，归口管理部门应建立台账，进行规范化管理。

4. 规范无形资产处置行为，提高无形资产使用的经济效益和社会效益。

（三）无形资产入账价值确定

高校通过外购、自行开发以及其他方式取得的无形资产应当合理计价，及时入账。无形资产在取得时，应当按照其实际成本入账。

1. 外购的无形资产，其成本包括购买价款、相关税费以及可归属于该项资产达到预定用途所发生的其他支出。

2. 委托软件公司开发的软件，视同外购无形资产进行处理，按照软件开发费总额入账。

3. 自行研究开发项目的支出，区分研究阶段支出和开发阶段支出。研究阶段支出于发生时计入当期费用；开发阶段支出先按合理方法进行归集，如果最终形成无形资产的，应当确认为无形资产；如果最终未形成无形资产的，应当确认为当期费用。

当高校自行研究开发项目预期形成的无形资产同时满足以下条件时，可以认定该自行研究开发项目进入开发阶段：（1）单位预期完成该无形资产以使其能够使用或出售在技术上具有可行性。（2）单位具有完成该无形资产并使用或出售的意图。（3）单位预期该无形资产能够为单位带来经济利益或服务潜能。该无形资产自身或运用该无形资产生产的产品存在市场，或者该无形资产在内部使用具有有用性。（4）单位具有足够的技术、财务资源和其他资源支持，以完成该无形资产的开发，并有能力使用或出售该无形资产。（5）归属于该无形资产开发阶段的支出能够可靠地计量。通常情况下，高校可以将样品样机试制成功、可行性研究报告通过评审等作为自行研究开发项目进入开发阶段的标志，但该时点不满足上述进入开发阶段5个条件的除外。

自行研究开发项目尚未进入开发阶段或确实无法区分研究阶段支出和开发阶段支出，但已按法律程序申请取得的无形资产，按照依法取得时发生的注册费、聘请律师费等费用确认为无形资产。

4. 接受捐赠、无偿调入的无形资产，其成本按照有关凭证注明的金额加上相关税费等确定；没有相关凭证的，但按规定经过资产评估的，其成本按照评估价格加上相关税费确定；没有相关凭证提供，也未经过资产评估的，其成本比照同类或类似无形资产的市场价格加上相关税费等确定；没有相关凭证、未经过资产评估、同类或类似无形资产的市场价格也无法可靠取得的，该资产按照名义金额入账，相关税费计入当期费用。

5. 高校购入的不构成相关硬件不可缺少组成部分的应用软件，应当作为无形资产核算。

【例3-6】某高校与软件公司合作，委托其开发软件，价款80万元。根据合同，该学校先预付30%的开发费用，剩余费用完工交付后再支付。所有款项均通过银行结算。相关会计处理如下：

（1）预付开发费用时。

财务会计：

借：预付账款　　　　　　　　　　　　　　　　　240 000

　　贷：银行存款　　　　　　　　　　　　　　　　　240 000

预算会计：

借：事业支出　　　　　　　　　　　　　　　　　240 000

　　贷：资金结存——货币资金　　　　　　　　　　240 000

（2）交付无形资产，支付剩余费用时。

借：无形资产　　　　　　　　　　　　　　　　　800 000

　　贷：预付账款　　　　　　　　　　　　　　　　　240 000

　　　　银行存款　　　　　　　　　　　　　　　　　560 000

预算会计：

借：事业支出　　　　　　　　　　　　　　　　　560 000

　　贷：资金结存——货币资金　　　　　　　　　　560 000

（四）无形资产的使用

拟使用高校无形资产（除校名校誉外）的单位或个人应向无形资产管理归口部门提交使用申请。归口部门会同有关单位共同进行论证后，委托聘请评估机构对无形资产的价值进行评估。论证、评估完成后，归口部门对相关材料进行初审，并提交国资办。国资办按照相关规定权限提交国资委或党委常委会进行复核、审批或报备报批。

高校内部机构、高校举办的独立法人单位、校外单位及个人使用学校名称、徽章、服务标记等，须报党委、校长办公室批准，并协议约定相关责任、义务与收益分配等事项。对使用高校校名（含简称、字样）、校徽的单位和个人，党委、校长办公室应严格审查其资格、资信；用于经营或对外服务的，要签订合同，合理取费，定期检查。对损害学校权益的，应追究相关人员（单位）责任，及时收回高校的权益。

（五）无形资产摊销

摊销是指在无形资产使用寿命内，按照确定的方法对无形资产应摊销金额进行系统分摊。高校应当对无形资产在其使用期限内采用年限平均法进行摊销。对于使用期限不确定的无形资产，摊销办法执行国家有关规定。无形资产摊销不计入高校支出。

1. 摊销年限。高校应当采用平均年限法对无形资产进行摊销的，无形资产摊销年限按如下原则确定。

（1）法律规定了有效年限的，按照法律规定的有效年限作为摊销年限。

（2）法律没有规定有效年限的，按照相关合同或单位申请书中的受益年限作为摊销年限。

（3）法律没有规定有效年限、相关合同或单位申请书也没有规定受益年限的，应当根据无形资产为政府会计主体带来服务潜力或经济利益的实际情况，预计其使用年限。

（4）对于取得的单位价值小于1 000元的无形资产，可以于取得的当月，将其成本一次性全部摊销。

2. 摊销计价。高校除以名义金额计量的无形资产外，应按取得时的无形资产成本进行摊销，因发生后续支出而增加无形资产成本的，应当按照重新确定的无形资产成本，重新计算摊销额。

3. 摊销原则。高校应当自无形资产取得当月起，按月进行无形资产摊销；无形资产减少的当月，不再摊销。无形资产全部摊销后，无论能否继续带来服务潜力或经济利益，均不再摊销；核销的无形资产，如果尚未全部摊销，也不再继续摊销。

此外，公共基础设施、政府储备物资、文物文化资产、保障性住房等资产管理属于政府及其部门经手管理的资产，区别于部门单位控制的资产，其管理办法由国务院财政部门会同有关部门共同制定。

第四节 资产清查

资产清查工作的内容包括基本情况清理、账务清理、财产清查、损溢认定、资产核实和完善制度等。

一、资产清查的情形

依据《行政事业单位国有资产管理条例》，高校应定期对本校国有资产进行清查盘点，年度终了前，应当进行一次全面清查盘点。

此外，除了常规年终清查外，高校有下列情形之一的，应当进行资产清查：（1）根据国家专项工作要求或者省政府部门实际工作需要，被纳入统一组织的资产清查范围的；（2）发生重大资产调拨、划转以及单位分立、合并、改制、撤销、隶属关系改变等情形的；（3）遭受重大自然灾害等不可抗力造成资产严重损失的；（4）会计信息严重失真的；（5）会计政策发生重大改变，涉及资产核算方法发生重要变化的；（6）主管财政部门认为应当进行资产清查的其他情形。

二、资产的清查方法

高校资产管理部门与财务部门应定期进行账目核对，做到账账相符，资产管理部门同时应督促资产使用部门做好资产实物管理工作，做到账卡相符、账实相符。在进行资产清查前，首先必须核对资产账目将全部账户登记入账，结出余额，做到账款相符。

（一）应收及预付款项清查

高校应加强对应收及预付款项的管理，定期对应收及预付款项进行核对，及时进行清理结算。对收回后无须上缴财政的应收账款和其他应收款进行全面检查，分析其可收回性，对预计可能产生的坏账损失计提坏账准备、确认坏账损失。当期应补提或冲减的坏账准备金额的计算公式如下：

$$\text{当期应补提或冲减的坏账准备} = \text{按照期末应收账款和其他应收款计算应计提的坏账准备金额} - \text{坏账准备科目期末贷方余额（或 + 坏账准备科目期末借方余额）}$$

高校计提坏账准备时，按照计算确定的坏账准备金额，借记"其他费用"科目，贷记"坏账准备"科目；冲减坏账准备时，按照应当冲减的坏账准备金额，借记"坏账准备"科目，贷记"其他费用"科目。

对于账龄超过规定年限并确认无法收回的应收账款、其他应收款，高校应当按照有关规定报经批准后，按照无法收回的金额，借记"坏账准备"科目，贷记"应收账款""其他应收款"科目。已核销的应收账款、其他应收款在以后期间又收回的，高校应当按照实际收回的金额，借记"应收账款""其他应收款"科目，贷记"坏账准备"科目；同时，借记"银行存款"等科目，贷记"应收账款""其他应收款"科目。在预算会计下，按照实际收回的金额，借记"资金结存——货币资金"等科目，贷记"非财政拨款结余"等科目。

（二）存货的清查

存货清查的方法一般有两种，实地盘点法和技术推算法。实地盘点法通过点数、过磅、量方等方法来确定实物资产的数量，在多数财产物资清查中均可以使用。技术推算法对于财产物资不是逐一清点计数，而是通过量方、计尺等技术推算资产物资的清算方法，只适用于成堆量大而价值不高的，难以逐一清点的财产物资的清查。

（三）固定资产清查

对固定资产清查时，通常采用实地盘点法，具体可从以下三个渠道来核实。

1. 账实核对法。即根据固定资产账与实物进行逐一核对以查明固定资产实存数量的一种方法。

2. 抄列实物清单法。即在进行清查时，直接根据单位的固定资产实物，实地逐项登记各种财产物资的品种、数量、价值等，以此查明单位固定资产实存数量的方法。

3. 卡实直接核对法。即将固定资产实物与固定资产卡片进行逐项核对，以查明固定资产卡实是否相符并查明固定资产实有数量的一种方法。

对盘盈、盘亏的固定资产应编制"固定资产盘盈、盘亏报告表"，按规定的程序报经批准后，对盘盈固定资产应增设固定资产卡片，对盘亏或减少的固定资产，应注销固定资产卡片，另行归档保存。固定资产发生变动时，每年要到国资局变更登记。

（四）无形资产清查

高校建立无形资产盘点制度，定期或不定期对无形资产进行全面或局部盘点。对盘盈、盘亏的无形资产应及时查明原因，分清责任，并按有关规定作出处理。

盘点中如发现以下情况，应由归口部门对无形资产的可收回金额进行重新评估并在相应账簿中登记，且在无形资产的报告中予以披露：该项无形资产已被其他新技术等替代，为高校创造效益的能力受到重大不利影响；有充足的理由确信该无形资产的价值大幅下跌，且不会恢复；其他足以表明该无形资产的账面价值已超过可收回金额的情形。

经归口部门及相关单位共同论证，认为无形资产预期不能为高校带来服务潜力或经济利益时，高校应按规定的程序将无形资产的账面价值予以注销。

无形资产预期不能为高校带来利益的情形主要包括：该项无形资产已被其他新技术等替代，且不能给高校带来利益；该项无形资产不再受法律的保护，且不能给高校带来利益。

高校应建立逐级、定期报告制度。无形资产管理的相关部门和使用单位，应严格按规定的格式和期限对其管理或占有使用的无形资产的存量、状态等作出报告。对造成无形资产损失的重大事件应及时报告高校归口部门及国资办。

无形资产的核实方法主要有查验资料、访谈、函证、现场调查等。查验资料可查验权属证明资料、生产经营资料及财务资料；访谈的对象一般包括管理人员、无形资产研发人员、对利用无形资产进行加工的人员以及客户等；函证不是必需的，主要函证销售收入、许可费等；对无形资产的现场调查经常被忽视，无形资产与相关硬件设施、原材料、运营资金、市场渠道等相结合，才能产生经济价值。

三、盘盈盘亏的处理

出现资产盘盈盘亏情况时，应当按照财务、会计和资产管理制度有关规定处理，做到账实相符和账账相符。

（一）设置账户

"待处理财产损溢"账户借方核算待处置的各项资产及处置过程中发生的费用，贷方核算经批准予以核销资产及处置过程产生的收益，期末如为借方余额为尚未处置完毕的各种资产价值净损失；期末如为贷方余额为尚未处置完毕的各种资产净盈余。年度终了报经批准处理后，本账户一般应无余额。该账户应按待处置资产项目进行明细核算；对于在处置过程中取得相关收入、发生相关费用的处置项目，还应设置"待处理资产价值""处理净收入"明细账户。

值得注意的是，日常核算中，发现以前固定资产未入账，作为会计差错更正处理，不通过"待处理财产损溢"账户处理。

（二）资产计价

盘盈的库存物品，其成本按照有关凭据注明的金额确定；没有相关凭据、但按照规定经过资产评估的，其成本按照评估价值确定；没有相关凭据、也未经过评估的，其成本按照重置成本确定。如无法采用上述方法确定盘盈的库存物品成本的，按照名义金额入账。

对盘盈的固定资产计价按如下顺序：（1）按照有关凭证注明的金额确定；（2）按

照评估价值确定；（3）按照重置成本确定；（4）按照名义金额（人民币1元）入账。

（三）账务处理

1. 库存现金。

（1）对盘盈的现金，财务会计借记"库存现金"科目，贷记"待处理财产损溢"科目。预算会计借记"资金结存——货币资金"，贷记"其他预算收入"。

查明原因后，属于应支付给有关人员或单位的部分，财务会计借记"待处理财产损溢"科目，贷记"其他应付款"科目；同时借记"其他应付款"科目，贷记"库存现金"科目。预算会计借记"其他预算收入"，贷记"资金结存——货币资金"。

属于无法查明原因的，报经批准后，财务会计借记"待处理财产损溢"科目，贷记"其他收入"科目。

（2）对盘亏的现金，财务会计借记"待处理财产损溢"科目，贷记"库存现金"科目。预算会计借记"其他支出"，贷记"资金结存——货币资金"。

查明原因后，属于应由责任人赔偿的部分，财务会计借记"其他应收款"科目，贷记"待处理财产损溢"科目；同时借记"库存现金"科目，贷记"其他应收款"科目。预算会计借记"其他预算收入"，贷记"资金结存——货币资金"。

属于无法查明原因的，报经批准后，财务会计借记"资产处置费用"科目，贷记"待处理财产损溢"科目。

2. 库存物品、固定资产。

（1）盘盈的库存物品、固定资产，按照确定的入账成本，借记"库存物品""固定资产"，盘盈的库存物品、固定资产预算会计无需处理。

查明原因，经批准予以处置时，盘盈的资产如果是以前年度取得的按前期差错处理，贷记"以前年度盈余调整"；如果是本年取得，按当年取得进行账务处理。

（2）盘亏固定资产转入待处置资产时，按照待处置资产的账面价值，借记"待处理财产损溢""固定资产累计折旧"科目，贷记"存货""固定资产"等科目。

盘亏的资产报经批准予以处置时，转入资产处置费用，增加事业单位成本。

处置过程收到残值变价收入、保险理赔和过失人赔偿等，借记"库存现金""银行存款"等科目，贷记"待处理财产损溢"科目。

处置过程发生相关费用，借记"待处理财产损溢"科目，贷记"库存现金""银行存款"等科目。

报经批准处置完毕，按照处置收入扣除相关处置费用后的净收入，借记"待处理财产损溢"科目（处理净收入），贷记"应缴国库款"等科目；如果处置收入小于相关处置费用的，按照相关处置费用超出处置收入的净损失，借记"其他支出"科目，贷记"待处理财产损溢"科目。同时预算会计按照支付的处理净支出，借记"其他支出"，贷记"资金结存"。

【例3-7】某高校20×2年12月盘盈一台七成新的实验设备,经查是20×1年度购入,该设备同类产品市场价格100 000元。相关会计处理如下:

财务会计:

(1) 经批准前。

借:固定资产 100 000

　　贷:待处理财产损溢——待处理财产价值 70 000

　　　　固定资产累计折旧 30 000

(2) 经批准后,作以前年度差错。

借:待处理财产损溢 70 000

　　贷:以前年度盈余调整 70 000

预算会计不作处理。

【例3-8】某高校20×2年12月盘亏一批存货,比账面短缺800元,不考虑增值税因素。经核实,由于保管不当,部分由于自然损耗造成,保管员王某需承担200元的赔偿责任,报请相关部门批准核销。相关会计处理如下:

(1) 注销账面价值。

借:待处理财产损溢——待处理财产价值 800

　　贷:库存物品 800

(2) 报批后。

借:资产处置费用 600

　　贷:待处理财产损溢——待处理财产价值 600

借:其他应收款——乙 200

　　贷:待处理财产损溢——待处理财产价值 200

第五节　资产处置

一、资产处置概述

高校资产处置,是指高校对其占有、使用的国有资产进行产权转让或者核销产权的行为。高校拟处置的国有资产权属应当清晰,权属关系不明确或者存在权属纠纷的资产,应待权属界定明确后予以处置。

(一) 资产处置范围

高校国有资产处置范围主要包括:(1) 闲置资产;(2) 因技术原因并经科学论证,

确需报废、淘汰的资产；（3）因分立、合并、撤销、隶属关系改变等原因发生的占有、使用权转移的资产；（4）盘亏、呆账及非正常损失的资产；（5）已超过使用年限且无法使用的资产；（6）依照国家有关规定需要进行资产处置的其他情形。

（二）资产处置方式

高校国有资产处置方式包括无偿转让、出售、置换、报损、报废以及货币性资产损失核销等。（1）无偿转让是指行政事业单位之间以无偿的方式变更资产占有、使用权的行为，包括资产调拨、资产划转、资产移交、对外捐赠等；（2）出售是指以有偿的方式变更资产所有权或占有、使用权的行为；（3）置换是指以非货币性交易的方式变更资产的所有权或占有、使用权的行为；（4）报损是指发生的存货损失以及各项资产的非正常损失等，按有关规定进行产权注销的行为；（5）报废是指经有关部门科学鉴定或按有关规定，对已不能继续使用的资产进行产权注销的行为；（6）货币性资产损失核销是指对按现行财务与会计制度规定确认的货币资产损失、坏账损失、对外投资损失等的核销。

其中，出售、对外捐赠、无偿转让、置换属于主动处置，必须报批后处理；报废、报损属于被动处置，是否报批由财政部门决定；货币性资产损失核销，经主管部门审核同意后报本级财政部门审批。

（三）资产处置的程序

高校处置国有资产（含对外捐赠），按照"分级管理、分级负责"的原则，应严格履行审批手续。未经审核批准，任何单位和个人不得擅自处置国有资产。

高校国有资产处置，由资产归口管理部门负责办理必要的审批手续。资产处置前，先由使用部门向资产归口管理部门报送资产处置申请，资产归口管理部门应组织专人对拟处置的资产进行论证、评估或技术鉴定，提出具体处理意见，原则上应通过校（院）长办公会等决策机构审定后，按照规定的审批权限履行报批手续。法律、法规另有规定的，依照其规定。

高校应按规定及时办理产权变更或注销手续。资产处置的批复是高校调整相关会计账目的凭证。高校处置历史遗留问题资产，须提交书面报告和相关证明材料，必要时需由具有相关资质的审计或评估机构出具书面报告，经主管部门审核，报同级财政部门审批。

二、资产处置收益的管理

国有资产处置收益，是指国有资产产权的转移或核销所产生的收入，包括国有资产的出售收入、出让收入、置换差价收入、报废报损残值变价收入等。

　　高校处置国有资产应缴纳的税款和所发生的资产评估费、技术鉴定费、交易手续费等，在收入中抵扣，纳入学校统一核算、统一管理，实行"收支两条线"，任何单位和个人不得截留挪用。抵扣后的余额按规定缴入政府非税收入汇缴结算户。

　　高校应在取得国有资产收入后 30 个工作日内上缴国有资产收益。上缴国有资产收益时，按照政府非税收入管理规定，办理缴款。

　　国有资产收益及相关支出全部纳入学校预算，按照部门预算编报、审批程序执行。科技成果转移转化收益管理按国家和省有关规定执行。

　　《中央行政事业单位国有资产处置管理办法》（以下简称《办法》）明确，中央行政事业单位国有资产处置方式包括无偿划转、对外捐赠、转让、置换、报废、损失核销等。中央行政事业单位国有资产处置应当遵循公开、公正、公平和竞争择优的原则，按照规定权限履行审批手续，未经批准不得自行处置。

　　以下七种情形的中央行政事业单位国有资产应当予以处置：①因技术原因确需淘汰或者无法维修、无维修价值的；②涉及盘亏等非正常损失的；③已超过使用年限且无法满足现有工作需要的；④因自然灾害等不可抗力造成毁损、灭失的；⑤因单位分立、合并、改制、撤销、隶属关系改变或者部分职能业务调整等而移交的；⑥发生产权变动的；⑦依照国家有关规定需要处置的其他情形。

　　针对中央行政事业单位国有资产处置收入，《办法》规定，除国家另有规定外，处置收入应当在扣除相关税金、资产评估费、拍卖佣金等费用后，按照政府非税收入和国库集中收缴管理有关规定及时上缴中央国库。

三、资产处置的相关账务处理

（一）报废、损毁的资产

　　此类业务通过"待处理财产损溢"账户处理。账务处理同资产盘亏的处理。

　　【例 3 − 9】甲事业单位 20 ×2 年底拟报废 3 台计算机，价值共计 15 000 元，计提折旧 12 000 元。经过有关部门批准同意报废，处理时发生相关运费 200 元，用现金支付，并收到残值变价收入 1 000 元，对方转账支付。

　　财务会计分录：

　　（1）借：待处理财产损溢——固定资产——待处理财产价值　　　3 000

　　　　　　　固定资产累计折旧　　　　　　　　　　　　　　　12 000

　　　　　　　贷：固定资产——通用设备　　　　　　　　　　　　　　15 000

（2）借：资产处置费用   3 000

    贷：待处理财产损溢——固定资产

        ——待处理财产价值   3 000

（3）借：银行存款   1 000

    贷：待处理财产损溢——固定资产——处理净收入 1 000

（4）借：待处理财产损溢——固定资产——处理净收入 200

    贷：库存现金   200

（5）借：待处理财产损溢——固定资产——处理净收入 800

    贷：应缴财政款——应缴国库款   800

预算会计不作处理。

（二）出售、转让、对外捐赠的固定资产

此类业务不通过"待处理财产损溢"账户处理，按照固定资产价值全部直接转入资产处置费用，净收入上缴财政。

1. 报经批准出售、转让固定资产。按照被出售、转让固定资产的账面价值，借记"资产处置费用"科目，按照固定资产已计提的折旧，借记"固定资产累计折旧"科目，按照固定资产账面余额，贷记"固定资产"；同时，按照收到的价款，借记"银行存款"等科目；按照处置过程中发生的相关费用，贷记"银行存款"等科目，按照其差额，贷记"应缴财政款"科目。

【例3-10】经批准，现拟将〖例3-7〗盘盈的实验设备以50 000元价格转让，并支付运输费用2 000元，相关会计处理如下：

财务会计分录：

（1）借：资产处置费用   70 000

    固定资产累计折旧   30 000

    贷：固定资产   100 000

（2）借：银行存款   50 000

    贷：应缴财政款   48 000

      银行存款   2 000

预算会计不作处理。

2. 报经批准对外捐赠固定资产。按照固定资产已计提的折旧，借记"固定资产累计折旧"科目，按照被处置固定资产账面余额，贷记"固定资产"科目，按照捐赠过程中发生的归属于捐出方的相关费用，贷记"银行存款"等科目，按照其差额，借记"资产处置费用"科目。同时预算会计处理借记"其他支出"（支付的相关税费），贷记"资金结存"科目。

【例3－11】20×2年2月25日，某高校向受灾地区捐赠价值3 000元的F材料，用银行存款支付材料包装费100元。

财务会计分录：

借：资产处置费用 3 100

　　贷：库存物品——F材料 3 000

　　　　银行存款 100

预算会计分录：

借：其他支出 100

　　贷：资金结存——货币资金 100

3. 报经批准无偿调出固定资产。无偿调出固定资产按照固定资产价值转入"无偿调拨净资产"科目，冲减净资产，按照固定资产已计提的折旧，借记"固定资产累计折旧"科目，按照被处置固定资产账面余额，贷记"固定资产"科目，按照其差额，借记"无偿调拨净资产"科目；同时，产生的调出方相关费用计入"资产处置费用"，借记"资产处置费用"科目，贷记"银行存款"等科目。按照预算会计项目，借记"其他支出"科目，贷记"资金结存"科目。

4. 报经批准置换固定资产。置换换出固定资产，若换入的是库存物品，在其验收入库时，按照确定的成本，借记"库存物品""固定资产累计折旧"科目，按照换出固定资产的账面余额，贷记"固定资产"；对于置换过程中支付的补价和发生的其他相关支出，贷记"银行存款"等科目，按照借贷方差额，借记"资产处置费用"科目或贷记"其他收入"科目。

对于置换过程中收到补价的，按照确定的成本，借记"库存物品""固定资产累计折旧"科目，按照收到的补价，借记"银行存款"等科目，按照换出资产的账面余额，贷记"固定资产"科目，按照置换过程中发生的其他相关支出，贷记"银行存款"等科目，按照补价扣减其他相关支出后的净收入，贷记"应缴财政款"科目，按照借贷方差额，借记"资产处置费用"科目或贷记"其他收入"科目。

若换入的是固定资产，置换换入的固定资产按照换出资产评估价值加上其他相关支出合并计入。涉及补价的，处理方法同库存物品补价。

【例3－12】20×2年6月30日，某高校经批准以其1部公务轿车置换另一单位的办公用品（不符合固定资产确认标准）一批，办公用品已验收入库。该轿车账面余额40万元，已计提折旧20万元，公允价值为25万元。置换过程中该单位收到对方支付的补价2万元已存入银行，另外以现金支付运输费1万元。不考虑其他因素，该高校换入库存物品的入账价值为多少。

分析：该高校换入库存物品的入账价值＝25－2＋1＝24（万元）。

财务会计分录：

借：库存物品		240 000
固定资产累计折旧		200 000
银行存款		20 000
贷：固定资产（账面余额）		400 000
库存现金（其他相关支出）		10 000
应缴财政款（补价——其他相关支出）		10 000
其他收入（贷差）		40 000

预算会计分录：

借：银行存款		20 000
贷：库存现金		10 000
应缴财政款		10 000

预算会计不做账，因为实际支付的其他支出小于补价，差额上缴财政，不属于纳入本单位的资金流入业务，故预算会计不做账。

（三）库存物品的处置

1. 对外出售。经批准对外出售的库存物品（不含可自主出售的库存物品）发出时，按照库存物品的账面余额，借记"资产处置费用"科目，贷记"库存物品"科目；同时，按照收到的价款，借记"银行存款"等科目，按照处置过程中发生的相关费用，贷记"银行存款"等科目，按照其差额，贷记"应缴财政款"科目。

2. 对外捐赠。经批准对外捐赠的库存物品发出时，按照库存物品的账面余额和对外捐赠过程中发生的归属于捐出方的相关费用合计数，借记"资产处置费用"科目，按照库存物品账面余额，贷记"库存物品"科目，按照对外捐赠过程中发生的归属于捐出方的相关费用，贷记"银行存款"等科目。

3. 无偿调出。经批准无偿调出的库存物品发出时，按照库存物品的账面余额，借记"无偿调拨净资产"科目，贷记"库存物品"科目；同时，按照无偿调出过程中发生的归属于调出方的相关费用，借记"资产处置费用"科目，贷记"银行存款"等科目。

（四）无形资产的处置

无形资产的各项处置业务，参照固定资产的处置业务来完成。

【例3-13】某事业单位经批准将一项专利权出售，该专利权原价50万元，已计提摊销30万元，售价25万元。转让收入按照规定纳入本单位预算。

财务会计：

借：资产处置费用 200 000

　　无形资产累计摊销 300 000

　　　贷：无形资产 500 000

借：银行存款 250 000

　　　贷：其他收入——科技成果转化收入 250 000

预算会计：

借：资金结存——货币资金 250 000

　　　贷：其他预算收入 250 000

说明：《高等学校财务制度》规定，高校转化科技成果所获得的收入全部留归本单位。

四、资产处置的评价

（一）资产处置合规性

对资产处置的合规性从以下几方面评价。

1. 处置程序是否合规。资产处置须有学校层面相关决策文件，并按规定权限向上级部门履行报备、报批手续。

2. 处置方式是否合规。资产处置前应进行评估、论证，资产通过招标、拍卖等公开方式处置。

3. 账务处理是否合规。处置收入按照规定上缴国库，财务、资产账务处理及时、规范。

4. 资产处置档案资料是否齐全。

（二）资产处置收入核算情况

反映资产处置收入核算情况的常用指标是资产处置收入上缴率。

资产处置收入上缴率＝（资产处置收入实际上缴额/资产处置收入应上缴额）×100%

第六节　资产报告

高校年度终了，根据资产管理、预算管理等工作需要，在日常管理基础上编制报送的反映行政事业单位年度资产占有、使用、变动等情况的文件，包括行政事业单位资产报表、填报说明和分析报告。

一、报告内容

（一）资产报表

依据《行政事业性国有资产管理条例》，行政事业单位资产报表分为单户报表和汇总报表两类。

1. 单户报表是指行政事业单位在会计核算、资产盘点基础上对账簿记录进行加工编制而成的资产报表，反映行政事业单位资产占有、使用、变动等总体情况以及房屋、土地、车辆、大型设备等重要资产信息。

2. 汇总报表是财政部门、主管部门按照财务隶属关系汇总本地区、本部门行政事业单位资产数据形成的资产报表，主要反映本地区、本部门行政事业单位资产总量、分布、构成、变动等总体情况。

（二）资产报表填报说明

资产报表填报说明是对资产报表编报相关情况的说明，主要内容包括：对数据填报口径等情况的说明；对数据审核情况的说明；对账面数与实有数、账面数与财务会计报表数据差异情况的说明；其他需要说明的情况。

（三）分析报告

分析报告应当以资产和财务状况为主要依据，对资产占有、使用、变动情况，以及资产管理情况等进行分析说明，主要包括以下内容。

1. 部门（单位）的基本情况。

2. 资产情况分析，包括资产总量、分布、构成、变动情况及原因分析，与部门（单位）履行职能和促进事业发展相关的主要资产的配置、使用、处置等情况，国有资产收益规模及其管理情况。

3. 资产管理工作的成效及经验。

4. 资产管理工作存在的问题及原因分析。

5. 加强行政事业单位国有资产管理工作的建议。

6. 其他需要报告的事项。

二、报告编报

高校应当在做好财务管理、会计核算的基础上，全面盘点资产情况，完善资产卡片数据，编制资产报告。资产报表数据应当真实、准确、完整，表内数据、表间数据、本期与上期数据、资产与财务数据应当相互衔接。填报说明和分析报告内容应当全面翔实。

　　高校资产管理部门负责资产报告工作，资产报告编制完毕后，须经编制人员、资产管理部门负责人和单位负责人审查、签字并加盖单位公章后，于规定时间内按照财务隶属关系逐级上报。单位负责人对本单位编制的资产报告的真实性、准确性和完整性负责。

三、报告审核

　　财政部门、主管部门对高校报送的资产报告进行审核。资产报告审核方式可以根据实际情况采取自行审核、集中会审、委托审核等多种形式。（1）自行审核。主管部门在报送资产报告前自行将学校纸质报表、电子介质数据以及相关资料，按规定的审核内容进行逐项审核。（2）集中会审。各级财政部门、主管部门组织专门力量对本地区、本部门学校编制的资产报告纸质报表、电子介质数据以及相关资料，按照财政部门的标准及要求集中进行审核。（3）委托审核。各级财政部门、主管部门在遵循有关法律法规的前提下，可以委托具有相关资质的社会中介机构对本地区、本部门学校编制的资产报告纸质报表、电子介质数据以及相关资料进行审核。

四、数据使用与管理

　　行政事业单位资产管理信息系统和上报的资产报告数据资料，形成全国行政事业单位国有资产基础数据库，有利于全面、动态地掌握行政事业单位国有资产占有、使用、变动等情况。

　　资产报告数据作为建立和完善资产配置标准体系的重要基础。各级主管部门、行政事业单位应当根据资产报告反映的情况，结合其依法履行职能和事业发展的需要，合理提出新增资产配置需求，严格控制资产增量；也可以作为国有资产对外投资、出租出借，以及处置的重要依据。

　　资产报告反映的情况可以作为预算安排和绩效管理的重要依据。各级财政部门、主管部门和行政事业单位应当建立和完善资产与预算有效结合的激励和约束机制，有效利用资产报告数据，加强大型仪器、设备等资产的共享、共用和公共研究平台的建设工作。

> **本章小结**
>
> 　　资产是指高校依法直接支配的各类经济资源，包括流动资产、固定资产、在建工程、无形资产、对外投资、公共基础设施、政府储备物资、文物文化资产、保障性住房等。本章阐述了高校资产管理体制及分工，并分别介绍高校资产配置、资产基础管理、资产清查以及资产处置的管理要求与核算办法。

阅读案例

Z大学固定资产管理现状及问题

1. Z大学固定资产管理现状。

（1）Z大学发展概况。Z大学为省局共建医学类高校，下有附属医院和科学研究院。Z大学探索实施校院一体化的教育教学运行机制，在组织管理上实行校院医教协同的一体化发展管理模式，将临床、科研、教育三者密切融合在一起，形成了高校与附属医院、科学研究院之间相互支持、相互依赖的紧密关系。Z大学不断加大对教学医院、科学研究院的建设力度，加大资金投入，将直属医院、科学研究院的教学、科研设备投入作为学校基本建设的重要组成部分。

（2）Z大学固定资产情况。固定资产是Z大学维持正常运转的重要物质基础。Z大学2015～2019年固定资产的总值是逐年增加的：2015年为8 281.60万元，2016年为8 921.82万元，2017年为13 612.05万元，2018年为16 909.65万元，2019年为19 012.48万元。种类多、高精尖设备增加，对Z大学的固定资产管理工作也提出了新的挑战和要求。

（3）Z大学固定资产管理现状。Z大学固定资产实行二级管理，即资产管理处和资产使用部门、学院共同管理，各负其责。资产管理处是主要的资产管理部门：一是负责购置教学、科研仪器设备，办公家具等，完成相应的采购申报、细化、汇总等工作；二是对学校所有仪器设备实行登记、建账、贴牌等台账管理，定期进行固定资产的账实核对，对固定资产进行动态监督和管理；三是构建固定资产信息管理体系，对资产进行日常清查、维修和维护。

2. Z大学固定资产管理方面存在的问题。

（1）资产管理部门职责划分不清。Z大学资产管理处和各资产使用部门之间职责不明确。资产管理处在完成资产入库后，仅在各部门提出申请时，负责日常维修、维护，没有真正实施统一的监督管理。特别是学校统一配置给附属医院、科学研究院用于临床教学的仪器设备等固定资产，附属医院和科学研究院作为使用部门本应辅助做好资产保管、维护等工作，但医院、研究院并未履行代管的职责，在资产进入医院、研究院后分散于各科室，未明确专人进行管理，使得此类资产游离于监管之外。

（2）缺乏校院之间的资产共享平台。Z大学有多个校区和院区，存在高校和附属医院、科学研究院的人事、财务、资产等多头管理格局，校院之间还没有建立资源共享平台，信息孤岛暂未打通。固定资产一旦落地就为使用部门占有，资产管理处也无权调拨和管理，难以实现在一定范围内共享，尤其是大型进口仪器设备，多是自购自用，造成了一定程度的资源浪费。

（3）缺乏科学购置计划，方案论证不充分。近年来，Z高校获得了一流大学和一流学科建设奖补资金、教育服务新旧动能转换专业对接产业专项资金和高峰计划资金等大量的专项资金支持，对固定资产的投入力度加大。由于Z大学内部各部门以及附属医院、科学研究院之间信息沟通不畅，在教学、科研大型仪器设备的采购方面，缺乏宏观、长远的统一管理，在购置前没有认真进行事前论证，导致资产购入后使用效率低。审计报告明确指出，资产使用效率低。如近70台仪器设备因进口手续慢、安装调试周期长导致年使用时间不足800小时，2台价值130余万元的设备，因缺乏使用硬件配套设施一直闲置未用。

（4）管理制度不健全，导致资产流失和提前报废。由于Z大学对固定资产的权属划分不明确，资产使用人对资产所属权认识不到位，资产管理处没有细化合理的资产管理制度，导致资产使用部门随意进行资产处置，有的附属医院将学校配置的资产误作为医院的盘盈资产，部分尚能使用的设备提前进入报废状态，或暂时处于闲置等待报废，造成高校资源的极大浪费。审计厅在审计报告中指出，报废处置资产不规范。如2019年，该校**管理处在未进行评估鉴定的情况下，自行对3台资产进行报废处置，涉及价值近50万元。

（5）固定资产管理的监管缺失。资产管理、资产投入绩效是审计所关注的重点内容。但目前Z大学内审工作内容仍然以财务审计为主，对固定资产开展的审计工作大多停留在参与招标、验收、处置等环节的监督，甚至流于形式。个别审计人员业务能力不强，对政府会计制度改革后的资产管理办法、管理方式、账务处理等不甚了解，风险控制不足，一定程度上削弱了对资产管理的监管力度。

资料来源：何桂菊. 校院一体化建设背景下高校固定资产管理研究——以Z大学为例［J］. 中国总会计师，2021（6）.

 思考题

1. 高校资产包括哪些项目？
2. 高校资产管理体制是怎样的？
3. 资产配置的方式有哪些？
4. 接收捐赠存货的成本确定顺序。
5. 高校固定资产的类别有哪些？
6. 固定资产的处置应遵循的程序？
7. 高校无形资产的主要内容。
8. 无形资产的使用和处置应遵循哪些要求？
9. 资产处置的收益如何处理？

第四章 高校筹资管理

教育投融资体制是指包括教育经费的来源、负担主体的划分、经费的筹措、经费的有效配置及其管理使用的制度规范的总称。它既是国家教育体系中的重要组成部分，也是教育事业改革和发展的基本保障制度。

教育投融资主体包括多元化的社会投融资主体和事业法人的学校投融资主体。多元化的社会投融资主体包括政府、企业、非政府组织和个人，一般是以建立教育机构为其主要内容，其行为多发生在学校设立阶段。作为事业法人的学校，特别是高等学校，在学校教育事业迅速发展过程中，已经开始承担起越来越多的教育融资和教育投资任务，其成为独立的投融资主体的必要性日益增强。高校要成为自我发展、自我约束的独立办学主体，就必须能够成为独立的投融资主体。

第一节 高校筹资管理概述

高校为了获取更好的教育资源，实现高校科研教学水平的提高，有必要筹集一定的资金，进行筹资管理。

一、高校筹资的含义

对于高校筹资的定义，不同学者有不同观点。不仅如此，即使是同一概念，在不同场所也有不同的含义和适用范围。因此，为了更好地对这个问题展开研究，我们对相关概念进行有效的界定。

（一）高校筹资的相关术语

1. 教育经费。教育经费包含有财政预算等多方面，它来源于国家和各级政府部门和各界社会人士及各社会机构用于教育上的资金。教育经费是高校发展教育事业的财政保障，离开了经费的支持各项高等教育活动将难以开展。教育经费的多少关系到高校教学规模的大小，高校教学目标能否顺利达成，教学活动能否如期开展等多个方面。

2. 教育投资。教育投资是为了培养服务于社会的多方面人才，增加服务社会的储备军，提升储备军服务社会的能力而向教育领域投入人力、物力和财力的活动。教育投资不是普通的投资，它是为培养各种人才而进行的投资。教育投资主要有四个步骤，即资源筹得、资源投入、资源经营和资源获取四个阶段。所以很明显，学校筹资是教育投资的前提和基础。

3. 高校筹资。高校筹资是指高校在一定社会环境中，为了实现办学目标和使命，根据自身的办学水平，面向社会，通过一定的筹资渠道，运用适当的筹资方式，筹措办学所需资金的一种行为。我国 2021 年修订的《普通高等学校设置条例》第十四条规定，设置普通高等学校所需的基本建设投资和教育事业费，须有稳定的来源和切实的保证。高校的建立与发展的过程，同样是资金的募集、利用与管理过程，吸引足够的资金对高校的重要性显而易见。尤其在国家财政支持减少的情况下，高校必须拓展多元筹资渠道方能获得长足发展。

（二）高校筹资与企业筹资异同

1. 二者的共同点。（1）根本目的相同，都是通过获得资金资源，实现自身的生存与发展。（2）筹资原则基本相同，都要强调筹集的经济效益和社会效益，通过合理合法途径及时进行有效的筹资。（3）筹资渠道多元化，都可以通过债务筹资和权益性筹资等多种方式进行筹资。

2. 二者的不同点有。（1）主体不同。企业筹资主体是以盈利为目的的企业，而高校筹资主体是作为非营利单位的高校。（2）具体筹资渠道存在差异。目前我国企业的筹资渠道相对广泛，可分为内部筹资渠道与外部筹资渠道，内部筹资渠道主要为自有资金的融资与积累资金的融资；外部筹资渠道主要由直接融资渠道与间接融资渠道构成。然而，由于我国的高校是以政府办学为主，收入来源主要还是依靠财政拨款、自筹经费及银行贷款等外部的间接筹资方式获得。相比企业，高校的筹资渠道显得相对单一。（3）资金流向存在差异。企业倾向于先通过内部筹资获得资金，内部筹资不足时才考虑外部筹资。高校更多的是从外部筹资获得资金。

二、高校筹资的基本原则

（一）经济效益原则

随着教育的普及，教育资源越来越紧缺，而且教育本身是不以营利为目的，其资金的使用也不会直接产生相应的经济效益，但高校在开展筹资活动时，注重经济效益是必要的。一般来说，高校权衡之后采用的筹资方案，其实现的筹资收益应大于所投入成本，否则高校不应该采取该方式。换言之，高校的筹资，应该以相对较少的成本，最大限度去实现高校筹资方式的经济效益最优解，尽可能注重筹资的经济效益。

（二）适时适度原则

要相互协调高校的经济活动和筹资活动，必须从两方面入手：一是适当的资金需求量，二是合理的需求时间。筹资过多，会造成资金闲置，徒增筹资成本。筹资不足，影响项目安排资金的进度，严重的可能会影响学校正常事务的推进。因此如果资金需求量安排的区间适当，既可避免资金浪费，又不会影响正常的资金需要。同样，如果资金需求时间安排准确，可避免资金闲置，从而适时适量，统筹调控，切实规划好资金的需求规模。

（三）风险规避原则

现阶段的高校筹资很大程度上单一地依靠财政拨款，是完全不符合新时代发展趋势的。创新筹资渠道，开辟筹资途径成为高校筹资管理的重要内容。而拓展其他筹资方式，也会存在着不同程度的风险，如银行借款筹资会有财务压力，带来还贷风险。因此高校作为非营利主体，筹资应依循风险规避原则，如果只是单纯地索求筹资利益，忽视可能发生的筹资风险，高校将不可避免地承受巨额的损失。

（四）社会效益原则

高校属于文化教育行业，在社会氛围和舆论导向上应起到积极正面的作用，同时，在高校注重筹资的社会效益，本身也会赢得口碑，吸引更多的资金投入，带来好的经济效益，形成良性循环。因此，作为筹资受益主体的高校，在追逐经济利益的同时，不能忽视社会效益。社会效益优先，经济效益与社会效益相协调是高校筹资管理的重要原则。

三、高校筹资方式

（一）直接筹资与间接筹资

高校筹资活动按其是否借助银行等金融机构，可分为直接筹资和间接筹资两种类型。

1. 直接筹资，是指企业不借助银行等金融机构，直接与资本所有者协商融通资本的一种筹资活动。在直接筹资活动过程中，筹资企业无须借助银行等金融机构，而是直接与资本所有者协商，采用一定的筹资方式取得资本。在我国，随着宏观金融体制改革的深入，直接筹资得以不断发展。具体而言，直接筹资包括财政拨款资金、科研成果转化、自创收益、捐赠收益等。

2. 间接筹资，是指筹资方借助银行或非银行金融机构融通资本的筹资活动。这是一种传统的筹资类型。在间接筹资活动过程中，金融机构发挥着中介作用，它们先集聚资本，然后提供给筹资方。高校间接筹资的基本方式有银行借款和融资租赁。

3. 直接筹资与间接筹资的区别。其主要表现在以下几个方面：（1）筹资机制不同。直接筹资依赖于学校自身价值的实现和外界的无偿资助；间接筹资则可以通过市场机制，也可运用计划或行政手段。（2）筹资效率和筹资费用高低不同。直接筹资程序繁琐复杂，准备时间较长，并且偶然性比较大，筹资费用比较低；间接筹资过程简单，手续简便，故筹资效率高，筹资费用比较高。（3）筹资效应不同。直接筹资可使高校最大限度地筹集社会资本，并有利于提高高校的关注和知名度；间接筹资有时主要是为了满足高校弥补财政缺口，缓解财务负担的需要。

（二）权益性筹资与债务性筹资

1. 权益性筹资。权益性筹资形成学校的自有资本，是高校依法取得并长期拥有，可自主调配运用的资本。高校权益性筹资具有下列特性：（1）高校权益性筹资的对象可以对高校的经营管理施加影响。（2）高校通过权益性筹资得到的资金不用还本付息，可以形成高校的永久性资产。

2. 债务性筹资。债务性筹资形成高校的债务资本，亦称债务资本、借入资本，是高校依法取得并依约运用、按期偿还的资本。债务性筹资具有下列特性：（1）债务资本体现高校与债权人的债务与债权关系。它是高校的债务，是债权人的债权。（2）高校的债权人有权按期索取债权本息，但无权参与高校的经营管理和收益分配，对高校的其他债务不承担责任。（3）高校对持有的债务资本在约定的期限内享有经营权，并承担按期付息还本的义务。

3. 其他方式筹资。其他方式筹资是指除权益性筹资和债务性筹资以外的筹资，往往兼具权益性筹资和债务性筹资两种性质，主要包括 BOT 筹资、PPP 筹资等。

四、高校筹资管理的意义

（一）经济资源价值

"十四五"规划实施以来，我国经济进入改进效率，迈向和谐的新发展阶段。充足的经费是高校生存发展所需的必要条件。通过获取充足的资金，可以购进更多教学设备，完善基础设施，扩大高校规模，促进高校科研水平提高，提高高校的综合实力。筹资能力成为各大高校核心竞争力的重要手段之一。强大的筹资能力不仅意味着能够减轻高校财务负担，还能获取多方面的资金资源支持，帮助高校维持一定的资本储备，以备不时之需。筹资管理有利于高校提高办学水平，实现更高的经济价值。

（二）社会资源价值

高校筹资蕴含着巨大的教育贡献，获得巨额捐款高低与高校的教育成就直接相关。对于高校而言，其办学水平越高，越有利于培育优秀人才，赢得社会的关注和回报，从而更能得到企业家、社会知名人士的投资或捐赠，进一步通过更多的资金储备实现发展，由此形成良性互动循环。不仅如此，高校筹资获得的资金可以补助"寒门"学子、奖励优秀学子、激励创新学子，社会价值举足轻重。

（三）文化资源价值

高校属于文化教育行业，文化内涵不可或缺。内涵式的高校筹资并非只追求筹资的额度，更基于捐赠人与投资者对大学、教育的认同，注重筹资的意义、资助的导向，从而切合高校需求为本，以回归教育本质为先。加强筹资管理，以良性、多元、理性的筹资方式获得资金，把资金用到教育上，更好地实现教书育人使命，从而营造好的文化氛围，形成文化认同，其文化资源价值影响深远。

第二节　高校债务性筹资

高校债务性筹资是指高校通过银行借款、租赁筹资等方式筹集的债务资本。

一、银行借款

银行借款是指高校向银行等金融机构借入的各种款项。

（一）银行借款的分类

银行借款的种类很多，按不同标准可进行不同的分类。

1. 按借款的期限，银行借款可分为短期借款和长期借款。短期借款是指借款期限在1年以内（含1年）的借款；长期借款是指借款期限在1年以上的借款。

2. 按借款是否需要担保，银行借款可以分为信用借款、担保借款和票据贴现。信用借款是指以借款人的信誉为依据而获得的借款，债务人取得借款，无须以财产作抵押；担保借款是指以一定的财产作抵押或以一定的保证人作担保为条件所取得的借款；票据贴现是指借款人以持有的未到期的商业票据向银行贴付一定的利息而取得的借款。

3. 按提供贷款的机构，银行借款分为政策性银行贷款、商业银行贷款和其他金融机构贷款。

（二）银行借款的程序

高校利用银行借款筹集资金，要按特定程序办理，大致分为以下几个步骤。

1. 主管部门借款筹资审批。高校应当建立健全与债务相关的决策机制，拟筹资项目的建设方案（含用款计划）、筹资方案和还本付息方案等需经学校集体决策批准后，按规定程序报教育部（厅）和财政部（厅）核准。2011 年，广东省教育厅出台的《关于加强省属高校债务管理的意见》明确规定了高校审批范围、审批程序、申请材料等，只有通过省教育厅、财政厅审批后，才可与合作银行签订贷款合同。2013 年，安徽省财政厅、安徽省发改委、安徽省教育厅、安徽省审计厅、安徽省监察厅五部门联合印发了《关于进一步加强省属高校和中专学校举债融资管理的通知》。该通知规定，项目建设院校要积极筹措项目建设资金，足额落实建设经费，不得擅自举债建设。未取得安徽省财政厅出具政府性债务融资项目审批卡的，一律不得举债融资。2021 年，广西壮族自治区教育厅颁发了《自治区财政厅关于进一步加强公办高等学校债务管理的通知》。该通知规定、广西高校新增债务要严格履行审批手续，除政府债券、国际金融组织贷款和外国政府贷款外，其他新增债务应向主管部门提出申请，经自治区教育厅、自治区财政厅审核同意后方可举借；高校拟申请政府债券、举借国际金融组织贷款和外国政府贷款的，按有关规定办理。

2. 高校提出借款申请。高校需要向银行借入资金，必须向银行提出申请，填写包括借款金额、借款用途、偿还能力以及还款方式等主要内容的《借款申请书》，并提供相关资料。

3. 银行审核借款申请。银行接到高校的申请后，要对高校的申请进行审查，以决定是否对高校提供贷款。

4. 签订借款合同。为了维护借贷双方的合法权益，保证资金的合理使用，高校向银行借入资金时，双方需签订借款合同。

5. 高校取得借款。双方签订借款合同后，贷款银行要按合同的规定按期发放贷款，高校便可取得相应的资金。贷款人不按合同约定按期发放贷款的，应偿付违约金。借款人不按合同的约定用款的，也应偿付违约金。

6. 借款的归还。高校应按借款合同的规定按时足额归还借款本息。如果高校不能按期归还借款，应在借款到期前向银行申请贷款展期，但是否展期，由贷款银行根据具体情况决定。

（三）银行借款的信用条件

根据国际惯例，银行借款常带有一些信用条件，主要有以下几种。

1. 信用额度。信用额度是高校按协议规定从银行取得的无担保贷款的最大额度。

在未用尽其最高信用限额前，高校可随时使用剩余的信用额度，但是银行没有义务必须提供全部信用限额，并且协议到期时，高校必须偿还所有贷款，其利息按已使用的额度计算。

2. 周转信用协议。周转信用协议具有法律效力，在协议有效期内，高校提出的借款要求只要不超过最高限额，银行必须给予满足，但债务人必须对其未使用的信用额度支付一定费用以补偿银行所作出的承诺，即债务人使用信用额度的利息包括两部分：基本利率计算的利息和补偿费用。[①]

【例 4 - 1】某高校周转信用额为 100 万元，基本利率为 8%，补偿费率为 0.5%，学校年度内使用了 50 万元，则该年度应支付的利息为多少？

解： 应支付的利息 = 50 × (8% + 0.5%) + 50 × 0.5% = 4.5（万元）

3. 补偿性余额。补偿性余额是银行为降低贷款风险要求借款高校按借款比例在银行保留的最低存款余额。补偿性余额一般表示为借款数额的一定百分比，它的存在提高了高校借款的实际利率。[②]

【例 4 - 2】某高校取得银行借款 50 万元，年利率为 8%，银行要求的补偿性余额为 20%，则借款实际利率为多少？

解： 借款实际利率 $= \dfrac{50 \times 8\%}{50 \times (1 - 20\%)} = 10\%$

（四）银行借款的优缺点

1. 银行借款的优点。（1）筹资速度快。采取其他方式筹资，筹集长期资金所需时间一般较长。因为高校作为事业单位，信用条件良好，通过银行借款筹资审批程序简单，高校可快速获得资金。（2）筹资成本低。就目前我国情况来看，利用银行借款利息本身比较低，而且银行也会向高校提供超低息贷款，以投资教育，储备后备人才。此外，也无须支付大量的发行费用。（3）借款弹性好。高校和银行可以直接接触，可通过直接商谈来确定借款的时间、数量和利息。在借款期间，如果高校财务情况发生了变化，也可与银行进行协商，修改借款的数量和条件。借款到期后，有正当理由，还可申请延期归还。

2. 银行借款的缺点。（1）财务风险较大。高校举借银行借款，必须定期还本付息，高校作为非营利单位，自身一般不产生经营利润，如果高校本身财务负担过重，很难按时偿付本息。（2）限制条款较多。高校与银行签订的借款合同中一般都有一些限制条款监督资金使用，这些条款不仅可能会制约高校教育活动，而且可能泄露高校内部信息。（3）筹资数额有限。银行一般不愿一次性借出巨额长期借款。因此，利用银行借

---

① 荆新. 财务管理学 [M]. 北京：中国人民大学出版社，2009.
② 曲喜和. 财务管理 [M]. 北京：北京邮电出版社，2012.

款筹资都有一定的上限，高校通过银行借款获得的资金是有限的。

（五）高校化解银行借款债务的思考

教育部发布的全国高校统计数据显示，2023 年全国高校共计 3 072 所（未包含港澳台地区高校），其中，普通高等学校 2 820 所，含本科院校 1 275 所、高职（专科）院校 1 545 所。但由于财政投入不足，高校筹资渠道单一，银行借款举债建设新校区或新项目成为高校面对扩招的普遍选择。全国几乎每所高校都背负了一定程度的债务。自2007 年起，广东省、江苏省率先启动高校化债与财政投入双向统筹活动，为后续各地高校化解债务提供了经验。

1. 在高校层面，要切实履行债务主体职责，坚持"谁举债谁负责"，合理确定适合自身的债务规模，强化债务资金管理，积极接受财政、审计和社会的监督，保证其按照"量入为出，收支平衡"的预算制度合理使用资金，提高高校债务利用率，实现资源的最有效利用。严格拟定偿还机制，使债务偿还更有保障。如属于满足教育教学建设项目，可以考虑预算约束或财政专项补贴方式解决高校化债问题，而针对高校后勤基础设施建设等可取得可观经济效益的项目，坚持"谁借谁还"或少量财政补贴，用项目收益偿还债务。

2. 从银行角度分析，加强高校贷款额度审批管理。一是对于向高校提供的可能存在坏账的巨额债务，银行应及时打消让政府买单的心理。结合各地实际情况，严格限额管理，严控新增债务，对高校举借债务设置"天花板"，并充分考虑债务风险，按照有关高校的财务状况、债务余额、贷款期限、还款计划和贷款用途，在充分考虑贷款的长期、短期风险的基础上进行审批。例如对贷款风险防控机制完善的高校优先安排，对各类贷款余额与资产总额的比不超过 50%、各类贷款余额与当年总收入的比不超过200%、各类贷款余额与当年各种事业收入的比不超过 300% 的高校予以优先安排，对高校教学设备购置和发改委立项的大型维修项目，根据地方新增贷款额度结余情况适当安排。

二是确保债务投向保障重点，兼顾使用规范与效益。首先，建议保障重点，债务额度优先保障国家和各地区重大建设统筹推进项目、已开工项目的资金需求，对已招标项目、已立项项目根据贷款额度剩余情况适当安排。其次，建议限定用途，新增债务用途应主要用于高校基础设施建设和教学仪器设备购置，不得用于日常运行经费及人员支出。

3. 从政府主管部门层面考量，要严格依照自身责任范围行事，认真履行债务审批、监管责任，遏制高校盲目举债、不计后果的做法，让高校意识到自身作为受益主体理应合理举债并承担偿债责任，而非一直寄希望于政府为之偿还。政府应该扮演的是引导者和助力者的身份，如通过建设高校债务风险预警平台进行风险监测，通过将预、决算报表，债务报告或报表等数据进行关联对比，构建全面的风险预警指标体系。风险预警指标不光针对单个高校，还要能涵盖所有高校的累积风险。由财政部门和教育主管部门牵头建立债务风险应急响应预案。根据债务风险预警值，确定风险等级，建立不同风险等级的应急响应预案，从而作出不同控制行为决策，将各种可能发生或即将发生的风险损失降到最低。

2019 年 7 月 1 日，国务院颁布的《政府投资条例》正式施行，要求政府及其有关部门不得违法违规举借债务筹措政府投资资金。2023 年 6 月，广西发改委发布关于公开征求《广西壮族自治区政府投资管理办法》意见的公告，其中第五条称，加强投资项目风险防控，按要求组织开展财政承受能力和债务风险评估，切实防范政府投资领域债务风险。建立健全相关工作机制，对于政府债务率超过警戒线或者出现债务风险事件的地区，要合理控制政府投资强度，严格防范政府债务风险。

高校合理利用银行借款筹资可以最直接方便地得到所需资金，更好地达成办学目的，但是过度银行借款筹资也会让高校陷入财务危机。所以高校要合理估计所需资金，审慎利用银行借款筹资，避免过度负债，盘活现金流，以更好地获得资金，完成办学目标。

二、高校专项债券

地方政府专项债券是指省、自治区、直辖市政府（含经省级政府批准自办债券发行的计划单列市政府）为有一定收益的公益性项目发行的、约定一定期限内以公益性项目对应的政府性基金或专项收入还本付息的政府债券，即融资项目本身的现金流入具有覆盖专项债券还本付息的能力。在 2014 年出台的《广西壮族自治区人民政府关于进一步加强政府性债务管理的意见》基础上，广西壮族自治区人民政府办公厅在 2015 年和 2017 年分别针对政府一般债券和政府专项债务制定了预算管理实施细则，规定将新举措政府债务收支纳入预算管理。这些政策都表明主管部门对高校债务管理更加规范、透明和细致，有效地增强了高校债务管理的可操作性。

高校专项债券属于地方政府专项债券中的项目收益专项债，是 2018 年以来中国地方政府债市场新辟的专项支持高校项目建设的一类券种。该类债券具有一定期限，一般利息按年或半年支付，到期后一次性偿还本金，专项用于高校基础项目建设。全国首单省级公办高校专项债券是 2018 年云南省发行 10 亿元高校专项债券募集资金，其中，8.4 亿用于云南财经大学安宁校区一期子项目建设，1.6 亿元用于云南财经职业学院建设。该专项债券进一步丰富了地方政府债券品种，对于完善政府债券发行机制、提升地方政府债券市场化程度、吸引更多社会资本投资地方政府债券起到推进作用。

高校申请专项债券的项目有三个要求：（1）公益性，专项债券支持的项目为高校自身公益事业发展所急需的新建或在建建设性项目。（2）收益性，专项债券安排的项目本身要有一定收益，本身的收益加上相关收入可以保障专项债券及时还本付息。（3）合规性。

（一）高校专项债券发行程序[1]

通过梳理各省高校专项债券发行披露文件，高校专项债券发行（以省属高校为例）大致分为以下几个步骤。

1. 各高校根据自身项目投资计划，结合项目收益与融资平衡情况等因素，合理测算提出下一年度高校专项债券资金需求，编制项目实施方案，报送教育厅。

2. 教育厅汇总审核各高校专项债券需求，根据高校建设发展规划、中央和地方财政资金投入情况，结合项目收益与融资平衡情况等因素，测算提出下一年度本省高校专项债券资金需求，报财政部门审核。

3. 财政部门按照项目收益专项债券发行标准进行项目筛选，组建项目库。项目筛选过程中具体要求有：必须是公立高校，且项目已取得教育厅、发改委批复；项目资本金由财政出资，且不低于20%；项目融资单纯，不存在违规增加地方政府债务的情况；综合考虑债券审批及发行的时间周期，要和项目资金需求匹配等。

4. 省财政厅审核后，提出全省高校专项债券额度建议和安排公益性资本支出项目建议，报省人民政府批准后按要求报送财政部。

5. 财政厅组织实施专项债券信用评级和信息披露工作，明确债券发行方案并制作《政府债券招标发行兑付办法》《政府债券招标发行规则》，出具债券披露文件和评级报告。

6. 投资发行。财政厅在专项债券发行后，及时将发行情况报财政部备案。

7. 资金监管。教育厅和财政厅依据国家法律法规和管理制度，对高校专项债券发行、使用和偿还实施监督。确保项目收益和融资自求平衡，专款专用。

（二）资金的使用与偿还

高校专项债券资金属于具有专门用途的借款，只能用于高校基本建设工程项目所发生的直接费用和间接费用，不得调剂使用。所以财务部门要实行专户管理、专账核算，这就要求高校开立专用存放银行账户，加强资金管理；在资金使用过程中，需要提前向开户银行申请，上传相关证明材料，如合同、票据、监理审查材料等。对高校专项债券的还本付息，可采取以下资金保障措施。

1. 按照项目资金平衡方案的编制要求、发行期限和额度，将项目的还本付息资金纳入高校年度部门预算，在高校年度预算中分别列支债券还本准备金及债券利息支出等

---

[1]　郭甲男. 高校专项债券发行探究及对策建议［J］. 财会学习，2019（12）.

专项预算,并将此项预算作为优先安排预算项目。

2. 控制还本期间基本建设规模,尽力不开工或少开工基本建设项目,确保充足的还本付息资金。

3. 积极争取地方财政支持,获得财政补助资金用于高校建设;同时争取行业企业投入,或通过科研创收和社会培训等增加学校自有资金。

(三) 高校专项债券的发行优势

1. 政府大力支持。国家出台政策允许增加使用专项债券的覆盖面,积极探索发行新的专项债券种类,包括在高校中使用专项债券进行基础建设。高校专项债券在政府性基金里进行预算管理,利息与本金偿还来自高校基础建设产生的收益,不会导致政府财政赤字现象的发生。

2. 降低高校融资风险。高校专项债券是政府在一定额度下发行的,每年发行的债券规模受到控制,这使高校的融资方式更加规范,降低了高校的融资风险,在一定程度上避免了高校产生债务危机。

3. 高校专项债券的使用成本较低。对投资者而言,购买地方政府专项债券风险极低,根据风险与收益对等原则,专项债券利息等成本明显低于银行贷款等筹资方式。目前各地政府发行的 15 年期专项债券的年利率为 3.45% 左右,10 年期年利率为 3.30% 左右,5 年期年利率为 2.95% 左右,大大降低了高校的资金成本。

4. 专项债券期限长。专项债券发行期限为 1~5 年、7 年、10 年,甚至可以为 15 年,付息频率低且到期一次性偿还本金,让高校有足够的时间筹措归还资金,与银行贷款及政府融资等方式相比还款压力较小。

5. 满足社会公众投资需求。对社会机构及个人投资者来说,高校专项债券风险小,目前已发行的专项债券评级均为 AAA 级,收益也相对较高,再加上国家对高等教育的重视,社会公众投资的积极性大幅增加。

三、租赁筹资

(一) 租赁筹资概述

在高校经费支出中,设备购置及学校自筹基建支出占总经费支出比重较高,如果全部进行贷款不仅增加高校的负债,而且在高校资产不能抵押的前提下,高校很难实现全额信用融资,即使能从银行获得资金,进一步融资将受到影响或增加融资成本。因此,如果通过租赁的形式获得设备和基础设施的使用,既可满足教学的需求,又可避免高校背负过重的债务负担。

租赁的优势在于,高校可向出租人或投资商签订租赁合同,在合同期内只需支付租金就可获得使用权，租金与贷款利息一样，为分期支付，不同的是贷款需要还本金而租赁则不需要。当合同期满，高校可根据需要续租、退租或留购。

（二）租赁种类及特点

现代租赁的种类很多，通常按性质可以划分为以下两大类。

1. 经营租赁，又称为业务租赁，它是由大型生产企业的租赁部或专业租赁公司向用户出租本厂产品的一种租赁业务。出租人一般拥有自己的出租物业仓库，一旦承租人提出要求，即可直接把设备出租给用户使用。用户按租约交租金，在租用期满后退还设备。

经营租赁的特点主要有：（1）承租高校根据需要可随时向出租人提出租赁资产。（2）租赁期较短，不涉及长期而固定的义务。（3）在设备租赁期内，如有新设备出现或不需要租入设备时，承租高校可按规定提前解除租赁合同，这点对承租方比较有利。（4）出租人提供专门服务。（5）基本租期内，出租人只能从出租中收回设备的部分垫支资本，需通过该项设备以后多次出租给多个承租人使用，方能补足未收回的那部分设备投资外加其应获得利润。（6）租赁期满或合同终止时，租赁设备由出租人收回。

2. 融资租赁，是出租人根据承租人对出卖人、租赁物的选择，向出卖人购买租赁物，提供给承租人使用，承租人支付租金的租赁形式。在租赁期间内租赁物所有权属于出租人，承租人只有使用权，承租人同时承担租赁的日常维修、保养费用，承担租赁与技术的风险。租赁期满，按合同约定，租赁物可以由承租人留购、续租或者退还给出租人。

融资租赁通常为长期租赁，其主要特点为：（1）租赁物由承租的高校决定，出租人出资购买并租赁给高校使用，并且在租赁期间内只能租给一个承租单位使用。（2）承租高校负责检查验收制造商所提供的租赁物，对该租赁物的质量与技术条件，出租人不向承租高校作出担保。（3）出租人保留租赁物的所有权，承租高校在租赁期间支付租金而享有使用权，并负责租赁期间租赁物的管理、维修和保养。（4）租赁合同一经签订，在租赁期间任何一方均无权单方面撤销合同。只有租赁物毁坏或被证明为已丧失使用价值的情况下方能中止执行合同，无故毁约则要支付相当重的罚金。（5）租期结束后，承租高校一般对租赁物有留购和退租两种选择，若要留购，购买价格可由租赁双方协商确定。

融资租赁与经营租赁两者的区别如表 4-1 所示。

表 4-1　　　　　　　　　　融资租赁与经营租赁的区别

项目	融资租赁	经营租赁
业务原理	融资融物为一体	无融资特征，只是一种融物方式
租赁目的	融通资金，增添设备	暂时性使用，预防无形损耗风险

续表

项目	融资租赁	经营租赁
租期	较长，相当于为设备经济寿命大部分	较短
租金	包括设备价款	只是设备价款
契约法律效力	不可撤销合同	经双方同意可以中途撤销合同
租赁标的	一般为专用设备，也可以为通用设备	通用设备居多
维修与保养	专用设备多为承租人负责，通用设备多为出租人负责	全部为出租人负责
承租人	一般为一个	设备经济寿命期内轮流租给多个承租人
灵活方便	不明显	明显

（三）融资租赁的操作流程

高校融资租赁的操作流程大致如下：租赁公司向高校提交租赁方案建议书；高校向融资租赁公司提出融资申请，填写项目申请表；租赁公司根据申请，要求高校填写《教育项目客户情况调查表》，包括基本资料、财务资料、机构学生情况、基建情况、资金需求以及其他情况；租赁公司对高校提交的信息进行项目可行性调查以及项目评估；高校根据租赁公司提交的可行性报告，进行成本、租金的测算，经过双方多次协商，认可方案；承租人（高校）、出租人、供应方（直接融资租赁）三方签订设备租赁合同、购买合同及其他相关合同文件，达成最终的合作协议；出租人出资、供应方交付租赁物件、高校向出租人支付项目手续费、保证金等约定费用以及按照合同约定向出租人缴付租金；租期结束，高校与出租人根据租赁合同的约定处置租赁物件。

（四）融资租赁的分类

融资租赁按业务的不同特点，可分为以下三类。

1. 直接租赁。直接租赁是指出租人利用自有资金、银行贷款，或采用招股的方式在金融市场上筹集资金，向设备制造厂家购进承租人所需设备，然后再租给承租人使用的一种主要租赁方式。对承租人而言，该租赁方式是以融"物"为直接目的。通常用于购置高校昂贵和专用性的设备。

直接租赁程序：（1）高校针对所需设备进行集中招标，确定供应商。（2）高校与租赁公司签订租赁合同，租赁公司与供应商签订买卖合同。（3）供应商将设备发往高校，高校对设备进行验收，作购入固定资产处理。设备验收合格前提下，租赁公司向供应商付款。（4）高校向租赁公司分期支付租金。（5）租赁期满，设备留购或退回。

2. 售后回租。售后回租是指承租人将自有设备或设施售卖给出租人，又从出租人那里将该设备或设施租赁回来使用的一种特殊租赁形式。该租赁方式的直接目的是融

"资"而非"融"物，高校在继续使用原有设备或设施的同时，增加了流动资金。

售后回租程序：（1）高校与租赁公司共同商定售后回租所涉及的设备及价款。（2）订立合同。双方共同订立设备销售合同与售后回租合同。（3）租赁公司向高校支付设备款。（4）高校向租赁公司分期支付租金。（5）租期结束后，租赁公司核销项目，设备所有权转回学校。

作为一种新型融资工具，售后回租与银行贷款相比，拥有许多独特的优势：一是作为一种以资产为基础的借贷，售后回租能够使承租人以较低信用等级获得融资。二是与银行贷款的请求相比，对售后回租的请求有更快的反应时间，这一点对资金极端缺乏而银行贷款已十分困难的高校显得尤为重要。三是售后回租金额、租期的设计可以符合承租人对现金流的要求，有利于提高资金使用效率。四是某些情况下，租赁是唯一可供选择的中期融资工具。五是租赁能够保持现有的银行关系。

3. 杠杆租赁。杠杆租赁是介于承租人、出租人及贷款人间的三边协定；是由出租人（租赁公司或商业银行）本身拿出部分资金，然后加上贷款人提供的资金，以便购买承租人所欲使用的资产，并交由承租人使用；而承租人使用租赁资产后，应定期支付租赁费用。通常出租人仅提供其中20%～40%的资金，贷款人则提供60%～80%的资金。作为承租人的高校拥有设备的法定所有权。杠杆租赁是通过"以小博大"的杠杆方式，为租赁项目取得巨额资金。一般被用于金额巨大的物品，如高校新校区教学楼、实验楼、图书馆、学生公寓、食堂和大型成套设备的融资租赁。

杠杆租赁程序：（1）未来承租人（高校）根据自己的需要确定拟委托租赁的技术、设备，向租赁机构递交相关文件，提出租赁委托。（2）租赁机构审查文件，向高校提供初步租金概算，经租赁机构对项目的效益、还款能力和担保人担保资格等审定、批准、确认和同意后，同步立项，对外正式接受委托。（3）与高校最后商定租赁条件，制定租金概算方案，签订租赁合同，并由经济担保人盖章确认担保。（4）出租人向贷款方取得长期贷款，贷款金额通常超过租赁物价格的50%，以租赁资产为抵押或以租金支付的转让为担保或两者兼而有之。（5）出租人运用贷款和自己的资金向卖主购买所需设备，同时，供货方交货，学校验收。（6）通知承租企业租赁合同正式起租，承租企业按起租通知规定按期支付租金。（7）租赁期满，承租企业可对租赁设备作如下选择：以名义价购买、续租或将租赁设备退回租赁机构。

（五）融资租赁的租金计算

在融资租赁方式下，出租人出资、供应方交付租赁物件、高校向出租人支付项目手续费、保证金等约定费用以及按照合同约定向出租人交付租金。租赁公司对高校提交的信息进行项目可行性调查及评估；高校根据租赁公司提交的可行性报告，进行成本、租金的测算，双方协商确定租金的数额和支付方式。这对高校的未来财务状况具有直接的影响，因此是融资租赁决策的重要依据。

1. 决定租金的因素。融资租赁每期支付租金的多少，主要取决于以下几项因素：（1）租赁设备的购置成本，包括设备的买价、运杂费和途中保险费等。（2）预计租赁设备的残值，指设备租赁期满时预计残值的变现净值。（3）利息，指租赁公司为承租单位（学校）购置设备融资而应计的利息。（4）租赁手续费，包括租赁公司承办租赁设备的营业费用以及一定的盈利。租赁手续费的高低一般无固定标准，通常由承租学校与租赁公司协商确定，按设备成本的一定比率计算。（5）租赁期限。一般而言，租赁期限的长短会影响租金总额，进而影响到每期租金的数额。（6）租金的支付方式。租金的支付方式也影响每期租金的多少，一般而言，租金支付次数越多，每次的支付额越小。支付租金的方式也有很多种：按支付间隔期，分为年付、半年付、季付和月付；按在期初还是在期末支付，分为先付和后付；按每次是否等额支付，分为等额支付和不等额支付。实务中，承租高校与租赁公司商定的租金支付方式大多为后付等额年金。

2. 融资租赁租金的测算方法。目前，国际上流行的租金计算方法主要有平均分摊法、等额年金法、附加率法、浮动利率法。我国融资租赁实务中，大多采用平均分摊法和等额年金法。

（1）平均分摊法是先以商定的利息率和手续费率计算出租赁期间的利息和手续费，然后连同设备成本按支付次数平均。这种方法没有充分考虑时间价值因素。每次应付租金的计算公式可表示为：

$$A = \frac{(C - S) + I + F}{N} \tag{4-1}$$

其中：A 表示每次支付的租金，C 表示租赁设备购置成本，S 表示租赁设备预计残值，I 表示租赁期间利息，F 表示租赁期间手续费，N 表示租期。

【例 4-3】某高校于 20×2 年 1 月 1 日从租赁公司租入一套大型教学设备，价格为 40 万元，租期为 5 年，预计租赁期满时的残值为 2 万元，最终归还租赁公司，年利率 8%，租赁手续费率为设备价值的 2%。租金每年末支付一次。该套设备租赁每次支付租金可计算如下：

$$\frac{(40 - 2) + [40 \times (1 + 8\%)^5 - 40] + 40 \times 2\%}{5} = 11.51 \text{（万元）}$$

（2）等额年金法是运用年金现值的计算原理测算每期应付租金的方法。在这种方法下，通常以资本成本率作为折现率。经推导可得，等额租金方式下每年末支付租金的公式为：

$$A = \frac{PVA_n}{PVIFA_{i,n}} \tag{4-2}$$

其中：A 表示每年支付的租金；PVA_n 表示等额租金现值，即年金现值；$PVIFA_{i,n}$ 表示等额租金现值系数，即年金现值系数；n 表示支付租金期数；i 表示资本成本率。

【例 4 - 4】根据〖例 4 - 3〗资料，假定设备残值归属承租学校，且资本成本率为 10% 。则承租学校每年年末支付的租金为：

$$\frac{40}{PVIFA_{10\%,5}} = \frac{40}{3.791} = 10.55 \text{（万元）}$$

此例如果采取先付等额租金方式，则每年初支付租金为：

$$\frac{50}{PVIFA_{10\%,5} + 1} = \frac{40}{3.170 + 1} = 9.59 \text{（万元）}$$

为便于有计划地安排租金的支付，承租高校可编制租金摊销计划表。现根据〖例 4 - 3〗有关资料编制计划表，如表 4 - 2 所示。

表 4 - 2　　　　　　　　　　　　　　　　租金摊销计划表　　　　　　　　　　　　　　　　单位：元

日期	支付租金 (1)	应计租金 (2) = (4) × 10%	本金减少 (3) = (1) - (2)	应还本金 (4)
20 × 2 年 1 月 1 日	—	—	—	400 000
20 × 2 年 12 月 31 日	105 513	40 000	65 513	334 487
20 × 3 年 12 月 31 日	105 513	33 449	72 064	262 423
20 × 4 年 12 月 31 日	105 513	26 242	79 271	183 153
20 × 5 年 12 月 31 日	105 513	18 315	87 198	95 955
20 × 6 年 12 月 31 日	105 513	9 558[*]	95 955	0
合计	527 565	127 565	400 000	0

注：*含尾差。

（六）融资租赁优缺点

高校采取融资租赁融资方式有以下优点：在科研方面，高校科研实验期限具有难以确定的特点，取得科研成果需要时间，而且昂贵的相关设备往往又是科学研究的刚需。采用融资租赁在满足科研设备更新的同时节约筹资成本，使高校有灵活选择权。在教学方面，我们身处科技快速发展的时代，仪器设备更新较快，教学设备的更新换代对教学质量的提高有很大影响，频繁购置教学设备对高校资金是一种考验；融资租赁可以使教学设备满足更新换代的需要。融资租赁相比于传统设备购买，承租方选择灵活，现金流会更加稳定，资金压力减小。

融资租赁的缺点表现为：租赁筹资成本比较高，租金总金额要比设备价值高出 30% ，高校要按期偿付租金形成相对沉重的负担。设备使用权根据合同变更过于灵活，缺乏稳定性。因此，承租高校在采用融资租赁进行仪器设备购入时，应该对仪器设备的使用进行合理预测，合同签订需注意细节。不仅如此，采取融资租赁很可能不能享有设备的残值，也可以视为承租单位的机会成本。

第三节　高校权益性筹资

一、财政资金收入

（一）财政拨款

财政拨款是指高校从财政部门取得的各类事业经费。财政拨款是我国公立高校重要的收入来源。《高等学校财务制度》明确规定了高校的财政拨款主要包括：由中央政府与地方政府处获得的教育经费；相关部门提供的进行科学研究所需经费；除了前面两种拨款以外的其他事业所需资金。

根据《中华人民共和国高等教育法》规定，按举办主体的不同，我国的公办高校分为教育部直属高校、部省共建高校、各省省属高校、省市共建高校、各市市属高校等。根据事权与财权分类管理体制，目前我国高校财政拨款划分为中央级财政拨款、省级财政拨款和市（县）级财政拨款。采取同级一般公共预算拨付方式，由各级政府教育行政主管部门通过年度预算安排拨款。

小资料

根据教育部发布的《2022 年全国教育经费执行情况统计快报》显示：2022 年，全国教育经费总投入为 61 344 亿元，比上年增长 6%。其中，国家财政性教育经费（主要包括一般公共预算安排的教育经费、政府性基金预算安排的教育经费、国有及国有控股企业办学中的企业拨款、校办产业和社会服务收入用于教育的经费等）为 48 478 亿元，比上年增长 5.8%。

2022 年全国学前教育、义务教育、高中阶段教育、高等教育经费总投入分别为 5 137 亿元、26 801 亿元、9 556 亿元、16 397 亿元，比上年分别增长 3%、6.7%、8.5%、6.2%。2022 年全国幼儿园、普通小学、普通初中、普通高中、中等职业学校、普通高等学校生均教育经费总支出均比上年有所增长，增幅分别为：7.3%、5.2%、3.6%、2.8%、1.2%、1.3%，财政拨款的不断增长促进我国教育事业的发展。

2013～2022 年，我国高等教育总投入中财政性经费占比平均在 60% 以上，中央高校占比更是超过了 65%。此外，近几年随着政府高等教育经费投入的日益增加，财政经费占比呈现出逐年上升的趋势，非财政收入的占比则不断下降。如果把学费收入等事业性收入考虑在内，财政投入与事业性收入两项合计占比超过了 94%，社会捐赠、民办学校举办者投入与其他收入三项合计占比不足6%。这说明了我国对高等教育事业的高度重视，但也表明我国高校对财政资金筹资的高度依赖，亟须开辟多元化筹资途径。

（二）我国高校财政拨款体制的发展进程

与我国不同时期的高等教育发展相适应，高校财政拨款体制发展经历了"基础加发展""生均综合定额加专项补助"两种模式，这两种模式在不同的历史时期有效促进了高校的可持续发展。

在1985年之前，我国高校财政拨款实行的是基数加发展拨款体制。在这种拨款体制下，政府在核定高校年度预算经费时，通常以各高校上一年度财政拨款额度为基数，适当考虑预算年度各高校事业发展变化情况。在此基础上核定高校财政拨款额度时，主要以基数加发展方式来安排经费预算。

1986年10月15日，国家教委和财政部联合对高校教育事业费的拨款办法进行了改革，按照不同科类不同层次学生的需要和学校所在地区的不同情况，结合国家财力可能，按照"生均综合定额加专项补助"的办法核定高校年度教育事业费预算。国家对高校的财政拨款体制正式由"基数加发展"更改为"生均综合定额加专项补助"。

按照《高等学校财务管理改革实施办法》规定，对高校的财政拨款实行的是生均综合定额加专项补助拨款体制。在这种拨款体制下，对高校的生均综合定额拨款是根据政府主管部门制定的不同层次、不同类型、不同地区学生生均经费的定额标准和高校在校学生人数来核定高校的生均定额拨款。"专项补助"作为对"生均综合定额"拨款的补充，由财政部门和教育主管部门根据国家的政策导向和高校的特定项目单独核定。

在当前高校内涵式发展模式下，财政对高校的拨款金额不再由高校现有在校学生人数决定，而是由事关高校内涵建设的人才教育教学培养质量、开展科学技术研究能力和技术创新水平、科技成果转化以及支持服务地方经济社会能力等指标来决定，需要对高校财政拨款体制进行相应的改革。例如，自2020年起，山东省财政对高校的拨款模式由原来的"财政学生定额拨款＋财政项目拨款"的"二维"拨款模式，优化调整为"财政基础拨款＋财政绩效拨款＋财政竞争性项目拨款"的"三维"拨款模式。高校财政绩效拨款是把高校在教学质量、人才培养、科学研究和社会服务等方面的绩效状况作为拨款依据，把"绩效好坏"作为拨款标准，坚持"少花钱，多办事，办好事，办实事"的原则，保证财政资金花得值得，花得有效。财政绩效拨款是今后各高校应重点关注的内容和努力方向。[①]

（三）财政资金的特点

1. 安全性高。财政资金是政府及其所属机构直接掌握支配的资金，其资金的使用

---

① 薛建辉，江海健.高校财政绩效拨款水平影响因素探析［J］.财会学习，2021（7）：2.

是为直接行使和实现国家职能的需要。所以通过财政资金筹资安全可靠。

2. 成本低。资金的征集和拨付主要是采取无偿分配，部分地区采取国家信用的方式，即以国家为债务人或债权人形式征集或发放，所以拥有较小的筹资成本。

3. 数量大。资金的运作都是以国家为主体，缴款者或接受拨款者都是直接与国家政权发生关系。财政资金体现了国家在社会产品分配中占有的份额，以及在分配中与社会各集团及其成员之间的分配关系。因此通过财政资金筹资，高校能获得数量比较大且稳定的办学资金。

二、科研成果转化收入

科研成果转化是指为提高生产力水平而对科学研究与技术开发所产生的具有实用价值的科技成果所进行的后续试验、开发、应用、推广直至形成新产品、新工艺、新材料，发展新产业等活动。

（一）科研成果转化主要路径

1. 与企业形成产学研一体研究。高校作为知识来源和人才培养的基地，是现代企业加强理论储备的理想场所，与高校形成合作，既能增强企业的创新能力和应对能力，更能保障企业的核心竞争力，在瞬息万变的市场经济中，如果能始终做到独特性和创新性，无疑能很大程度上保证企业的可持续发展。而同时高校作为知识输出的一方，在技术和人才提供方面具有较好的优势。因此高校和企业相互合作的模式更能充分发挥各自的优势，对于高校而言也能更好地结合实际需求展开科研活动，既节约了资源又能获得企业的资金支持。高校科研转化的链条如图4-1所示。

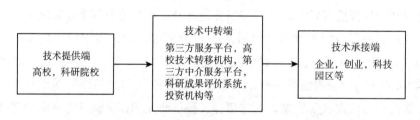

图4-1 科研成果转化链条

2. 知识产权转让。近些年在日益提倡"大众创新，万众创业"的大背景下，高校也日益加大了创新的力度。从图4-2可以看出，就数量而言仅仅在2021年度我国高校专利的转移转让数已经十分可观，其中所有高校转让、许可的专利数量前三名分别是北京航空航天大学（969件）、哈尔滨工业大学（769件）、西安交通大学（729件）。专利的发展对于高校而言，不仅仅是在技术上可能存在着重要的进步，如果将其授权给企业，便能快速投入生产和应用，同时也能为高校带来一笔不小的收入。

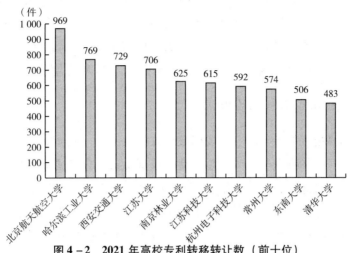

图 4 - 2　2021 年高校专利转移转让数（前十位）

资料来源：innojoy 全球专利检索分析系统。

（二）科研成果转化现状

2016 年，国务院关于印发实施《中华人民共和国促进科技成果转化法》若干规定的通知，鼓励相关高校以及中介机构加快科研成果转化，以提高生产力，更快地募集资金。

2021 年共有 3 649 家高校院所以转让、许可、作价投资和技术开发、咨询、服务方式转化的合同总金额为 1 581.8 亿元，总合同项数为 564 616 项，合同当年到账金额（不含作价投资）为 1 016.9 亿元。2021 年科技成果转化总合同金额超过 1 亿元的高校院所为 314 家。[①]

2021 年，以转让、许可、作价投资方式转化科技成果的合同总金额为 227.4 亿元，比上一年增长 11.1%，总合同项数为 23 333 项，比上一年增长 10.3%；平均合同金额为 97.5 万元，比上一年增长 0.7%；现金和股权奖励总金额显著增长，个人获得现金和股权奖励达 80.7 亿元，比上一年增长 43.2%。其中，高校院所以转让方式转化科技成果的合同金额为 86.6 亿元，比上一年增长 23.5%；以许可方式转化科技成果的合同金额为 74.3 亿元，比上一年增长 8.9%；以作价投资方式转化科技成果的合同金额为 66.5 亿元，比上一年增长 0.1%。

2021 年以技术开发、咨询、服务方式转化科技成果的合同总金额为 1 354.4 亿元，比上一年增长 27%，占成果转化总合同金额的 85.6%，总合同项数为 541 283 项，比上一年增长 22.1%，占成果转化总合同项数的 95.9%。

[①] 中国科技评估与成果管理研究会，科技部科技评估中心，中国科学技术信息研究所. 中国科技成果转化年度报告 2022（高等院校与科研院所篇）[M]. 北京：科学技术文献出版社，2023.

在各项数据上，2021 年的总合同金额和合同总项数均有明显增长，截至 2021 年底，高校院所创设和参股公司数量为 3 415 家，比截至 2020 年底增长 17.6%。其中，中央所属高校院所创设和参股公司数量为 1 260 家，比截至 2020 年底增长 47.9%；地方所属高校院所创设和参股公司数量为 2 155 家，比截至 2020 年底增长 4.1%。

（三）加快科研成果转化的措施

提高我国的科技成果转化率，需要以政府政策为依托，社会中介服务为手段，构建合理的产学研模式，加强资金引入力度，使高校募集到生存发展所需的资金。

1. 完善科技成果转化法规体系。首先，我国对知识产权的归属没有明确的规定，没有提供清晰的判定标准，导致科研人员积极性不够，知识产权的界定模糊还导致个人和学院以及学校之间产生矛盾，大大增加了科技成果转化的成本。其次，建立健全配套措施，继续改进成果转化相关激励制度和职称评聘制度，在税收方面出台奖励或减免政策，加强知识产权保护。

2. 构建产学研结合的研发模式。我国大部分高校的科研经费主要来自横向项目和纵向项目，其中横向项目主要是高校帮助企业解决技术问题的项目，科技成果转化的压力较小。在纵向项目方面，主要是由政府的资金进行支持，重点追求的是先进技术成果，高校科研成果往往和市场不匹配，企业的参与度较弱，最终导致科技成果难以实现转化。为此，首先应积极构建产学研相结合的科研项目开发模式，确保企业能成为连接科研与经济之间的纽带，使供需双方良好结合，以市场需求带动研发；其次鼓励企业积极参与到科研的全过程中，建立新的产学研一体合作机制。

3. 完善社会中介服务体系。现阶段中介服务体系在科技成果转化中的地位越发重要，建立和完善社会中介服务体系是科技成果转化率提高的必要条件。进一步强化信息共享制度，建立信息共享平台、校企合作联盟等，分享多方供需信息，提高中介服务质量，完善多方合作机制。

4. 合理规划资金投入。科技研发需要投入大量资金，需积极拓宽融资渠道，运用多种手段引入社会风险投资，完善资金供给链条，使整个研发、实验、转化过程有充足的资金保障。同时加强项目风险评估和资金监管，带动社会闲置资金参与到我国科技发展体系的构建中。

（四）科研成果转化成功模式

1. 英国剑桥企业运营模式。剑桥大学创立了"剑桥企业"，将技术转移办公、大学风险基金和剑桥创业者中心集成为一个新组织，作为知识产权产业化和商业化的孵化器。主要开展技术评估、保护和知识产权认证，为创建新公司提供咨询和指导，提供"种子基金"并与有关基金组织建立联系，提供成本计算、合约协商、报价、保险和增值税等专业化咨询服务，提供展览服务和社交网络服务。"剑桥企业"年均成功帮助建立 5 家企业，至今孵化 300 余家企业。

2. 中国科学院做法。以国家目标与市场需求引导和组织科技人员开展研发活动，与大企业建立多渠道、多样化合作，促进企业技术升级，以成果转移方式在企业形成生产力；与地方和企业共建研发机构、工程中心、转移转化中心和企业育成中心；加大科技设施、科技平台和科技资源开放共享的力度，鼓励和支持科技人员走进企业；推进院所投资企业股权社会化改革，促进高技术企业持续健康发展；引入规范风险投资机制和企业孕育机制，促进高技术产业规模发展；鼓励科技人员带着成果与社会资源结合创办企业，允许科技人员在企业持股。

三、捐赠收益

社会捐赠是高校办学经费的重要来源，也是国家"双一流"建设的重要指标。虽说目前所筹集的资金不多，但有很大的增长空间。高校受捐赠金额的多少，往往与学校的声誉和办学实力成正比。近年来，高校获得巨额捐赠的媒体报道层出不穷，社会力量捐资助力高等教育发展已蔚然成风。

小资料

根据基金会中心网权威发布的数据，2016～2020 年，内地高校捐赠收入排行榜上清华大学、北京大学、浙江大学位列前三名；北京师范大学、中山大学、复旦大学、上海交通大学，5 年获捐收入在 10 亿元以上。清华大学获得捐赠收入 140.21 亿元，北京大学 40.76 亿元，浙江大学 35.64 亿元。北京师范大学获得捐收 18.38 亿元，中山大学 14.85 亿元，复旦大学 14.61 亿元，上海交通大学 13.60 亿元。师范类高校中，除了北京师范大学，还有 9 所高校上榜，分别是华南师范大学（6.83 亿元）、华东师范大学（3.81 亿元）、湖南师范大学（3.81 亿元）、华中师范大学（1.77 亿元）、陕西师范大学（1.10 亿元）、南京师范大学（1.09 亿元），安徽师范大学（1.08 亿元）、山东师范大学（1.02 亿元）、上海师范大学（1.00 亿元）。10 所高校获捐收入均在 1 亿元以上。

但我国高校接受社会捐赠与世界发达国家相比仍有较大差距。英国一般大学得到的捐赠款占总经费收入的比例达 7%，日本公立高校得到的捐赠占经费的 15%。在美国公立高等学校和私立高等学校中，包括私立奖学金和捐赠基金在内的捐赠收入占高等教育经费的比例分别为 4.7% 和 14.4%。美国教育援助委员会（CAE）2014 报告统计了 2013 年美国获得社会捐赠前 10 所高校。斯坦福大学获得社会捐赠达 9.32 亿美元，已连续第 10 年榜首，哈佛大学 7.92 亿美元排在次位，南加州大学 6.75 亿美元排在第三。

哥伦比亚大学、宾夕法尼亚大学、耶鲁大学等均榜上有名。2013 年 9 月，哈佛大学启动大型筹款计划"哈佛运动"，计划 2018 年前募集 65 亿美元。

相比之下我国高校的社会捐赠能力还有很大的提升空间，我国社会捐赠经费占全国教育经费的比例不超过 3%，其中高校的社会捐赠比例不足 1%，并且主要集中在少数"名校"。为引导和鼓励中央高校拓宽资金来源渠道，健全多元化筹资机制，进一步促进高等教育事业发展，从 2009 年起，中央财政设立了中央高校捐赠配比专项资金，为规范和加强项目资金管理，根据《中华人民共和国预算法》《中华人民共和国高等教育法》《中华人民共和国公益事业捐赠法》《中华人民共和国慈善法》《财政部教育部关于改革完善中央高校预算拨款制度的通知》等有关规定，财政部和教育部共同制定了《中央高校捐赠配比专项资金管理办法》。高校的发展能够带动社会的发展，社会有必要也有义务为高校的发展贡献一份自己的力量，所以高校可以将目光投向社会，向社会谋取高校教育经费，实现共同发展。

四、其他权益性筹资收入

（一）教育事业收入

教育事业收入主要是指各类高校按照国家有关法规和政策规定，向经教育行政部门批准招收的各类学生的学费和住宿费；收费标准已在省物价局备案的短训班以及向在校学生开展的各类培训所收取的费用等。其中学费收入是我国高校重要的经费来源。根据教育部直属的 75 所高校陆续在官网上公布的 2020 年的部门预算显示，公办本科生学费5 000 元/年左右。在高校的总收入中，教育收费的占比大多不到 20%。

（二）产业外包收入

产业外包收入是指高校在教学、科研及辅助活动之外，开展非独立核算经营活动所取得的收入。高校内部产业涉及校医院、食堂、校内商铺、物业管理部门、园林管理、出版刊印部门。高校可以根据产业性质的划分、实际管理效果选择是否外包，充分利用市场经济这只无形的手，实现产业的有效利用，节省行政资源，降低财务压力，还能带来一定的自营收入。

（三）附属单位上缴收入

附属单位上缴收入是指高校附属的独立核算单位按照有关规定标准或比例缴纳给高校的各项收入，如附属学校和校办企业、附属医院等单位按相关规定上缴的款项等。校办企业即由学校创办或控股的以营利性为目的的公司企业，这类企业一般有独立的管理机构，不与高校的行政挂钩，但会缴纳利润给高校。高校还下辖有众多附属中小学及幼儿园，虽然独立于高校运营，但高校对其拥有一定的管理权限并从中获得收益。而附属医院不仅可以和高校共同分享师资力量，还拥有着联合培养学生的资格，并且在一定程度上还能解决在校生毕业去向的问题。因此附属单位往往能够为高校带来一定收入的同时，还能在管理方面提供助力。

第四节　其他筹资方式

对于高校而言，维系自身生存发展需要大量专门用途的资金。而单一的传统筹资模式老旧，用途有限，难以满足资金使用，所以，将传统筹资模式与现代筹资模式相结合，综合运用多种筹资模式才是新的出路。近几年，已经有学校在基础设施建设方面，引入了新的筹资模式来解决建设资金不足的问题以加快自身的发展，适应我国高等教育规模扩大的需要。

一、PPP 筹资模式

（一）概念

PPP（public-private-partnership）模式，意思为政府部门同社会资本力量进行合作。广义 PPP 模式定义为政府部门为了给社会公众提供更好的公共设施和服务，与社会组织之间所建立的一种合作关系。狭义的 PPP 模式定义为政府部门和社会组织合作成立项目公司，在双方合作的基础上开发新的合作项目，并且在项目的合作期限到达以后，将项目的运营权移交给政府部门的一种合作项目开发模式。PPP 模式具有的独特优势，使其在全球范围内得到了广泛的运用。

（二）PPP 筹资模式的发展历程

PPP 模式起源于英国的"公共私营合作"的融资机制，是指政府和私人组织共同合作建设城市基础设施项目，或提供某种公共物品和义务，以特许权协议为基础，双方通过签署合同来行使权利和明确义务，从而形成一种合作伙伴关系，彼此能起到监督作用，最终达到互利共赢的效果。

在国外大型项目的建设过程中，已经有了很多 PPP 模式成功的案例，例如英国伦敦地铁项目、美国佛罗里达州 I－595 高速公路项目、澳大利亚麦格理港基地医院项目等。[①] 随着我国近些年的快速发展，城镇化建设不断加快，PPP 模式也得到了广泛的应用，例如上海南浦大桥项目、广州汕头滨海新城项目、北京地铁四号线项目等。

---

① 吴波. 浅谈 PPP 模式的发展 [J]. 武汉金融，2017（1）：4.

我国政府对 PPP 模式的运用给予了相当大的政策支持，发布了有关 PPP 模式的多项重要文件。如 2014 年财政部发布的《政府和社会资本合作模式操作指南（试行）》和《财政部关于规范政府和社会资本合作合同管理工作的通知》。2020 年 4 月，中国证监会、国家发展改革委印发《关于推进基础设施领域不动产投资信托基金（REITs）试点相关工作的通知》。2020 年 8 月，国家发展改革委发布《关于做好基础设施领域不动产投资信托基金（REITs）试点项目申报工作的通知》等。

同时也要清楚意识到，我国教育领域引进 PPP 模式正处于起步阶段。截至 2018 年 9 月底，财政部 PPP 中心项目库中（含项目管理库、项目储备清单），共有教育 PPP 项目 604 个，总投资 3 300.955 亿元。从项目管理库数据来看，教育 PPP 项目共 381 个，占所有行业项目的 4.90%；项目总投资 2 176.945 亿元，占所有行业项目的 1.88%。教育 PPP 项目个数在各行业中排名处于中上水平，排名第五。但是教育 PPP 项目平均每个项目投资金额为 5.71 亿元，远于全行业平均水平（14.87 亿元），低于 10 亿元的项目占比 85.3%，可见教育类 PPP 项目规模以小型居多。另一个可供参考的数据，《明树数据 2018 年 8 月全国 PPP 项目市场动态》报告显示，截至 2018 年 9 月初，教育 PPP 项目总成交额位列第十，处于中流水平。从以上数据可以看出，教育行业的 PPP 项目已经拥有一定的数量基础，在未来存在较大的发展潜力和空间。

（三）PPP 筹资模式的操作流程

PPP 项目操作流程包括项目识别、项目准备、项目采购、项目执行、项目移交五个阶段，如图 4-3 所示。

1. 项目识别阶段。

（1）项目发起。通常主要以政府发起为主，社会资本发起为辅，即财政部门向各行业主管部门征集潜在的政府和社会资本合作的项目，或者社会资本以项目建议书的方式向财政部门推荐潜在政府和社会资本合作的项目。

（2）项目筛选。项目发起人提交相关资料，包括：新建改建项目提交可行性研究报告、项目产出说明和初步实施方案；存量项目提交资产历史资料、项目产出说明和初步方案。财政部门会同行业主管部门对潜在项目进行筛选，确定备选项目，制定项目年度和中期开发计划。

（3）物有所值评价。对于 PPP 模式与传统采购模式相比能否增加供给、优化风险分配、提高运营效率、促进创新和公平竞争等，可由专家定性评价。也可通过对 PPP 项目全生命周期内政府支出成本现值与公共部门比较值进行比较，计算项目的物有所值质量与物有所值指数，判断 PPP 模式是否降低项目全生命周期成本。

（4）财政承受能力论证。每一年度全部 PPP 项目需要从预算中安排的支出责任，占一般公共预算支出比例应当不超过 10%，当然也有例外。

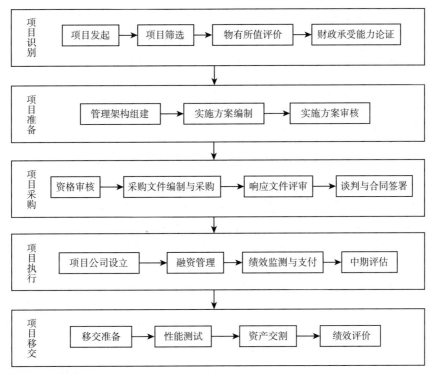

图 4 – 3　PPP 项目流程

2. 项目准备阶段。

（1）管理架构组建。县级（含）以上地方政府可建立专门协调机制，负责项目评审、组织协调和检查督导等工作；政府或其指定的有关职能部门或事业单位可作为项目实施机构，负责项目准备、采购、监管和移交等工作。

（2）实施方案编制。实施方案的内容包括项目概况、风险分配基本框架、项目运作方式、交易结构、合同体系、监管架构、采购方式选择；基础情况，经济技术指标，项目公司股权情况。

（3）实施方案审核。财政部门对项目实施方案进行物有所值和财政承受能力验证，通过验证的，由项目实施机构报政府审核；未通过验证的，可在实施方案调整后重新验证；经重新验证仍不能通过的，不再采用政府和社会资本合作模式。

3. 项目采购阶段。

（1）资格预审。项目实施机构准备资格预审文件，发布资格预审公告，邀请社会资本参与资格预审，并将资格预审的评审报告提交财政部门备案；项目有 3 家以上社会资本通过资格预审的，项目实施机构可准备采购文件；不足 3 家的，项目实施机构调整实施方案重新资格预审；重新资格预审合格的社会资本仍不够 3 家的，可依法调整实施方案选择的采购方式。

（2）采购文件编制与采购。采购文件内容包括采购邀请、竞争者须知、竞争者应提供的资格、资信及业绩证明文件、采购方式、政府对项目实施机构的授权、实施方案的批复和项目相关审批文件、采购程序、响应文件编制要求、提交响应文件截止时间、开启时间及地点、强制担保的保证金交纳数额和形式、评审方法、评审标准、政府采购政策要求、项目合同草案及其他法律文本等。

采购方式可选择公开招标、邀请招标、竞争性谈判、竞争性磋商、单一来源采购等方式，具体依据政府采购法律法规规定。

（3）响应文件评审。评审小组由项目实施机构代表和评审专家共5人以上单数组成，其中评审专家人数不得少于评审小组成员总数的2/3。因PPP项目主要是法律问题与财务问题，规定评审小组至少包括1名法律专家与1名财务专家。

（4）谈判与合同签署。项目实施机构成立采购结果确认谈判工作组，进行合同签署前确认谈判；签署确认谈判备忘录；公示采购结果和合同文件；公告期满，政府审核同意后项目实施机构与中选社会资本签署合同。

4. 项目执行阶段。

（1）项目公司设立。项目实施机构和财政部门监督社会资本按时足额出资设立项目公司，政府可指定相关机构依法参股项目公司。

（2）融资管理。社会资本或项目公司负责项目融资，未完成融资的，政府可提取履约保函直至终止项目合同；当项目出现重大经营或财务风险，威胁或侵害债权人利益时，债权人可要求社会资本或项目公司改善管理等；财政部门（PPP中心）和项目实施机构应做好监督管理工作，防止企业债务向政府转移。

（3）绩效监测与支付。项目实施机构定期监测项目产出绩效指标，编制季报和年报，并报财政部门（PPP中心）备案；政府有支付义务的，项目实施机构应按照实际绩效直接或通知财政部门向社会资本或项目公司及时足额支付；项目实施机构依约监管社会资本或项目公司履约情况。

（4）中期评估。项目实施机构应每3~5年对项目进行中期评估，重点分析项目运行状况和项目合同的合规性、适应性和合理性；及时评估已发现问题的风险，制订应对措施，并报财政部门（政府和社会资本合作中心）备案。

5. 项目移交阶段。

（1）移交准备。项目实施机构或政府指定机构组建项目移交工作组；确定移交类型，如期满终止移交和提前终止移交；无偿移交和有偿移交；移交项目资产、人员、文档和知识产权等；确保设备完好率和最短可使用年限等指标。

（2）性能测试。项目移交工作组按照性能测试方案和移交标准对移交资产进行性能测试。性能测试结果不达标的，移交工作组应要求社会资本或项目公司进行恢复性修理、更新重置或提取移交维修保函；并委托具有相关资质的资产评估机构，按照项目合同约定的评估方式，对移交资产进行资产评估，作为确定补偿金额的依据。

（3）资产交割。社会资本或项目公司应将满足性能测试要求的项目资产、知识产权和技术法律文件，连同资产清单移交项目实施机构或政府指定的其他机构，办妥相关移交手续并配合做好移交后续工作。

（4）绩效评价。移交完成后，财政部门（政府和社会资本合作中心）应对项目产出、成本效益、监管成效、可持续性、政府和社会资本合作模式应用等进行绩效评价，公开评价结果。评价结果可作为政府开展 PPP 管理工作决策参考依据。

至此，一个 PPP 项目的生命周期正式结束。

（四）PPP 筹资模式的特征

1. 公私合作。公私合作形成伙伴关系，并存在一个共同的目标。企业是以此目标实现自身利益的追求，而政府部门则是以此目标实现公共福利和利益的追求。

2. 利益共享。政府不以分享利润为唯一目的，还需要对企业可能的高额利润进行控制，即不允许企业在项目执行过程中形成超额利润。共享利益在这里除了共享 PPP 的社会成果之外，也包括使作为参与者的企业取得相对平和、稳定的投资回报。

3. 风险分担。PPP 模式考虑双方风险最优应对、最佳分担，可将整体风险最小化。追求整个项目风险最小化的管理模式，要比公私双方各自追求风险最小化更能化解准公共产品领域内的风险。

（五）PPP 筹资模式的优缺点

1. PPP 筹资模式优点。PPP 模式一是可以提高学校的经济和时间效率，实现物有所值；二是有助于增加基础设施项目的投资资金来源，让学校更好地完成基建项目；三是可以降低财务风险，提高公共部门和私营机构的财务稳健性；四是可使基础设施和公共服务的品质得到改善；五是有助于公共部门和私营机构实现长远规划；六是有助于树立公共部门的新形象；七是有助于私营机构的稳定发展。

2. PPP 筹资模式缺点。PPP 模式普遍采用的特许经营制度可能导致垄断；PPP 项目复杂的交易结构可能降低效率；PPP 的长期合同缺乏足够的灵活性；公众使用公共产品以及公共服务的成本可能提高。

二、BOT 筹资模式

（一）BOT 筹资模式含义

BOT（build-operate-transfer）模式，一般直译为"建设—经营—转让"。这种译法直截了当，但不能反映 BOT 的实质。BOT 实质上是基础设施投资、建设和经营的一种方式，以政府和私人机构之间达成协议为前提。由政府向私人机构颁布特许，允许其在一定时期内筹集资金建设某一基础设施并管理和经营该设施及其相应的产品与服务，政府对该机构提供的公共产品或服务的数量和价格可以有所限制，但保证私人资本具有获取利润的机会，整个过程中的风险由政府和私人机构分担。当特许期限结束，私人机构按约定将该设施移交给政府部门转由政府指定部门经营和管理。所以，BOT 一词解释为"基础设施特许权"更为合适。[①]

BOT 主要有以下几种演变形式：一是 BOOT，即建设—拥有—经营—转让；二是 BOO，即建设—拥有—运营；三是 BTO，即建设—转让—经营；四是 BLT，即建设—租赁—移交；五是 BOOST，即建设—拥有—经营—补贴—移交。此外还有 BRT、ROOT、SLT 等，它们的结构与 BOT 并无实质差异，只是具体操作形式存在差异，所以习惯上将所有上述方式统称为 BOT。

（二）BOT 筹资模式的实施步骤

按照惯例，BOT 项目的运作程序主要包括：确定项目方案、项目立项、招标准备、资格预审、准备投标文件、评标与决标、合同谈判、融资和审批、实施（包括设计、建设、运营、移交）等阶段。

1. 确定项目方案阶段。其主要目标是研究并提出项目建设的必要性、确定项目需要达到的目标，只需勾画项目的规模、技术、经济等方面的轮廓，鼓励投标人在项目构想和设计方面提出新的观点，发挥他们各自的技术和经验优势，有利于选择最佳的实施方案。

2. 项目立项阶段。由于已立项的项目可以降低招标后的项目审批风险，提高投标人的积极性，因此，立项的审批文件一般作为招标的依据，在前期准备工作不足时，计划管理部门也可以不批复《项目建议书》或《预可行性研究报告》，而是批复同意项目融资招标，这种批复也可作为招标依据。

3. 招标准备阶段。一般有六个步骤：第一，成立招标委员会和招标办公室；第二，聘请中介机构，包括专业的投融资咨询机构、律师事务所和设计院；第三，进行项目技术研究，明确技术要求；第四，准备资格预审文件，制定资格预审要求；第五，设计项目结构，落实项目条件；第六，准备招标文件、特许权协议，制定评标标准。

4. 资格预审阶段。招标委员会应成立资格预审专家组，对参加资格预审的公司提供的技术力量、工程经验、履约记录等资料进行比较分析，拟定一个数量不多和可最终投标的备选名单，并在项目条件基本落实和招标文件基本准备就绪之后，发布资格预审结果通知，同时向通过资格预审的投标人发出投标邀请书。

5. 准备投标文件阶段。在投标人的建议书中，一般应详细地说明所有关键问题，如：（1）设施的类型及所提供的产品或服务的性能或水平；（2）建设进度安排及目标

---

① 盛和太．PPP/BOT 项目的资本结构选择研究［D］．北京：清华大学，2013.

竣工日期；（3）产品价格或服务费用；（4）价格调整公式或调整原则；（5）履约标准（产品的数量和质量、资产寿命等）；（6）投资回报预测和所建议的融资结构与来源；（7）外汇来源（指外资 BOT）；（8）不可抗力事件的规定；（9）维修计划（这对 BOT 项目尤为重要，因为项目的所有权必须在寿命期内移交）；（10）风险分析和分配。招标人应以标前答疑会等形式，解答投标人有关问题的疑问，并将解答内容以书面形式正式通知所有通过资格预审的投标人。为使投标人对项目所处环境有更加清晰的了解，招标人应组织一次现场考察。

6. 评标与决标阶段。投标截止后，招标委员会将组建评标委员会，按照招标文件中规定的标准对投标人提交的标书进行评审，评标标准必须在招标文件中作出明确陈述，在一般情况下，评标标准不允许更改。

7. 合同谈判阶段。BOT 合同谈判时间较长，而且非常复杂，因为项目牵涉一系列合同及相关条件，谈判的结果要使中标人能为项目筹集资金，并保证政府把项目交给最合适的投标人。运作良好的 BOT 项目，招标人在谈判中处于十分有利的地位。特许权协议必须得到同时签署的其他许多协议的支持，并以此为条件，使中标人能够完成其任务，中标人在谈判结束后必须签订如下相关协议：（1）与项目承贷方的信贷协议；（2）与建筑承包商的建设合同；（3）与供应商的设备和材料供应合同；（4）与保险公司的保险合同。

8. 融资和审批。谈判结束且草签特许权协议以后，首先，中标人应报批《可行性研究报告》，并组建项目公司。其次，项目公司将正式与贷款人、建筑承包商、运营维护商和保险公司等签订相关合同。最后，项目公司与政府正式签订特许权协议。至此，BOT 项目的前期工作全部结束，项目进入设计、建设、运营和移交阶段。

9. 实施阶段。在项目实施阶段的任何时间，政府有关机构不能放弃监督和检查的权利，必须确保项目从设计、建设到运营和维护都完全按照合同中规定的要求进行。

（三）BOT 筹资模式的特点

1. BOT 具有无追索权项目融资的典型特征。BOT 是利用资产（主要是基础设施）进行融资的形式，债权人对项目发起人的其他资产没有追索权，建成项目投入使用所产生的现金流量成为偿还贷款和提供投资回报的唯一来源。

2. BOT 以项目自身的资产和项目未来的收益作为抵押来筹措资金。筹资主要依赖项目发起人的资信或涉及的有形资产，债权人只考虑项目本身是否可行以及项目的现金流和收益是否可以偿还贷款，其放贷收益取决于项目本身的效益。境内机构不以建设项目以外的资产、权益和收入进行抵押、质押或偿债。境内机构不提供任何形式的融资担保。

3. BOT 多为中长期筹资，资金需求量大，风险也大，融资成本相应较高。BOT 筹资负债比一般较高，结构也较复杂，因此财务风险比较大。BOT 所得资金专款专用，项目作为独立的法人实体成立项目公司，而项目公司是项目贷款的直接债务人，因此可以募集更多的资金。筹资双方相关合同文件和保险协议多，可用以分散和规避风险。

（四）BOT 筹资模式的优缺点

1. BOT 筹资模式的优点。（1）资金的利用方面。政府采用 BOT 模式能吸引大量的民营资本和国外资金，以解决建设资金的缺口问题。另外，BOT 模式还有利于政府调整外资的使用结构，把外资引导到基础设施的建设上，以便于政府集中有限资源投入到那些不被投资者看好但又关系国计民生的重大项目上。（2）风险的转移方面。基础设施项目的建设运营周期长、规模大，风险也大。在 BOT 模式中，政府将风险转移给了项目的投资者。项目借款及其风险由承包商承担，而政府不再需要对项目债务担保或签署，减轻了政府的债务负担。（3）项目的运作效率方面。项目公司为了降低项目建设经营过程中所带来的风险，获得较多的利润回报，必然采用先进的设计和管理方法，引入成熟的经营机制，从而有助于提高基础设施项目的建设与经营效率，确保项目的建设质量和加快项目的建设进度，保证项目按时按质完成。

2. BOT 筹资模式的缺点。（1）融资成本较高，要求的投资回报率也高。由于 BOT 项目的总投资规模很大，要求投资回报率较大幅度地高于贷款利率，因此对项目本身的收益要求较高。（2）投资额大、投资期长、收益的不确定性大。BOT 项目都是大型基础设施建设项目，总造价一般都在十几亿元甚至几十亿元，建设和运营周期长，其间发生各种风险无法预测，收益并不稳定。（3）合同文件繁多复杂。BOT 模式是一个复杂的程序，合同结构繁多，包括与政府签订特许权协议，与项目公司签股东协议，与承包商签订建设合同，与金融机构签订贷款协议，与保险公司签订保险协议等。企业为维护自身利益就必须花费大量精力做这些工作。（4）有时融资杠杆能力不足，面临筹资风险。（5）适用范围有局限，较适用于营利性的公共产品和基础设施建设项目。

小资料

1996 年，我国第一个运用 BOT 项目筹资模式建设的高校物业项目在天津建成，这个项目是由北京京华育缘公司投资兴建的天津大学国际会馆项目，项目总投资约 1 600 万元，占地面积约 2 280 平方米，建筑面积约 6 250 平方米。这一项目的成功运作开创了我国高校基础设施建设采用 BOT 模式的先河。有了这一成功的先例，各高校纷纷探索着采用 BOT 融资模式对本校的基建项目进行建设，例如上海体育学院采用 BOT 项目融资模式融资 500 万元建设学院食堂；上海大学宝山校区采用 BOT 项目融资模式融资建设 6 万平方米的学生公寓；中南大学湘雅医学院采用 BOT 项目融资模式，引入资金近亿元，兴建了一批学生公寓、食堂、文体设施等功能齐备的小区；南华大学采取 BOT 项目筹资模式，引入资金 6 000 多万元，建设了能够入住 6 000 多学生的弘辰学生公寓小区等。长安大学 2016 年 9 月～2019 年 7 月中心校区总融资额度为 816.29 万元，高新校区总融资额度为 1 173.04 万元。高校新校区建设引入 BOT 项目融资模式，既可以不失办学自主权，又能降低财务风险。

资料来源：根据赵文莉．浅谈地方高校融资渠道的创新［J］．长沙大学学报，2009（4）；王锦华．浅谈高校融资渠道的创新［J］．科技创新月刊，2007（5）；杨易康．我国高校项目融资模式的创新研究［J］．2007（11）整理。

三、未来筹资模式探索

（一）未来筹资模式

只有国民普遍接受教育，国民素质得到提高，国家才能可持续发展。"十四五"规划中，我国高校毛入学率要达到 60%。我国高校不断进行扩招，高校的学生数量不断攀升，这种快速扩张将导致学校教育经费的紧缺，如果没有足够的教育资金作支持，高校将会面临许多发展问题。因此高校需要开拓筹资渠道，实现多元化筹资。借鉴国外高校的经验，我国高校还可以考虑以下渠道筹资。

1. 发行教育彩票。彩票由于筹集资金规模较大，以至于被称为"第二财政"，所筹资金主要用于社会福利、公共卫生、体育、教育公共事业等，以弥补国家财政对公益事业拨款的不足。彩票虽然不会直接创造出任何价值，但它可以让小部分社会闲散资金积聚起来，弥补社会公共事业建设资金不足，为社会公共事业服务。目前，世界上有许多国家都有教育性质的彩票发行，或单列发行，或作为国家统一彩票发行，然后按比例抽取一部分专用于教育。美国的加利福尼亚、密歇根、俄勒冈等 12 个州规定福利彩票的全部收入都用于教育，密歇根州的义务教育经费来源中彩票收入占到 4%，佛罗里达、伊利诺伊、得克萨斯等州分别抽取彩票基金的 38%、35%、35% 用于教育。芬兰政府规定彩票的净收益全部上缴国家，由教育文化部支配。

我国目前在教育彩票方面尚未形成气候，据财政部公布，2019 年全国销售彩票超 4 200 亿元，其中有 10 亿元资金用于教育助学金，用于资助困难的师生及救助遇突发灾难的学校。如果发行教育彩票或者在统一彩票发行额中抽取更多比例用于教育事业，对于高校来说将是一笔很大的资助。另外，凭着我国多年发行福利彩票和体育彩票的经验，教育彩票的发行应该没有技术障碍，随着我国经济稳步增长，人均收入不断提高，发行教育彩票是切实可行的。

2. 推行教育券。教育券制度的做法是：政府兴办教育的责任不改，对教育的资助金额不减，但不再把教育资金经层层下发给学校，而是直接向学生发放"教育券"；学生家长凭"教育券"自由选择学校，并向高校支付"教育券"冲抵学费；成功争取到学生的高校，凭"教育券"向政府兑现。实施教育券制度降低了义务教育财政支出的交易成本，有利于保障公民基本的受教育权，特别是在义务教育阶段，对流动人口子女的就学尤其重要，对于民办学校实际上承担了大部分流动人口子女的义务教育，但是却没有得到相应的义务教育补偿的情况，采用教育券形式，"券随人走"，这一问题会得到很好的解决。

3. 成立教育基金会。成立教育基金会以支持高校建设和发展是国际通行做法，也是世界知名大学如哈佛大学、牛津大学多年持续位居世界之首的重要因素。根据我国目前的情况，除了各个高校自行设立基金会作为专门的筹资机构以联系校友、对外筹资外，还可以根据《基金会管理条例》的相关规定成立公募或者非公募教育基金会，基金会按照慈善基金会的运作方式吸纳会费、提供服务以及出售服饰、书、徽章等纪念品、以慈善名义展开专项筹款活动等募资手段向企业、公众筹措资金，通过购买国债、企业蓝筹股等稳健的投资组合实现本金的保值增值，通过"招投标"的形式投资办学质量好的高校，改善其办学条件、资助困难学生、促进教师科研，并作为监督者参与所资助高校的法人治理，促进高校健康长远发展。①

4. 外国政府贷款。外国政府贷款是指一国政府向另一国政府提供的，具有政府间开发援助或部分赠与性质的优惠贷款。随着国际合作的增强，越来越多的国家向我国提供援助型贷款，特别是教育行业贷款项目的数量日益增长。这些贷款利率低，还款时间长，宽限期长。教育部于2014年成立了学校规划建设中心，其中一项职能就是专门发布每年外国政府贷款信息，指导高校申报外国政府贷款，也提供第三方专业机构帮助高校申请，目前已经成功协助多家高校取得外国政府贷款。外国政府贷款是目前优惠政策最多的一项贷款，非常有利于高校的建设发展，是非常好的筹资渠道。

（二）我国不同类型高校筹资模式探索

1. 中央部委直属和教育部直属重点高校。这类高校一般属于国家重点建设高校，拥有着国内外高科学水平的实验室或是学科建设达到国家一流学科设置的标准。因此，这类高校在建设当中可以利用独特的优势来实现筹资的目的。（1）发挥高校地理位置和学科优势。全国重点高校建设一般设置在一线城市或是省会城市，因此对于筹资的方式拥有着更多的选择性，同时对于拥有着一流学科的高校而言，发展实验室与企业相结合的模式不仅能够加快科研成果的研究进程，更能利用企业的资金和人才资源为高校筹集资金收入和节约资源。（2）充分利用校友资源。重点院校是现代社会中人才供应的重点来源，集聚着来自全国各地的优秀人才，在现代社会发展中具备重要的地位。因此，应当鼓励优秀毕业生和知名校友积极加入母校的未来发展和更好的建设当中。（3）发挥品牌效应，吸引国外留学生。留学生团体不同于国内高校生，来自全世界各个国家和地区，拥有不同的文化背景，重点高校应积极发挥其品牌效应，利用优越的师

---

① 韩婷婷. 贵州高校多元化筹资方式初探 [J]. 贵州师范学院学报，2017，33（8）：4.

资力量和优美舒适的校园环境吸引国外学子前来求学。虽然中国的高校不同于欧美国家的世界名校可以收取高额的赞助费，但人数不少的留学生群体在为高校学术创新注入新鲜内容的同时也能带来一定的学费收入。

2. 地方性高校。区别于中央直属的高等院校，地方高校同样具备着自身的优势，在高校建设当中也能为其筹集到一定数额的资金。（1）首先，发挥地方政府和企业的帮扶作用，鼓励地方企业参与到学校教育中，政府有必要制定一系列财税政策发挥其引导作用，通过减免部分税收或发放校企联合办学补贴的方式提高企业和学校双方协作办学的热情。其次，增加校企合作开展培训、实训的税收优惠，为鼓励校企合作培养应用型人才，应该适度放宽规定，建议将高职院校和企业的合作研发支出归属于企业可享受加计扣除部分。（2）加强地区合作。地方高校可以结合周围城市高校的有利资源，发挥联合效应，积极探讨与其他高校的合作机会，通过资源共享和学习交流的机会，不仅能够节约高校自身的管理和教学资源，同时也能加入地方高校联盟当中，增强学校的名望，吸引更多投资者的青睐。

3. 民办性学校。（1）加大力度鼓励多种形式办学。如对"国有民办"的教育，政府可以进一步加强政策引导强度，对改制所需的发展资金给予低息或无息贷款，对学校征地给予无偿或低价划拨，放宽收费标准，减免有关税费等，同时借鉴国有企业改革的理念，采用股份制的形式，引入民营机制，吸引企事业单位、民主党派、社会团体、集体经济组织、公民个人投资，以壮大学校的办学力量，增强办学活力，增强学校贴近经济、贴近社会、贴近市场办学的适应性。（2）制定积极的所得税节税优惠政策，调动全社会对高职教育的捐赠热情，实现"双赢"。同时，应制定鼓励民营企业出资办学、股份制办学、合作制办学、集团办学等多种形式办学的政策，加大跨法人、跨地区、跨国界的教育资源集聚力度。

本章小结

高校为了获取更好的教育资源，提高教学科研水平，有必要筹集一定的资金，进行有效的筹资管理。高校债务筹资方式有银行借款筹资、专项债券筹资、融资租赁筹资等。债权人无权参与高校的经营管理，高校对负债资金承担按期付息还本的义务，并在约定的期限内享有使用权。权益性筹资是指高校通过接受财政拨款、科研成果转化、自创收入、捐赠收益等方式筹集的资金。权益资本是高校筹集到的永久性资本，无须还本付息。其中财政资金与捐赠收益是高校最主要的筹资方式。

不断创新筹资路径成为高校发展的必由之路。区别于传统筹资模式，PPP筹资模式可以有效发挥政府干预和市场机制作用，提高运行效率；而BOT模式作为PPP筹资模式的典型代表。未来可考虑通过发行教育彩票、教育券、成立教育基金会、吸引社会投资及外国政府贷款等方式筹集资金，构建多元化筹资体系。

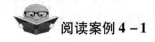

阅读案例 4 –1

国内高等教育多元化筹资的探索

1. 浙江省高等教育多元化筹资。

（1）改革财政经费绩效拨款。浙江省作为经济大省，较早地将财政拨款与教学质量评估结果挂钩。在高等教育由规模发展向质量发展、内涵式发展的转型期，浙江省的高校拨款政策以教育教学质量评估结果为基础，在我国地方高等教育绩效拨款改革方面作出了有益的探索。第一，改革高校财政预算制度。浙江省的财政拨款制度纳入了绩效因素，突出以财政政策为导向，对高校形成有效的激励约束机制，促进省内高等教育向内涵式发展。第二，淡化本科院校类别差异。生均基准定额除了浙江大学和中国美术学院外，其余高校一视同仁。将财政经费与绩效结果挂钩，但是浙江省高等教育预算并不完全是绩效拨款模式，而是"投入型 + 绩效型"混合模式。在确定绩效工作方面，浙江省积极推行高等院校教学业绩考核工作，采用定量与定性相结合的评价方式，突出对师资力量、学生培养方面的考察。浙江省财政经费拨款绩效改革最核心的政策就是财政厅将一定比例的资金对高校按照评估成绩进行分配。这一政策有效地形成了公共财政经费问责机制，提升了高校对学生、社会、政府的责任感，保障了人才培养质量。

（2）合理设置学费。浙江省在改革和完善学费机制上，做了很多的工作。于 2014 年颁布了《关于规范和调整公办普通高校学费的通知》。通知中规定，高等教育学校的学费标准可以在浙江省定的学费基准的基础上适当浮动；可以由高校自主选 20% 以内的专业数，在省定基准标准的基础上，以不大于 15% 的涨幅自主划分具体学费标准，但是要在标准执行前抄送省教育厅、省财政厅、省物价局。这一机制体现出浙江省政府充分尊重高等教育学校的办学自主权，一定程度上给予高校制定学费标准的自由，就能更好地促进高校的专业发展，特别是优势学科以及特色专业。而在规范学校以及专业类别上，浙江省规定公办普通高等学校分三类制定学费标准，即浙江大学、普通大学、高职院校；分四类制定专业的收费标准，即艺术类、工科、医学类、农林类以及其他专业。依据综合考虑高校的办学成本、政府财政拨款状况、本省的经济发展状况、个人的承受能力以及社会对人才的需求，合理调整专业分类，适当地扩大高等学校的收费"自主权"原则，适当调整高等学校的学费标准。

2. 江苏省高等教育多元化筹资。

（1）财政性教育经费投入。江苏省高等教育财政投入水平在全国范围内属于中上等，总体上绩效情况良好。目前，江苏省高校财政性高等教育经费投入模式为"生均自然生拨款"，即按学生人数进行财政拨款。江苏省财政部门根据各高校上报送审的基础资料，按照生均定额 9 000 元（2013 年）分别乘以各高校学科所占的系数和学历层次系数进行拨款。在拨款时也会适时修正财政拨款。修正拨款是在生均定额的基础上引入其他教育事业影响因子进行财政拨款数额的修正。在高等教育财政拨款中，江苏省引入了师资占比系数，来引导省内高校对教师采取发展性评价，加强师资力量，提升育人的质量和水平。专利专项、教学实践专项、国家级或省级优势学科专项、省部共建专项等。专项补助资金的注入，极大地提升了江苏省高等教育发展的劲头。

（2）重大科技成果转化项目。江苏省作为我国的经济发达省份，高等院校的科技成果转化水平较高，科技成果转化平台建设较好，引智引资的开放度较大，高校产学研水平一直走在各省前列。江苏省作为全国的教育大省，拥有173所高等院校（含分校）；同时其作为科技大省，江苏省政府非常重视高等院校的科技成果转化进展，在2023年，江苏省市场技术成交额达到了4 607.4亿元。江苏省教育厅主导创办的"校果网"是省级产学研公共服务平台，通过"互联网+"技术，整合江苏省内的科技资源优势，面向企业进行产学研对接，提升技术转移和成果转化的效率，为其提供支撑服务。江苏省在科技成果转化平台的建设发挥出了其作为教育大省、科技大省的优势，对接企业和高校，实现了供需信息的智能化配对。此类项目的实施加快了科技成果转化进展速度，促进了江苏省的产业结构调整，推动了经济转型升级趋势。

资料来源：王艺璇，黑龙江省高等教育多元化筹资研究［D］．哈尔滨：哈尔滨工业大学，2020.

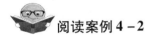

阅读案例 4-2

七部门发文加强高校学生宿舍建设

2024年1月，国家发展改革委、教育部等七部门联合印发《关于加强高校学生宿舍建设的指导意见》（以下简称《指导意见》）。

《指导意见》从4个方面提出11条政策措施。一是健全多元筹资机制。安排中央预算内投资支持高校学生宿舍建设，将高校学生宿舍纳入地方政府专项债券支持范围，发挥商业贷款补充作用，统筹运用多种资金渠道筹措建设资金。二是多渠道扩大学生宿舍资源。加快支持具备新建条件的高校，新建一批学生宿舍。加大修缮力度，改造提升存量宿舍资源。三是健全配套政策体系。引导高校健全基本办学条件与发展规模相适应的长效机制，推动高校招生计划安排与宿舍面积达标挂钩。建立合理成本分担机制。四是加强宿舍管理和服务。优化学生宿舍功能设置，将党建、学习、休闲、娱乐、健身、社团活动等空间与学生宿舍同步规划、同步建设。督促学生养成良好卫生行为习惯。

《指导意见》明确，支持宿舍面积缺口大、具备新建条件的高校，参照《普通高等学校建筑面积指标》新建一批学生宿舍。鼓励新建宿舍参照本科生四人间、硕士研究生两人间、博士研究生单人间的标准规划建设。引导地方政府优化利用闲置资源，为高校学生宿舍"拆旧建新"、改造翻新提供周转住房。指导资源缺口大且新建难度较大的高校，对校内招待所、培训中心等具备住宿功能的用房进行改造利用。鼓励高校通过购买、租赁学校周边的人才公寓、商住楼等社会用房，补充宿舍资源，并按照校内同等标准，加强配套服务管理。合理调整宿舍收费标准。按照公益性原则及规定程序，综合考虑当地经济社会发展水平、学生家庭经济承受能力和高校学生宿舍维护运行成本等因素，稳妥推进高校住宿费标准动态调整，建立合理成本分担机制。对家庭经济困难学生，按规定落实好资助政策，保障基本学习生活需求。推动招生计划与宿舍面积挂钩。引导高校健全基本办学条件与发展规模相适应的长效机制，推动高校招生计划安排与宿舍面积达标挂钩，将高校学生宿舍达标情况作为招生计划安排的重要参考因素。对学生宿舍面积总量缺口大、学生反映强烈的高校，原则上不得新增安排招生指标，问题突出的要压缩招生指标。

资料来源：中华人民共和国教育部官网，http://www.moe.gov.cn。

 思考题

1. 试说明高校筹资的原则、意义、分类。
2. 试说明银行借款筹资对高校的信用要求。
3. 试说明银行借款筹资的优缺点。
4. 试分析融资租赁租金的决定因素。
5. 试说明融资租赁筹资的优缺点。
6. 试说明商业信用筹资的优缺点。
7. 试说明高校权益性筹资的具体内容。
8. 试说明 PPP 筹资模式的优缺点。
9. 试分析 BOT 筹资模式的特点和作用。
10. 简述高校多元筹资方式的实施方法。

第五章　高校投资管理

高校的可持续发展，有赖于高校筹、投资事业的发展。筹、投资能力影响着高校未来发展的生命力和持久力。1998年，我国颁布《中华人民共和国高等教育法》，在法律上保障了高等教育每年的资金投入额度。2010年，《国家中长期教育改革和发展规划纲要（2010－2020年）》的颁布，扩大了我国高等教育投资规模的各项实施细节。

随着我国推进建设全球规模最大的高等教育体系，到2022年，我国高等教育在学总规模达4 655万人，毛入学率达到59.6%，普及化水平进一步巩固和提升。[①] 而接受高等教育的人数的增长在一定程度上与所需资源的供给能力形成了矛盾，高校必须通过建设足够的教学科研设施和保障性配套设施、自我培养或引进优秀师资等才能更好地满足受教育群体的需求，保证教育产出的质量。

第一节　高校投资概述

一、高校投资主体地位的确立与完善

一直以来，我国高等院校都是以消费主体身份出现的。原因主要有两点：其一，高校收入主要靠国家财政拨款及政策性学杂费收入，收入的取得是为了维持教学基本运转；其二，投资不能保值更不能增值。投入资金是消耗性的、一次性的，未能形成成本补偿机制。因此，高校首先是投资客体，是国家与社会的投资对象，是教育资源配置的载体。

高校为了获得更大的社会效益及经济效益，需要进行对外投资。高校能否成为真正的投资主体，可从以下几方面分析：第一，看其是否具有独立的财产并对其形成的资产拥有支配权；第二，高校是否具有投资决策权；第三，高校是否能承担投资风险与责任；第四，高校是否享受了投资收益。

随着高等教育体制改革的深入，高校投资功能逐渐增强，其投资主体地位渐现端

---

① http://education.news.cn/2023－03/23/c_1129457556.htm.

倪，主要表现在以下两方面：一是投资有资金保证。高校自我积累意识增强、积累规模增大，是高校成为投资主体的资金保证。高校预算管理体制改革以后，废除了原来的预算内收支与预算外收支的严格界限，高校的全部收支纳入预算管理，有利于综合利用各种资金。高校年度的收支结余、加上历年的结余积累及有关基金，就成为高校自我发展的重要资金来源。对于结余的资金，高校首先考虑的还是用来改善办学条件，建设教学、科研、生活等基本设施，扩大办学能力，这就改变了长期以来依赖国家投资建设与发展，缺乏投资来源的局面。

二是投资的资产来源。高校拥有的无形资产是投资的重要来源。高校的无形资产形式多、内容丰富，是投资的一大优势。首先，高校拥有一批专利、非专利技术与科研成果，可以将科研成果转化为产业。其次，国家划拨给高校使用的土地。如武汉的多所大学坐落东湖新技术开发区，建立起了现代高科技城——光谷，光谷大学产业化也做得不错。最后，高校的信誉。高校具有良好的社会形象，是智慧、技术、诚信相结合的化身，具有一定的社会认同感。

因此高校作为投资主体，是一个为最大限度提高教育投资效益，依法对拥有的财产（包括无形资产）独立进行投资的经济主体。

二、高校投资的特点

高校投资与一般企业投资有着较大差异，主要表现在：第一，属性不同。从高校的属性来看，它是非营利性的事业单位，高校投资属于非经济建设投资，将投资收益作为教育经费的筹措来源之一。第二，目的不同。从投资的资金来源、投资的目的和投资结果来看，高校投资的资金来源主要是结余资金，投资目的更注重于社会效益和发展需求，更着眼于社会稳定和国民满意度。第三，方式不同。从高校的投资方式来看，高校投资往往将无形资产投资入股，即科技成果等无形资产产业化作为最重要的投资方式。

三、高校投资的分类

（一）按是否直接为学校自身服务分类

1. 高校校办产业投资。经济实体是高校投资的重要模式之一，是高校利用科技成果等无形资产对外投资经营的主要形式，体现出高校科技成果的产业化程度和水平，发挥高校对社会的贡献和作用。

2. 高校后勤建设投资。高校可以投资于后勤，服务学生，同时也为学校创造收入。

（二）按投资回收期的长短不同分类

1. 短期投资是高校为了谋求一定的利益，调度学校暂时闲置不用的资金而进行的投资。短期投资能够随时变现，投资回收期不超过一年。

2. 长期投资是指高校为了积累资金或为了实现高校的长远发展，投资兴办校办企业等所进行的投资。一般投资额较大，不能随时变现，投资回收期超过一年。

（三）按出资的内容不同分类

1. 货币资产投资是指以现金或银行存款或其他货币资金形式进行的投资。
2. 实物资产投资是指用固定资产等实物作价所进行的投资。
3. 无形资产投资是指高校用无形资产如专利权、专有技术等作价进行的投资。

（四）按投资的性质不同分类

1. 债权性投资是指高校通过购买债券的形式所形成的投资。债权性投资的特点是有固定的回收期限和利息收入，风险相对较低。高校进行债权性投资主要考虑被投资单位的偿债能力，以及是否能够按期收回本金和利息。
2. 权益性投资是高校通过投资取得被投资单位的股权。主要包括以实物资产、无形资产，或购买股票所进行的投资。权益性投资一般没有固定的收回期限和投资收益，风险较高。高校进行权益性投资主要考虑被投资单位的获利能力，以及是否能够有利于学校的长期发展。

（五）按投资活动资金投出的方向分类

1. 对内投资是指在高校范围内部的资金投放，用于购买和配置各种高校运行所需的经营性或非经营性资产。
2. 对外投资是指向高校范围以外的其他单位的资金投放。对外投资多以有形资产、无形资产等资产形式，通过联合投资、合作经营、购买证券资产等向高校外部其他单位投放资金。

对内投资都是直接投资，对外投资主要是间接投资，也可能是直接投资。

第二节　高校对内投资管理

高校内部投资常见形式有基建投资、固定资产投资等。本节主要阐述基建投资的相关内容。

基建财务管理是高校财务管理的重要组成部分，加强基建财务管理是集中有限物力、财力办大事的必然要求，也是推进依法行政、依法理财、建设节约型机关的必然要求。这不仅有利于加强和规范行政行为，减少管理成本，提高资金的使用效益，还可从源头上有效预防和遏制腐败行为的发生。

2017 年 10 月《政府会计制度——行政事业单位会计科目和会计报表》发布，将基建会计核算体系和现行各类行政事业单位会计核算体系进行了整合统一，要求在单位"大账"中直接核算，不再进行两套账核算，于 2019 年 1 月 1 日起正式施行。此举简化了行政事业单位基本建设业务会计核算工作，更能全面、准确和及时反映行政事业单位的基建项目财务信息和预算执行情况。

一、高校基建投资概述

随着高校的招生人数逐年呈现上升趋势，给高校的发展带来了机会，也增加了高校的生活建筑、教学建筑、教学设施等不足的压力，如何合理有效地进行基建投资成为高校管理工作的重要部分。

小资料

随着本科、硕博研究生的扩招，部分高校住宿越来越紧张，硕博研究生住宿从原来的两人间变为四人间、六人间，甚至被分到 12 人间。例如，北京大学 2021 年硕士招生简章中声明：实行住宿申请制，住宿费用自理。学校鼓励有条件的同学申请不住宿。复旦大学从 2019 年起，专硕不再安排在校内住宿。湖南大学全日制硕士研究生新生申请宿舍要通过线上预约，然而在预约系统刚开启几分钟宿舍就被"抢光了"，不少学生未申请成功。

如果在外面租房，北京大学附近的一个 10 平方米左右的次卧合租房月租都要 2 千多，整租的话那更不用说了。这样几年读下来，确实是一笔庞大的开支，读研的成本大大增加。当然很多高校在想办法解决这些问题，比如复旦大学启动了研究生住宿社会化改革，积极寻找拓展社会资源，以"社会化运作＋园区化管理"的方式帮助全日制专硕学生解决住宿需求。有的高校每年发放住房补贴、交通补贴或者与租房公司签订优惠合同。

（一）高校基建项目和企业基建项目的区别

高校基建项目和企业基建项目相比，有一定的特殊性。

1. 一般都是公益性项目。高校基建项目有着非营利的特点，项目建设都是为教学、科研服务，是为教育提供更好的基础条件，无法直接带来经济利益，与其他以营利为主要目的的项目有本质区别。

2. 项目建设的功能和标准不同。高校基建项目一般都包括教学楼、图书馆、食堂、宿舍、体育馆等建筑，这些建筑都是为了学生教育而服务，功能和标准与其他常见项目有很大区别。

3. 项目后期维护成本高。项目在建成使用后，除了日常使用需要的维修外，最大的成本主要来自电费、采暖、水费等服务成本。通常在项目设计之初就应考虑到运行成本，在施工中实施、使用节能环保设备。

（二）基建投资的资金来源

在基建项目立项前的决策阶段，需明确建设资金的来源，规划财政资金和自筹资金的投入，并严格控制债务规模，防范债务风险。合理筹集资金也有利于减少利息支出，缩减基建成本。

1. 财政拨款。财政拨款按照预算的级次，可以分为中央财政预算内基建项目资金、地方财政预算内基建项目资金、专项资金中安排的基建项目资金以及高校综合财务预算安排的基建项目资金。在资金使用方面，要求严格遵循财政资金专款专用原则，按照批准的基建项目预算执行。

政府财政拨款投资方式具有投资广、利息低、学校负担轻的众多优点，但是也不可避免地存在针对性低，投资范围小等缺陷。

2. 银行及金融机构贷款。银行及其他金融机构贷款也是高校基建筹资的重要来源，在国家的鼓励和引导下，高校通过向银行等金融机构进行借贷，从而维持学校的设施建设。银行筹资方式的优点是资金基数大、资金供给及时，但是在一定程度上也存在借贷利息高、资金控制盲目等弊端。

3. 高校专项债。高校专项债券属于地方政府专项债券下的项目收益专项债中一个创新细分品种。高校专项债券要求专款专用，只能用于专项的高校建设，禁止用于高校的人员经费、日常公用经费、其他行政事业项目等支出。2015年3月4日财政部发布《2015年地方政府专项债券预算管理办法》和《地方政府专项债券发行管理暂行办法》，对专项债券的预算编制、预算科目、预算执行等方面进行了明确和规范。

2018年8月云南省省级公办高等学校专项债券的成功招标发行，标志着高校专项债券正式落地。高校专项债券融资期限较长，2018~2019年各省份首次发行的多为7~10年期债券，平均发行利率为3.88%，发行利率相对较低，由基建项目建成后的收益偿还，还款方式一般为按年或者半年付息一次还本，还款频率和压力相对较小，较银行贷款与政府融资平台等融资途径有明显成本优势。

4. 基建项目捐款。社会捐赠的资金按照捐赠协议执行，无协议资金及其他资金应严格按照新《政府会计制度》的有关规定予以执行。

5. 其他经批准用于基建项目的资金。高校要综合考量自身实力和还款能力，选择最佳筹资方案。为合理筹集资金，首先要制定项目资金的使用计划，平衡院校的中长期教学用款、科研、行政运行资金需求，在不过多占用建设资金的前提下，保证基建工程施工阶段资金供应，避免由于资金不足影响工程的施工进度，甚至出现耽误施工方工程款的情形而影响学校声誉。

（三）基建项目流程

基建项目周期长、建设程序较为复杂，通常可分为以下四个阶段。

1. 投资决策阶段是立项前的工作，主要包含项目建议书及可行性研究报告的编制。项目建议书主要是就新建、扩建项目向上级主管部门申请的书面资料，就"做不做"这一问题进行探讨；可行性研究报告则是对拟建设项目进行全面深入的技术经济分析论证。

2. 设计阶段具体分为初步设计与施工图设计。初步设计是根据批准的可行性研究报告而编制的初步设计文件，它是一个项目的草图。施工图设计是项目施工前的最后一个阶段，连接了设计与施工两个阶段，也是对初步设计成果的修正和完善。施工设计图是编制施工预算的基础，也是进行招投标、签订合同的基础。

3. 施工阶段是指项目取得施工许可证后，按照施工设计图纸进行施工，直至竣工验收的这一阶段。施工过程中视现场实际情况，或与设计单位商讨变更设计，或与施工方进行工程洽商，由此造成的工程造价变动需要财务重点关注。

4. 交付使用阶段具体分为竣工验收、竣工结算与决算、项目评价三个阶段。竣工验收是对基建项目是否符合规划设计要求，以及建筑施工和设备安装质量进行的全面检验验收合格后，应按照相关规定及合同约定，及时进行工程结算及竣工财务决算。

二、高校基建项目的财务管理

高校基建项目一般由基建处负责建设项目的全过程管理，并应委托有资质的单位参与建设项目全过程投资管理；发展规划处、资产处对建设项目的建设规模、功能定位和建设标准进行审核；财务处负责全过程资金计划和支付的控制。

（一）高校基建财务管理的基本原则

1. 专款专用原则。基建资金必须按规定用于经主管部门批准的基建项目，不得挤占、挪用、截留。预算内基建资金，实行专户存储，专款专用，确保资金能及时足额用于工程建设。

2. 经济效益原则。基建项目从论证、立项、开工、竣工到交付使用的全过程，基建资金从筹集、使用、核算到管理的全过程，必须厉行节约，降低工程造价，减少损失浪费，努力提高资金使用效益。

3. 控制原则。为严肃基建投资计划，确保工程按计划执行，不得随意扩大建筑规模、增加建筑面积、提高建筑标准。基建资金用量应控制在计划额度内，原则上不允许突破。若经论证，确需设计变更需要增加的，需报经主管基建副校长和主管财务副校长审核，并严格按预算管理程序报批，以维护预算的严肃性。

4. 资金管理的"三算"原则。"三算"是指设计有概算、施工有预算和竣工有决算。"三算"文件体现在工程建设的相应阶段，如图 5 - 1 所示。

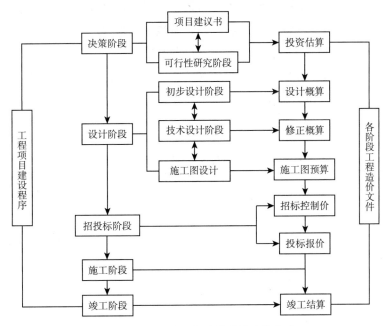

图 5 - 1 工程建设各阶段造价文件示意

(二) 高校基建财务管理的任务

1. 资金管理。在投资决策阶段，应明确资金来源，合理控制筹资成本，落实项目长短期资金需求。在新建项目开工前，基建处负责向财务处提供学校批准文件、项目可行性报告、立项批复文件、总概算、投资计划、设计合同、中标通知书、标底造价、施工合同及相关资料。财务人员应严格执行基建财务管理规定，认真审核相关文件和材料。

在施工阶段，基建项目实行合同制管理，基建工程的勘探、设计、施工，设备材料的采购、工程监理都要依法订立合同，并且合同要有明确的质量要求、履约担保责任和违约处罚条款，相关财务人员要参加所有工程施工合同的签订和设备、材料的采购招标，经审核完备方可付款。加强造价管理，通过对资金的使用进行明确的规划，对成本进行分解，进而实现控制的目的。项目资金要专户储存、专款专用，工程款的支付应参考基建年度投资计划，按设计、施工、采购合同的约定，动态预估资金需求，依照工程概预算和工程进度支付，保证工程顺利进行。

在交付使用阶段，因需办理竣工结算与决算，结算资金需求大，应确保建设资金及时到位。

基建项目涉及大额资金支付，应严格履行审批手续，按照相关规定，实行部门会签制度，重点审查资金支付的合规性与真实性。

2. 概（预）算管理。在投资决策阶段，财务部门应会同基建部门对投资估算进行审查，在设计阶段，财务部门为项目的可行性报告及项目概算提供财务数据支撑，审查概算是否完整、是否清楚准确，各项费用是否有遗漏、差错。概算经上级主管部门批准后，将作为控制建设成本的重要依据及预算编制基础。

【例 5-1】A 高校基建项目概算投资额为 20 693.73 万元，20×2 年计划投资额为 6 087.83 万元，估算其建设单位管理费总额及年度管理费用。《基本建设项目建设成本管理规定》文件的算例如表 5-1 所示。

表 5-1　　　　　　　　　《基本建设项目建设成本管理规定》文件算例　　　　　　　单位：万元

工程总概算	费率 100%	算例	
		概算	项目建设管理费
1 000 以下	2	1 000	$1\,000 \times 2\% = 20$
1 001 ~ 5 000	1.5	5 000	$20 + (5\,000 - 1\,000) \times 1.5\% = 80$
5 001 ~ 10 000	1.2	10 000	$80 + (10\,000 - 5\,000) \times 1.2\% = 140$
10 001 ~ 50 000	1	50 000	$140 + (50\,000 - 10\,000) \times 1\% = 540$
50 001 ~ 100 000	0.8	100 000	$540 + (100\,000 - 50\,000) \times 0.8\% = 940$
100 000 以上	0.4	200 000	$940 + (200\,000 - 100\,000) \times 0.4\% = 1\,340$

根据该文件算例，A 高校建设单位管理费总额及年度管理费用计算如表 5-2 所示。

表 5-2　　　　　　　　　　　　　A 高校项目建设管理费算例　　　　　　　　　　　单位：万元

工程总概算	费率 100%	算例	
		概算	项目建设管理费
1 000 以下	2	1 000	A 高校总概算投资额 20 693.73，2019 年计划投资额 6 087.83
1 001 ~ 5 000	1.5	5 000	总概算管理费限额 246.94，年度限额 93.05
5 001 ~ 10 000	1.2	10 000	$80 + (6\,087.83 - 5\,000) \times 1.2\% = 93.05$

在施工阶段，应加强对施工过程中的设计变更、工程洽商管理，对于设计变更、工程洽商引起的工程成本变动应登记台账管理，动态掌握工程总造价，对于即将超出概算的项目应提示预警。

3. 决算管理。按照国家规定，基本建设项目完工可投入使用或者试运行合格后，应当在 3 个月内编制竣工财务决算。基建项目竣工决算将从前期工作到竣工验收的全过程收齐资料，对资金使用情况、成本归集情况等进行全面分析说明。竣工财务决算书是核定基建项目资产价值、反映竣工项目建设成果和财务状况的文件，同时也是办理资产移交的重要依据。财务部门应协同基建部门、审计部门、会计师事务所共同完成基建项目竣工财务决算。

办理资产竣工、验收、移交手续后，除支付工程质量保证金外，不得再从基建项目投资中支付其他有关费用。

依据《基本建设项目竣工财务决算管理暂行办法》（2016），通常需填写项目概况表、项目竣工财务决算表、资金情况明细表、交付使用资产总表、交付使用资产明细表、待摊投资明细表、待核销基建支出明细表、转出投资明细表等资料。其中，项目竣工财务决算表格式如表 5 - 3 所示。

表 5 - 3　　　　　　　　　　　基本建设项目竣工财务决算表

建竣决 02 表　　　　　　　　　　　　　　　　　　　　　　　　单位：元

资金来源	金额	资金占用	金额
一、基建拨款		一、基本建设支出	
1. 预算拨款		1. 交付使用资产	
2. 基建基金拨款		2. 在建工程	
其中：国债专项资金拨款		3. 待核销基建支出	
3. 专项建设基金拨款		4. 非经营项目转出投资	
4. 进口设备转账拨款		二、应收生产单位投资借款	
5. 器材转账拨款		三、拨付所属投资借款	
6. 煤代油专用基金拨款		四、器材	
7. 自筹资金拨款		其中：待处理器材损失	
8. 其他拨款		五、货币资金	
二、项目资本		六、预付及应收款	
1. 国家资本		七、有价证券	
2. 法人资本		八、固定资产	
3. 个人资本		固定资产原价	
4. 外商资本		减：累计折旧	
三、项目资本公积		固定资产净值	
四、基建借款		固定资产清理	
其中：国债转贷		待处理固定资产损失	
五、上级拨入投资借款			

续表

资金来源	金额	资金占用	金额
六、企业债券资金			
七、待冲基建支出			
八、应付款			
九、未交款			
1. 未交税金			
2. 其他未交款			
十、上级拨入资金			
十一、留成收入			
合计		合计	

4. 绩效管理。在投资决策阶段，基建项目投资决策前，应开展事前绩效评估，评估立项必要性、投入经济性、绩效目标合理性、筹资合规性等。绩效目标应明确合理，以便于项目中期、后期对项目进度、绩效目标完成情况进行监控及评价。

在施工阶段，基建财务应加强绩效运行监控，对绩效目标实现程度和预算资金执行情况开展"双监控"。绩效目标实现程度，主要指绩效目标完成情况、项目效果完成进度及趋势；预算资金执行情况，主要指支出预算执行情况。加强绩效运行监控，有利于有序推进项目实施，切实有效提高基建投资效益。可以设置一些具体的指标，如表 5 - 4 所示。

表 5 - 4　　　　　　　　　　基本建设项目竣工财务决算绩效评价指标表

一级指标	二级指标	三级指标
产出指标	质量指标	工作规范编制全面性
		工作流程编制完整性
		项目预算执行精确性
	数量指标	完成流程内专项工作个数
		交付建筑物资产个数
	时效指标	完成单项工作时间
		完成全部工作时间
效益指标	工作效益指标	编报结果是否与第三方审计机构一致
		建筑物资产是否顺利交付学校
		决算报表是否通过教育部审核
	服务绩效指标	提出对提升服务质量有价值的建议
满意度指标	参与工作各方满意度	参与人员对竣工财务决算工作满意度

在交付使用阶段，基建部门开展基建项目绩效评价工作，对项目绩效目标完成情况及预算执行情况进行评价，并形成自评报告。绩效评价有利于基建部门对照绩效目标查找不足，不断完善项目管理流程，逐步提升高校基建工程质量，提高投资效益，推动业务水平与基建财务管理水平同步提升。

5. 核算管理。基建业务实行平行记账，财务会计设置"在建工程"科目专门进行成本归集和核算，体现流动资产转变为固定资产及无形资产的过程，由预算会计核算体现收入、支出和结转的形成过程。财务会计一般采用权责发生制核算基础，预算会计一般采用收付实现制核算基础。预算会计中涉及零余额直接支付、年底额度注销等特殊情形时采用权责发生制核算。

基建业务由于涉及资金量大，项目执行周期长，有时还存在多种建设资金来源。需要将基建业务与其他经济业务区分开来，以使得每一步业务都可追溯和复核。

（1）"在建工程"科目需要根据原基建账中"建筑安装工程投资""设备投资""待摊投资""预付工程款"等科目明细核算内容进行二级科目设置。建筑安装工程涉及多体建设的，还应再按具体基建项目名称进行三级科目设置。待摊投资应按具体分摊类型进行三级科目设置。

（2）银行存款、零余额用款额度、财政应返还额度等与资金渠道（财政或非财政）和支付方式（财政直接或授权支付）相关的科目，建议在二级科目的设置上首先将基建业务与其他经济业务区分，再按资金渠道和支付方式进行三级科目明细设置，以便于基建资金管理。

（3）基建借款按资金来源设置明细。其他往来款建议按内容、年限和主要往来单位进行明细设置。

（4）收入、净资产、预算收入、预算支出和预算结余科目建议按资金渠道和支付方式进行明细设置。同时进行基建预算项目的预算拨款和支出控制，实现项目辅助核算，保证项目资料完整。

此外，在投资决策阶段，对于立项前发生的可研报告编制费、环评费等应列入管理费用。项目获批后，应将相关费用调入在建工程科目，否则，应直接计入当期损益。立项过程中，对于合并申请及批复的项目应按照建筑单体单独立项，便于后期核算房屋成本、反映资产价值。在竣工决算期间，应做好会计账务处理，对于已竣工验收合格但尚未完成决算的基建项目，应按照暂估价值入账，待完成决算后再进行调整。

6. 财务监督。财政拨款项目一般都是通过政府采购进行项目招标，要发挥采购代表人的参与作用，选择资信良好、技术能力较强和综合实力最好的单位。评标时对投标人的施工方案和报价进行全面评价，选择工期与报价均合理的单位。财务人员需要结合基建专业知识，从财务角度对招标文件、招标公告、资格审查、评分标准等方面进行分析，审查招投标文件以及合同相关的条款，防范招投标风险。合同签订过程中，财务人员应关注付款、履约保证金、质保金、违约金等条款，维护学校利益，防范付款风险。

在施工阶段，检查工程资金的往来是否合规，财务人员支付前应复核付款账单，支付后颁发付款证书；对实际支出与预期目标进行比较，如果发现有较大偏差，就要找到原因，并对支出进行纠正；对长时间不结转的工程预付款要查明原因，尽快催促施工单位开发票，转为工程成本，防止超付工程款的现象发生。

财务人员要对工程量清单进行全面审核，计算方法要与定额一致，结算报价要与中标报价一致，不能高套定额，另外各项费用计取比例要符合规定，关注其结算总额是否超预算，保证其具有一定的准确性，不得有大幅量差出现，避免发生低价中标而高价结算的现象发生，使投资大幅增加。对于设计变更的必要性、经济性提出财务角度的建议，追踪实施动态，了解优化过程。设计的变更需要尽可能提早确定，因为变更越早，受到的损失就越低。

三、高校基建项目财务分析

基建财务分析是指根据基建计划和基建投资、基建报表及其他相关资料，对一定时期内或某一个基建项目的基建财务状况、建设成本进行系统剖析、比较和评价，以此得到对基建活动情况的规律性认识。

基建财务分析的主要内容有：基建资金来源及投资方向分析；基建工程造价分析；决算与概算的差异及原因分析；建设项目的经济效益及投资管理中存在问题分析和改进措施。

政府会计改革后，高校基建财务在业务发生时统一核算，并按照基建项目分别管理，确保账务清晰、核算资料全面。构建由基建管理部门、预算管理部门、资产管理部门等协同一体的大基建管理体系，实现项目精细化管理，显著提升基建财务在账务核算、数据调取、额度执行分析等方面的水平，从而防止超进度、超投资支付等由于财务核算与预算控制脱节造成的问题。[①]

四、高校基建项目投资审计

基建项目投资审计包括开展以施工图预算为基础的事前审计，以经济合理为主要内容的事中审计，以项目结算为核心的事后审计。

据有关资料统计，在施工前，可行性研究阶段影响工程造价高达80%～90%，勘察设计阶段对工程造价的影响可达到75%以上，招投标阶段是设计成果合理造价的体

---

① 耿晓霞，高校政府会计改革对财务管理的影响［J］. 财务与会计，2020（8）.

现，而施工和审计决算阶段对工程造价影响仅有 5% ~ 25%。因此，基建项目审计不仅要全程进行，还需要将审计关口前移，事前、事中以及事后进行把控，把审计监督贯穿建设过程中的各个环节和领域。

为了做好风险防范，事前审计应仔细研究分析项目的合法性、可行性、投资的合理性以及招投标程序是否合法合规。此外，还应检查项目建设前工程预算的准确性、资金的来源以及合同订立的情况。以经济合理为主要内容的事中审计，要求在建设过程中，对工程材料物资、设备等申报领购情况进行仔细审查，重点关注其手续是否齐备以及工程款的支付是否合理等。以项目结算为核心的事后审计，要求在项目竣工后，对建设项目的验收、结算、办证、记账等情况进行审查，为防止建设项目存在超预算、超规模建设的情况，应将竣工决算情况与预算及批复规模进行对比。

五、高校基建项目投资效益评价

项目评价除了财务评价、经济评价、环境影响评价外，还有社会影响评价。尤其是在项目活动中，人的主动作用及人的发展都应在评价内容之中。国外的建设项目评价理论经历了从纯粹的经济效益评价到经济效益和社会效益评价并重的阶段，进一步发展为以人的需求为核心的人性化阶段，而这种发展趋势对于更看重社会效益的高校基本建设项目来说具有重要的意义。

由于高校基本建设项目的非经营性、投资来源的多样性和投入产出效益评价的特殊性以及技术含量的递增性等特点，其效益的衡量也具有与其他基本建设项目不同的特点，具体可以从经济效益和社会效益两个方面来进行分析，基本建设的经济效益和社会效益主要体现在建设项目本身的投资效益。

（一）经济效益分析

经济效益是经济学的一个重要概念，它是指投入和产出之比，亦即在一定的成本条件下获得收益的最大化或者收益既定的条件下使成本最小。虽然高校基本建设具有公共产品的特性，但仍可以借鉴部分私有产品经济效益的衡量方法进行分析。

1. 成本效益分析法。成本效益分析法主要是根据建设项目提出若干个方案，列出各方案全部预期成本和预期收益，对不同方案的总成本和总收益进行比较，从中选择最佳的项目方案。

该方法是一个常用的方法，需要注意的问题是成本收益衡量指标的设定以及资金时间价值的计算。对于高校基本建设项目来说，其成本和收益的衡量是多样化的，包括有形成本和收益以及无形成本和收益、直接成本和收益以及间接成本和收益、短期成本和收益、长期成本收益、内部成本收益和外部成本收益等。由于高校基本建设项目的最终目的是满足师生员工教学、科研、办公和生活的需要，很多方面是很难量化的，所以在分析上应该结合其他的分析方法。

2. 净现值法。净现值（NPV）是表示项目净效益的绝对指标，其方法是计算项目寿命周期内发生的现金流量，即用现金流入量减去现金流出量得出现金净流量，然后按照某一折现率折算到某一基准年（通常在投资期初）后的现值累加值。

$$NPV = \sum_{t=1}^{n} (R_t - C_t)(P/F, i, t) \tag{5-1}$$

其中：NPV 表示净现值，R_t 和 C_t 分别表示收益和成本，i 表示折现利率，t 表示时期。

传统的财务投资理论认为，用净现值法来判断一项投资项目是否可行是最主要的方法，是进行项目投资决策的基本依据，它在考虑资金时间价值的前提下，计算在寿命期内所发生的，包括收入、费用和支出在内的全部现金流量的现值总和，不仅把各单位时间（一般以年为单位）所发生的现金流与一次性投资这两个要素统一起来，还给出了表示单一款项的盈利绝对值（净现值），经济观点十分明确。

若 NPV 为正数，即表示折现后现金流入大于折现后的现金流出，或者说投资目的报酬率大于预定的折现率，说明该投资价值是较好的。若 NPV 为 0，即表示折现后现金流入大于折现后现金流出，或者说投资项目的报酬率相当于预定的折现率，说明该投资没有太大价值。若 NPV 为负数，即表示折现后现金流入小于折现后现金流出，或者说报酬率小于预定的折现率，说明该项投资是不好的投资。

净现值法有很多的优点，是一种较好的考虑项目时间价值和了解项目风险的评价方式。对于所有的计划都按照简洁而清楚的标准评估，评估过程简单易懂，精确地量化计算结果，并且计算结果的经济含义合理，可比性强。

【例 5-2】某学院实验室的投入包括购置计算机、服务器、交换机、投影机、电脑桌椅、空调等一系列相关设备的资金以及各实验室用电费用。根据该学院实验室使用的实际情况，我们从正常上课和自由上机两个方面来考虑收益。自由上机参照学生在网吧自由上机的价格计算，每小时每机位以 2 元计，而在机房正常上课，是在老师指导下进行授课，考虑到如果没有这个设备条件将严重影响教学效果，甚至导致无法正常上课。若以学生一年学费及国家人头拨款合计 10 000 元，而每个学生上课 200 天，每天授课 6 课时计，则学生每课时成本为 8.3 元，考虑到正常上课时实验室条件只是辅助条件，主要的条件为教师以及学校，因此我们假定正常上课时实验室设备产生的效益以 4 元/机时·人来估算。

（1）设备投资。该学院平均每年有约 500 名毕业生，其实验教学中心（以下简称"中心"）成立于 2018 年，现有实验用房 4 间，设备总价近 300 万元。据统计，该学院近几年的投入情况如表 5-5 所示。

表 5 – 5　　　　　　　　　　　　　　实验室硬件设备统计表

设备名称	数量（台）	金额（元）	设备名称	数量（台）	金额（元）
计算机	300	1 500 000	投影机	4	60 000
服务器	4	280 000	工作台	300	90 000
交换机	4	120 000	电脑椅	300	30 000
路由器	18	72 000	空调	16	90 000
防火墙	4	114 000	其他		644 000
累计（元）	3 000 000				

所有设备的投资总额为 3 000 000 元。

（2）用电费用。用电费用主要包括正常上课、自由上机的电脑耗电和空调耗电的费用之和。这里假定每年有 200 天上课，平均每天 6 课时，其中 3 间用于上课，1 间用于自由上机，平时正常上课和大约有 1/2 时间开启空调，电脑每机时耗电 0.4 度，每台空调每机时耗电 2.5 度，所有空调每机时耗电 40 度，电费 0.6 元/度。各年度具体用电费用如表 5 – 6 所示。

表 5 – 6　　　　　　　　　　　　　2018～2022 年各年用电费用表

用途	电脑	空调
正常上课机时（小时）	$200 \times 6 \times 225 = 270\ 000$	$200 \times 6 \times 0.5 = 600$
自由上机机时（小时）	$200 \times 6 \times 75 = 90\ 000$	
总机时数（小时）	360 000	600
每机时耗电（度/时）	0.4	40
电费单价（元/度）	0.6	0.6
电费（元）	$360\ 000 \times 0.4 \times 0.6 = 86\ 400$	$600 \times 40 \times 0.6 = 14\ 400$
年度总电费（元）	$86\ 400 + 14\ 400 = 100\ 800$	

各年度每年用电费用投入为 100 800 元。

解： 利用 *NPV* 法决策过程如下：

（1）收益。

①机房正常上课产生的效益：

$$V_1 = 270\ 000 \times 4 = 1\ 080\ 000 （元）$$

②学生自由上机学习产生的效益：

$$V_2 = 90\ 000 \times 2 = 180\ 000 （元）$$

两项效益之和 $V_1 + V_2 = 1\ 080\ 000 + 180\ 000 = 1\ 260\ 000 （元）$

（2）设备折旧值。根据电脑等设备的折旧年限为 5 年，假定无残值，按照平均年限法计算，得到年折旧率为 20%，将各年度的设备折旧到 2022 年，原始投资额 3 000 000 元，年折旧额 600 000 元。

（3）净现值估算。按照净现值法进行投资决策的要求，通过实验室设备在寿命周期内每年产生的现金流入减去现金流出，得到第 i 年的净现金流量，再采用一定的折现率进行折现，本例假定折现率为 15%。我们可以从 2022 年设备资产是否报废两个视角来分析。

①2022 年设备一次性处理条件下的项目净现值（NPV）估算：

$$NPV = (1\ 260\ 000 - 100\ 800) \times (P/A, 15\%, 5) - 3\ 000\ 000$$
$$= 3\ 885\ 818.19 - 3\ 000\ 000$$
$$= 885\ 818.19\ （元）$$

该学院实验室投资效益是 885 818.19 元，说明值得投资。

在估算净现金流时，由于 2022 年底许多设备还没有报废，将来还可以使用，这些设备可能产生的现金流有不同的估算办法。

②2022 年设备不处理而继续使用到报废为止的净现值（NPV）估算。考虑到未过期的设备以后还可以继续使用，特别是计算机设备在没有淘汰以前，在教学上基本还是与新设备的应用情况基本相同，我们应当继续使用。

为此，我们可作下述合理假设，以对未来几年的净现金流进行预测：假定所有设备都能用到其完全的使用寿命期；未来几年设备使用率与 2022 年相同；考虑增加的适当维护成本。然后，也可估算出项目的净现值。

当然，本例我们主观假定自由上机收益为每人 2 元/机时和授课上机每人 4 元/机时，改变这两项标准值会大大影响总的净现金流。该假设依据是参照网吧上机以及培训学生的成本，有兴趣的读者可对该假定是否合理作进一步研究。

3. 最低费用选择法。该方法适用于成本容易计算而收益不容易确定时的情况。基本思路是：对于某一个建设项目制定不同的方案，将不同的方案进行比较，选择出成本费用最低的方案。

最低费用选择法是对成本效益分析法的补充。对于那些不能应用成本效益分析法的财政支出项目，如那些不易用货币度量成本或效益的项目，以及社会效益突出的项目，采用最低费用选择法，也可达到提高财政支出效益的目的。

最低费用选择法多属于政治、军事、文化、卫生等公共经济性质的财政支出项目，而且不要求计算支出效益，故不像分析经济支出项目那样复杂。决策过程如下：首先，根据国家规定的建设目标，在保证目的不变的条件下，提出多种备选方案，以货币为统一计量尺度，分别计算出备选方案的各种有形费用。然后也要按照优前劣后的顺序列表供决策者选择。

【例5-3】现需培养10 000名农业专业技术人才，有四种方案如表5-7所示。

表5-7　　　　　　　　　　　　农技人员培养方案及成本

方案	成本	选择顺序
一、新建农学院	征地、建校舍、聘教师和管理人员	4
二、扩建现有农学院	建校舍、增聘教师和管理人员	3
三、开展电大农学培训	增加电教设备、聘教师	2
四、组织农学自学考试	组织辅导、考试	1

如果上述方案能无差别地实现同一目的，我们选择成本最低的，即第四种方案。

4. 公共服务价格法。该方法适用于成本和收益都不容易确定的建设项目，主要根据建设项目完成后提供的服务收费的多少来衡量资金的适用效益。对于高校基本建设项目来说，大部分是不收费的，所以该方法的适用有局限性。

（二）社会效益分析

社会效益是指产品和服务对社会所产生的好的后果和影响，主要表现在公众反映和社会评价体系上。社会效益是相对于经济效益而言的。

社会效益评价包括其对社会的政治、经济、文化等各方面的影响。既要考虑项目对企业和社会的影响，更应考虑项目对自然人利益的影响和对区域经济发展的影响；既要考虑项目对自然人的生存、发展、健康等影响，也要考虑项目对区域产业结构、经济增长方式、资源利用、人才素质等问题的影响。

社会效益评价的表现形式以非价值形态的评价为主，价值形态的评价为辅；在评价方法上，采取定性评价和定量评价相结合的方法；评价的时间期限较长，具有长期性的特点。

教育投资建设项目对提高人们受教育程度和科学文化水平有莫大的推动作用，是推动社会精神文明的发展进步不可缺少的力量，同时也是满足人的全面发展的重要因素。学校、体育场所和社会公益项目的建设提高了人民的整体文化素质，促进社会稳定和谐发展。工程建设项目是社会稳定和谐发展不可缺少的力量，其评价指标很难确切地表示出来，总的来说可以从城市经济增长率、国家GDP增长率、城市人口就业率、城市犯罪率等指标来评价。

另外，有的工程建设项目在建设过程中需要不断地培训工人，项目投入使用后需要预先培训职工，提高职工的科技水平和实际操作能力，以适应项目新工艺和新设备的管理和操作管理。这里可计算每万元培训工人和职员数目等作为指标。

第三节　高校对外投资管理

《高等学校财务制度》明确规定：对外投资是指高等学校依法利用货币资金、实物、无形资产等方式向其他单位的投资。高校应当严格控制对外投资，在保证学校正常运转和事业发展的前提下，按照国家有关规定可以对外投资的，应当履行有关审批程序。以实物、无形资产等非货币性资产对外投资的，应当按照国家规定进行资产评估，合理确定资产价值。

一、加强对外投资管理的必要性

随着高等教育领域改革不断深化，政府有关部门和高校意识到对外投资管理是当前高校管理的薄弱环节，逐步强化对外投资的管理。

（一）高校对外投资管理是新时期党中央提出的要求

高校对外投资项目作为高校重大合资合作项目，通常会涉及大额度资金使用，是党中央提出的要作为"三重一大"进行管理的事项。《教育部关于进一步推进直属高校贯彻落实"三重一大"决策制度的意见》中明确提出，针对"三重一大"事项要做到决策前细致研究论证、决策时集体研究决策，对决策要有公开查询制度、报告制度，对决策的执行要有督查制度、考核评估制度、责任追究制度。

（二）高校对外投资管理是推进高水平大学建设的改革任务

国务院在 2015 年的《统筹推进世界一流大学和一流学科建设总体方案》中提出，要"推动一批高水平大学和学科进入世界一流行列或前列，加快高等教育治理体系和治理能力现代化"。方案中提到要将"深化产教融合"作为建设任务，同时还提出了要加快完善高校与行业企业密切合作的模式，推进高校与科研院所、社会团体等资源共享，形成协调合作的有效机制。由此我们可以看出，党中央在建设世界一流大学的战略决策中，强调了高校治理体系和治理能力的重要性，对高校发展产业建设、加强产业管理提出明确的要求。对高校而言，要提升学校整体实力，向世界一流大学的行列迈进，除了在学科建设、人才培养、科研水平上下功夫外，深化管理体制机制改革必不可少。因此加强对外投资管理，对提高学校整体管理水平具有十分重要的意义。

（三）高校对外投资管理是高校加强内部控制管理的要求

财政部颁布的《行政事业单位内部控制规范（试行）》要求高校按国家有关规定加

强对外投资的管理，高校在对外投资的立项、决策、执行、控制与监管环节存在不规范行为，导致投资效果不理想，投资风险未能得到合理控制。

1. 在对外投资的立项与决策环节的控制不规范。投资的可行性研究和评估不够科学、严谨，往往造成投资价值被低估。高校在决策对外投资事项时，一般都会根据"三重一大"的要求，进行集体决策，但这种决策基本上注重的是形式上的集体决策，忽视了决策的内涵。参与决策的人对投资的可行性、风险性都不甚了解，集体决策容易变成"举手表决会"，失去了决策的科学性和客观性。

2. 对外投资决策的执行不规范。对外投资项目批准执行后，对外投资管理效果的优劣对职能管理部门的影响甚微，对外投资管理部门人员职务的晋升、收入的多少与对外投资管理的效果没有挂钩。对外投资的收益高，对管理部门没有激励；收益差，对管理部门没有问责，投资项目的失败往往归结于外部投资环境发生不可预见的不利变化。

3. 对外投资的监管不规范。因为缺乏激励及问责机制，高校对外投资普遍存在监管乏力的问题。职能部门在对外投资管理上多是"听一听汇报""看一看报表"，缺乏对投资企业加强管理的动力。许多高校仅凭每年一次的董事会来了解被投资单位的运行情况，没有掌握被投资单位的收入、成本、经营业绩、可分配利润的真实情况。

4. 对外投资的责任追究不规范。由于投资管理体系不健全，缺少责任追究制度，责任承担主体不明确，对外投资的决策责任很难归咎到某个部门或是个人头上，对外投资管理很难取得好的效果。《教育部直属高校经济活动内部控制指南（试行）》明确对外投资活动的立项、执行、处置、监管、责任追究的关键环节，列示了各环节中应控制的具体事项，并提出了相应的控制要求。

二、对外投资的主要形式

（一）实体性投资

从宏观经济环境来看，企业由劳动密集型向知识密集型、技术密集型发展，从传统经济到知识经济转型已经成为趋势。高校作为科学发明和科技创新的重要阵地，积聚着一批科研能力强、专业底子厚、创新力强的人才，拥有高新技术的竞争优势和创新活力，在科技创新方面具有明显优势。高校可通过对外兴办经济实体、增资扩股、股权转让、专业技术转让入股等方式以获取未来收益，校办企业应运而生。

从制度设计角度来看，高校校办企业经历了政策鼓励、制度激励、制度监管、行政剥离与清理的四个阶段。

1. 1992 年之前，政策鼓励阶段。1978 年改革开放后，在以经济建设为中心的战略方针指引下，一些高校兴办了科技企业，这个时期制度上校办企业大多数是非独立核算事业单位，行政挂靠于高校后勤部门。1985 年，中央政策文件鼓励高校和政府部门技术研发机构等在自愿、互利的原则下与外部市场组织进行合作，传统校办工厂转换经营机制成为科技型企业，性质上也转换为全民制企业单位，由高校直接管理。1989年，《关于高等学校开展社会服务有关问题的意见》明确了高校的社会服务功能，20世纪90年代初期我国高校校办产业协会成立。

2. 1992～2002年，制度激励为主阶段。20世纪90年代我国出现了高等教育经费投入不足的现象。1993年全国高校科技产业工作会议将高校兴办科技产业提到了"科技兴国"的高度，并将其列为学校教学、科研之外的第三重要功能。高校校办产业被看作衡量高校办学水平的指标之一获得重大扶持。同年，复旦大学控股的校办企业——复华实业成功上市。1998年以来，北京、上海等地高校对推进高校企业建立现代企业制度做了积极探索。

2001年10月国务院体改办、教育部会同国家经贸委、财政部等8个部委研究制定了《关于北京大学、清华大学规范校办企业管理体制试点指导意见》，以清华、北大为起点开始对高校校办企业进行改制。厘清校办企业的产权关系，建立现代企业制度，明确资本进入以及退出方式，扩大科技成果产业化、市场化的路径。

3. 2003～2012年，制度监督为主阶段。2000年以来，高校校办企业业绩持续增长，但其管理体制不科学、运营管理不规范、法人治理结构不健全、资产监管不到位等诸多问题逐步显现。2003年3月，国有资产监督管理委员会成立，职能为监管国有资产、确保国有资产保值增值。2005年教育部提出了关于指导高校科技产业规范管理、进一步发展的建议。同年7月，教育部召开第二次全国高校科技产业工作会议，要求各高校清产核资、关停并转，按时组建国有独资的高校资产经营有限公司。《教育部关于积极发展、规范管理高校科技产业的指导意见》《教育部关于高校产业规范化建设中组建高校资产经营有限公司的若干意见》等文件为各高校校办企业的改制工作提供了依据，且文件明确要求各高校在2006年底前完成校办企业的改制工作。截至2009年底，68家教育部直属高校全部组建了资产公司，共有155家全民所有制企业完成改制任务。

4. 2013～2021年，行政剥离与清理阶段。2015年3月23日，党中央和国务院就深化体制机制改革问题、推动创新驱动发展战略实施问题提出相关指导意见，明确指出"要使高校和科研院所与下属公司相分离，原则上不再新办企业，进一步强化通过许可方式将科技成果对外扩散"。2015年6月19日，教育部针对直属高校下属企业的国有资产管理问题提出指导意见，要求高校必须以管资本为主，加强所属企业国资监管，构建一个产权分明、事企分离的资产管理体系，有效地确保资产的保值及增值，避免国有资产流失。

2018年5月，中央深改委审议通过《高等学校所属企业改革的指导意见》，加速推进了高校所属企业体制改革，明确了坚持国有资产管理体制改革方向，尊重教育规律和市场经济规律，高校对所属企业按照清理关闭、脱钩剥离和保留管理三种方式进行分类处置。清理退出与教学科研主业无关的企业，保留出版社、实习厂、工程中心、科技园、设计院等与学科建设紧密相关的企业。对保留企业加强国资监管，健全现代企业制度，完善企业治理结构，加强企业党政建设，确保企业健康发展，更好地服务于高校学科建设、人才培养及成果转化具有重要意义。截至2021年6月，本轮中央高校校办企业的改革基本完成，地方高校所属企业体制改革正在稳步推进。至此，高校校办企业结束了粗放式发展。

目前一批重点高校的科技企业改制经验，如北大资产经营有限公司、清华控股有限公司、东北大学科技产业集团有限公司逐步建立起适应市场经济要求的运行机制和管理体制，为高校投资企业理顺产权关系作出了有益的探索，提供了很好的经验。

（二）证券投资

对高校而言，由于信息获取渠道有限，又缺乏对市场有一定研究的专业投资理财人员，同时受国家政策限制，不允许投资股票和其他风险性债券，可供高校投资选择的证券品种较少。

1. 国债。国债是有记账式和凭证式两类，其中记账式国债中又可分为可上市流通的和银行间债券市场交易两种，高校最适合投资的是可上市流通的记账式国债。它发行规模大，安全性好，以政府信用为担保，不存在到期无法兑付的风险。投资国债的资金可以随时收回，或回购融资极为方便。

2. 企业债券。我国企业债券可分为中央企业债券和地方企业债券。最适合高校投资的是能上市流通的中央级企业债券，信用程度AAA以上，有国家级部门或银行的担保，到期无条件承付。企业债券年利率高于国债利率，当然风险也高于国债，如果不长期持有，半年左右上市后，酌情抛出，风险可降至最低，为收益较好的安全品种。

3. 证券投资基金。证券投资基金是一种经批准基金管理公司发行、集中投资者资金、有专门托管人托管、基金经理人投资操作管理、共同分享投资利润、分担风险的投资品种。证券投资基金主要投资于资本市场，因此市场上的系统性风险都会影响基金，比国债、企业债风险高。证券投资基金有封闭式基金和开放式基金。封闭式基金流动性较差、受市场影响大、风险较大，高校资金应严格控制比例。开放式基金佣金较高，但为较稳定增长的中长期品种。

4. 可转换公司债券。可转换公司债券是在发行后的一段时间内，可转换成普通股股票的债券。这种债券实际上是一种混合型的金融产品，是普通公司债券与期权的组合体。此债券持有人可选择将债券持有到期，要求公司还本付息，也可以选择在约定时间内将债券转换成其他证券。

三、对外投资决策审议机构

对外投资是高校重要的经济活动，作为"三重一大"项目，学校所有对外投资首先应进行充分的项目可行性论证和风险评价;为此应制订对外投资审批管理办法,建立操作可行、管控明确、机制灵活的管理体制;进一步明确学校投资审批制度。其次要建立对外投资决策制度,实行集体讨论、民主决策,避免投资主观性。最后要明确对外投资的审批权限和程序,严格按权限和程序执行。

目前各高校基本都成立了国有资产管理委员会,部分高校单独设立了对外投资管理委员会。

(一) 国有资产管理委员会

国有资产管理委员会主任由校长担任,副主任由分管资产、财务、校办企业和纪检工作的校领导担任,成员包括资产、财务、基建、教学、校办、科研、后勤、校办企业和纪检、审计等部门主要负责人。统一领导全校包括对外投资管理的所有国有资产管理工作,对学校国有资产的重大事项进行研究,报学校党委常委会、校长办公会做最终决策。对拟出台的国有资产管理的有关文件、制度、规定进行审议,督促相关职能部门加强国有资产的跟踪与监管,确保国有资产的保值和增值。

(二) 对外投资管理委员会

高校可单独成立对外投资管理委员会,主任由校长或分管财务副校长担任,副主任由分管资产、财务、校办企业和纪检工作的校领导担任。统一领导全校对外投资管理工作,对学校对外投资立项、企业(含独立核算非法人单位)经营计划与指标、薪酬体系、绩效考核、资产处置等重大事项进行研究,就向投资企业派出董事、监事人选,董事、监事参加董事会代表学校意见等事项进行研究。就上述权限内事项提出决策,重大事项形成决策建议,供校长办公会或党委常委会进行决策。对外投资管理委员会原则上每季度召开一次会议,紧急事项根据需要召开。

四、高校资产经营公司管理模式

根据《教育部关于积极发展、规范管理高校科技产业的指导意见》《教育部关于高校产业规范化建设中组建高校资产经营有限公司的若干意见》规定,各高校需依据《中华人民共和国公司法》等法律法规成立专门的经营性资产管理公司,将高校所具有的经营性资产全部划转到校属资产管理公司,由资产管理公司全权代表高校,采取市场化管理手段经营资产,建立风险屏障,把高校作为事业单位和经营风险隔离。原先的校办企业逐步划归资产经营公司管理,积极引入社会资金,促进校办企业股东多元化,实现产权清晰、资产明确、校企分离。

资产经营公司是连接高校和企业的桥梁,是高校与企业之间的一道"防火墙"。在资产出现运营不善的情况下,全部债务责任将由资产运营公司承担,高校的资产损失只是投入的经营性资产，而不会危及高校的非经营性资产，不会对高校的正常运行造成影响。新的资产管理体制不仅有利于提高投资效益，同时在很大程度上降低了高校的投资风险。

（一）资产经营公司的作用

1. 确保高校经营性资产保值和增值。高校成立资产经营公司的首要目标就是要确保高校经营性资产保值和增值，建立健全资产经营公司的法人治理结构，加强对高校经营性资产的监督管理，建立新型的高校产业管理体制。

2. 整合校内外优势资源，孵化科技企业。高校的最大优势是拥有大量的知识产权、非专有技术等无形资产，利用资产经营公司这一平台，可整合校内外的优势资源，孵化科技成果。很多高校设立大学科技园区，在高校周围聚集形成一批高科技企业群，鼓励人员在教学、科研岗位和产业岗位之间双向流动。根据需要，高校可以向科技企业委派技术骨干和主要管理人员，科技企业也可以向高校聘用人员。高校对他们在职务评聘、奖惩等方面要与学校其他人员同等对待，并充分考虑其在科技企业工作的现实状况。

3. 促进高校科技成果的转化和产业化。资产经营公司代表高校管理和经营校办产业，其重要任务是促进科技成果转化和产业化，使公司成为高校科技成果转化渠道的一个枢纽，促进科技成果转化，依法进行股权经营运作，搭建科技成果产业化平台，努力形成高校科技产业管理的良性循环机制。

4. 提高校办企业市场竞争力。资产经营公司不仅要建立以资本为纽带、产权清晰、权责分明、校企分开、管理规范的新型高校企业管理体制和运行机制，还要整合、开发包括校产业、物业、土地、教育、科技在内的五大资源，充分挖掘社会服务能力，进一步吸纳银行资本和社会资源为高校服务。科学管理高校所投资的股权和经营性资产，通过清产核资，全面核实校办企业的各项资产，划清产权，建立现代管理制度。厘清机制，争取政府、高校资金、技术、人才的投入，更新校办企业用人机制。加强校办企业自主创新能力，加强区域经济联系，推进高校科技产业化工作。

（二）投资原则

1. 项目遴选。科技创新是高校校办企业改革的主要依据。近 30 年一系列的改革，均围绕鼓励高校校办企业开展科技创新、推动科技创新产业发展展开。在投资项目的遴选时，一般选择与高校优势学科结合紧密或可发挥高校优势、可控的、回报明显、综合收益高的并有可能做大的科技型企业；或技术含量高、技术成熟、市场前景较好的科技成果项目。

2. 人员要求。一般要求技术团队技术基础扎实、人员稳定、富有开拓精神；技术人员要有转化科技成果的强烈愿望和开发产品的实际能力，并愿意为科技成果产业化而努力工作；团队中应有专人实施科技成果的转化工作。如果是合作投资，通常要求合作投资者应有较强的风险意识和发展科技产业的愿望，具有一定的企业管理经验或市场优势。

3. 资金和场所要求。投资项目必须有足够的资金保证，必须有固定的经营场所，不得利用校内场所，特别是不能占用或无偿使用学校的教学、科研用房和教学资源、实验设备（除学校指定的场所外）及其他物质条件从事经营活动。

（三）管理体制及分工

1. 学校经营性资产管理委员会负责对资产公司的长期发展战略和重大投资决策进行审批，由资产公司组织实施。

2. 学校国有资产办公室为经营性资产监督管理机构，负责学校非经营性资产转经营性资产的审批、产权登记等工作。

3. 资产公司作为投资主体，行使投资功能；控股子公司对外投资权由本公司确定，并向资产公司备案；资产公司委派到被投资单位的董事、监事和其他高级管理人员应督促子公司建立相应的投资管理制度。

4. 资产公司董事会负责对公司长期发展战略和重大投资决策进行研究并审议。

5. 资产公司分管领导及投资发展部具体负责业务范围内的投资项目管理，同时负责对投资项目相关法律文本进行合法性审核，对合作意向书、投资协议、合同及章程等进行法律主审，并按公司合同会签程序提出法律审核意见；对投资项目实行监督和事后评价工作。

6. 资产公司财务部是公司投资的财务管理和资金保障部门，负责审核公司年度投资计划和年度投资预算，对投资项目进行资金筹措、会计核算和财务管理，并对投资项目的财务情况和预决算管理情况进行检查和监督。

（四）申办程序及决策流程

1. 高校相关申办单位投资创办企业，应向资产经营公司报送初审材料如下。

（1）投资申请材料：项目的来源情况；投资公司的性质、合作方式；资金来源；法定代表人的基本情况；注册地址及经营场所；经营范围及经营方式。

（2）投资公司的章程（草案）。

（3）投资公司各股东情况、营业执照复印件或身份证复印件等文件。

（4）可行性分析报告。

（5）投资各方合作协议。

（6）申办单位还需提供合作各方的前月会计报表原件、经中介机构审计的拟合作方上年财务报表、营业执照复印件、投资协议书等资料，以技术成果出资的应提供资产评估报告等。

（7）董监事会组成和董事长、总经理建议名单。

（8）申办企业有关劳动用工与人事代理或劳务派遣单位的合作意向。

（9）申办者认为需要说明的情况或校内有关主管部门要求的其他文件。

2. 材料初审通过后，由国资办对投入的资产进行审定。以国有资产或职务技术成果（或专有技术，以下同）投资入股，申办单位或个人应填报《国有资产评估项目备案表》《非经营性资产转经营性资产申报审批表》。其中以技术成果出资的，还需由科学技术管理部门对该技术成果是否可予出资进行审定，并按有关规定确定该技术成果在高校和课题组之间的分割比例。高校作为国有资产的占有单位，以国有资产或职务技术成果投资入股，需报上级主管部门审核批准后方可设立。

3. 资产公司根据上级的审批意见，出具同意投资或组建新企业的批复。批复内容包括：企业名称、出资各方、注册资金、校方投资额及所持股份、出资方式、经济性质、法定代表人、经营范围及方式等。申办单位收到同意投资或组建新企业的批复后，办理相关法律文书和企业登记注册手续。资产公司综合各方意见，递交资产公司董事会讨论，并经高校经营性资产管理委员会同意后，由申请单位负责公司名称预登记工作。资产公司独资、控股企业为公司第一大国有法人股东的，应当及时办理国有资产产权占有登记手续。资产公司所投资企业需要增资或减资、变更企业法定代表人、调整经营范围、设立分公司、修改公司章程、调整董监事等需变更工商登记，由资产公司会同国资办按有关规定审批，批准后企业应依法及时办理相关工商变更手续，并将有关变更文件送资产公司备案。

（五）财务管理模式

1. 分散型财务管理模式。分散型财务管理模式是指财务权力较为分散，各个单位独立制定目标以及管理方案的财务管理模式。高校资产经营公司以及下属子公司都是独立的法人，分别进行核算与审计，子公司拥有自主的财务决策权、管理权以及资金调配权，组织结构扁平化。

分散型财务管理模式的优点主要有：首先，子公司拥有自己的决策权等相关权力，可以根据自身的情况和经营目标进行财务处理，避免了由于母公司不了解自己的业务情况、财务目标而导致的财务决策失误等情况，从而更加专注于自身的发展。其次，分权化的财务管理模式也将财务决策权力下放给下属单位，给予他们更多的肯定与信任，具有很明显的权力优势，从而有利于激发他们的工作责任感，提升其工作积极性，能够群策群力，实现公司发展。

相对应地，分散型财务管理模式也存在一定的弊端。例如，首先，分散型财务管理模式将母公司与下属公司分割成几个独立的经济实体，不能发挥资源整合效应，有可能不能完成公司的总体目标。其次，由于逆向选择或者道德风险，子公司制定的目标或者实施的战略与母公司不相符合，最终损害母公司的利益。最后，分散型的财务管理模式对于内部控制要求较高，很有可能因为内控不严出现财务风险。

分散型财务管理模式适用于高校资产经营公司以及下属公司所属区域较为分散，并且公司的内控管理体系较为成熟的情形。

2. 集中型财务管理模式。集中型财务管理模式是利用现代信息技术建立完善的信息网络，例如财务信息系统等，实现高校资产经营公司与下属公司的资金、信息等资源的集中，有效地预防信息不对称、监管不力、财务目标不匹配等现象。

在集中型财务管理模式下，首先，高校资产经营公司要建立统一的财务信息系统，设立"一账式"会计账簿，在账簿中要统一会计科目与信息，方便高校资产经营公司与下属公司的会计信息处理。集中型财务管理模式对于技术要求较高，财务信息系统一方面要涵盖大量的财务数据，另一方面财务信息系统也需要定期维护与更新。其次，子公司的财务人员的招聘、晋升投融资决策、利润分配等重大问题由高校资产经营公司统一处理。在集中型财务管理模式的优点表现为，高校资产经营公司能够通过财务信息系统实现财务协同，节约人力成本与沟通成本，降低时间损耗，有利于整体目标的实现。

3. 指导下的分散型财务管理模式。指导下的分散型财务管理模式是指高校资产经营公司设立财务总监，财务总监的主要职责是根据单位的实际情况进行判断，制定目标。具体职责主要体现在：一方面是对公司的会计凭证、账簿以及报表进行审核，具有监督、审计功能；另一方面参与到高校资产经营公司及下属公司的政策和财务决策制定中，具有指导功能。例如，公司内部的成本费用控制、预算制定及执行、战略规划、财务风险管控等，通过一系列的财务指导，来协调高校资产经营公司与下属公司的财务活动，最终实现战略协同，促进整体的发展运营。

在这种模式下，财务总监与公司的高层管理者的目标是一致的，都是为了保障公司的整体运转，不断提升经济效益与管理水平，对于财务总监的业务水平、政策指导能力以及资源协调能力要求较高。

（六）资产经营公司对校企的监管

根据《教育部直属高校经济活动内部控制指南（试行）》第十四条规定，高校应加强对附属单位的监管。高校对不同类型的附属单位可以实行不同的经济监管方式，这些方式包括但不限于会计委派制、会计报表审核、内部审计、委托社会审计等。

1. 财务委派。财务部门可执行委派财务总监制，建立健全高校所属企业内部财务制度，完善内部经济责任制，确保国有资产安全完整。财务委派可分三类进行管理：一是控股企业，实行统一管理制。由高校与董事会联合派出财务总监负责，执行"统一领导，分级管理，集中核算"的财务管理体制，确保校办企业在学校财务监管下健康发展。二是参股企业，实行会计委派制。由公司财务部门对企业委派会计，实现公司对各参股企业经营管理活动的事前、事中、事后的全过程监控，确保投入资产的安全性、收益性、有效地防范经营风险和财务风险。三是合作企业，实行核查和巡查制。由公司监事工作部，财务部门、产业党委联合派出企业财务监管专员、企业监事巡管专员和纪检委员对校企合作企业经济运营进行巡查监管，动态掌握企业的经营情况，审定企业当月的营业总额，落实校企合作企业应上交的管理费。

2. 内外部审计。高校应加强内部审计力度，利用高校审计部门和事务所等机构，定期对校办企业的财务状况、经营成果及国有资本等方面进行检查，对委派的校办企业负责人进行任期经济责任审计，确保财务收支的真实性、安全性，必要时可对校办企业实施专项审计。

3. 全面绩效管理。按照监管要求，2018年至今高校校办企业经历了"整顿、清理、瘦身、正风"，整体上已经做到"风险可控"与"规模可控"。监督体系设计理念上具备从"管"与"控"转入探索全面绩效管理阶段。

对资产经营公司的综合绩效考核包括财务绩效定量考核和企业管理绩效定性考核两个方面：财务绩效定量考核综合考核企业年度经营绩效状况；企业管理绩效定性考核则主要考核企业在一定经营期间所采取的各项管理措施及其管理成效。

（1）财务绩效定量考核的主要指标构成。

①国有资本保值增值率指标。

$$国有资本保值增值率 = [期末国有资本(审定后) \pm 考核调整数额]$$
$$\div [期初国有资本(审定后) \pm 考核调整数额] \times 100\%$$

②净利润指标。净利润指标也是考核的核心指标之一。在使用净利润作为考核指标时，对影响利润异常波动的非经营性因素进行剔除，非经营性因素主要包括通过变卖企业主业优质资产、与主业发展无关的资产置换以及收到与经营活动无关的政府补贴等事项所产生的非经营性损益。

（2）管理绩效定性考核的主要指标构成。管理绩效定性考核主要包括决策管理、风险控制、发展创新、行业影响、贡献程度等方面。定性指标由主管部门结合以上内容和对企业具体要求并根据企业实际经营及发展情况来确定，具体指标在每年的责任书中明确。

①决策管理考核主要反映董事会职责的履行情况、运行的规范性、决策效果以及董事会成员的履职能力、勤勉程度、工作实绩和廉洁从业。

②风险控制考核主要反映资产管理公司对国家法律法规和学校财经政策的执行情况以及在环境保护、安全生产、商业诚信、和谐社会建设等方面的履行情况，有无发生重大资产损失、违规乱纪、财务管理混乱以及重大投诉事件发生。

③发展创新考核主要反映资产管理公司在经营管理创新、技术革新、科技成果转化及企业孵化等方面的措施及成效。

④行业影响考核主要反映资产管理公司在全国高校资产公司中的影响力以及是否具有竞争能力等方面的情况。

⑤贡献程度考核主要反映资产管理公司吸纳学校在编人员就业、员工福利待遇改善、有偿使用学校资产、协助学校解决历史遗留问题等方面的情况。

五、对外投资中违法违规行为相关处理规定

高校在对外投资中发生违法、违规行为，国家有关法律法规对其单位和有关责任人应承担的责任有明确相应的处罚规定。按照对外投资活动发生的流程可归纳如下。

（一）评估环节

对高校在利用非货币资产进行对外投资，以及在转让、受让股权过程中发生投资变更时，未按规定进行评估，或是评估程序不规范的行为，有关规定处罚如下。

1.《国有资产评估管理办法》规定，对高校如果发生评估环节中提供虚假情况和资料、存在串通作弊导致资产评估结果失实的情况，主管部门可对学校给予通报批评以及罚款，对单位主管人员和直接责任人员给予行政处分以及罚款；应当进行资产评估而未进行评估的高校，由财政部门责令改正并通报批评。

2.《中央级事业单位国有资产使用管理暂行办法》规定，高校经批准利用国有资产进行对外投资的，应聘请具有相应资质的中介机构进行资产评估，对违反规定的单位依法追究责任。

（二）报批备案环节

对高校进行对外投资或是处置对外投资未向主管部门履行报批和备案手续的行为，有关规定处罚如下。

1.《教育部直属高校、事业单位国有资产使用和处置行为管理授权审批暂行办法》规定，除责令其限期改正外，对因玩忽职守造成国有资产流失并构成犯罪的，提请司法机关对高校和个人依法进行处理。

2.《财政违法行为处罚处分条例》规定，对高校及相关工作人员擅自使用、处置对外投资的行为，对单位给予警告或者通报批评的处分。对直接负责的主管人员和其他直接责任人员给予记大过、降级、撤职、开除处分。

3.《教育部直属高等学校国有资产管理暂行办法》规定，对高校和有关责任人违反规定的行为，应依法追究其相应责任，并依据相关规定进行处罚、处分和处理。

（三）日常管理环节

在高校对外投资的活动中，发生投资情况反映不真实完整、投资长期无收益、未及时清理不良投资、违规持有股票等风险性投资、对所属单位监管不到位等问题，有关规定处罚如下。

1. 《中华人民共和国企业国有资产法》（2008）规定，高校作为履行出资人职责的机构对国有资产的保值增值负责，当高校发生不依法履行出资人职责的行为，造成国有资产损失的，对其直接负责的主管人员和其他直接责任人员依法给予处分，对高校的工作人员在对外投资管理中有玩忽职守、滥用职权、徇私舞弊行为的，依法给予处分。

2. 《教育部财政部关于进一步加强直属高校资金安全管理的若干意见》强调"严禁各高校继续从事股票和其他风险性债券投资业务"，投资过程中高校对经营管理不善的项目、贡献较低的项目、存在较大风险的项目应予以关闭，并对有关债权债务后续工作做妥善处理。对造成学校资金损失需要承担管理不善、控制不严的有关人员，应追究相应的责任，并视情节给予党纪政纪处分。对涉及违法犯罪的人员，应及时移送司法部门处理，并追究有关领导干部的责任。

┨ 本章小结 ┠

高校要成为自我发展、自我约束的独立办学主体，就必须能够成为独立的投融资主体。本章从对内投资和对外投资两方面作阐述，对内投资重点介绍基建项目投资，在基建项目建设全流程，财务管理部门通常发挥资金管理、概（预）算管理、绩效管理、财务核算和财务监督、财务分析等职能。

对外投资包括实体性投资和证券投资。高校不允许从事股票投资和风险性债券投资；兴办实体则经历过从野蛮生长到规范化治理的过程。由于高校作为事业法人，从事经营有诸多弊端。经营性资产管理公司是连接高校和企业的桥梁，是高校与企业之间的一道"防火墙"。资产经营公司采取市场化管理手段，并可积极引入社会资金，有利于实现校企分离、资产明确、产权清晰。本章着重介绍了资产经营公司的投资原则、投资程序、日常财务管理模式、绩效考核体系等。

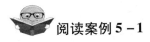
阅读案例 5 - 1

甲高校基本建设超投资

1. 案例概况。甲高校是一所因工科闻名的著名学府，主要办学校区有3个，其中A校区是学校教学、实验和行政中心。2010年7月，甲高校向上级规划主管部门报送了高级计算大楼、结构大楼、试验大楼三个单体建筑项目建议书的报告，建安投资估算合计 18 300 万元。2010 年 10 月，上级部门批复了三个单体建筑项目建议书，批复投资估算合计 18 300 万元。同月，甲高校基建处出具了三个单体建筑的可研报告委托书，与某设计研究院签订了可研报告设计合同。2010 年 11 月，甲高校向上级部门报送了三个单体建筑的《可行性研究报告》，在上报的可行性研究报告中建安投资概算合计 17 940 万元。2010 年 12 月，该校取得了 3 个单体建筑可研报告的批复，批复投资概算合计 17 940 万元。2010 年甲高校上报《可行性研究报告》时，高级计算大楼总建筑面积为 14 987 平方米，项目总投资为 4 040 万元；结构大楼总建筑面积为 14 672 平方米，项目总投资为 4 040 万元；试验大楼总建筑面积为 49 232 平方米，项目总投资为 10 793 万元。3 个单体项目资金来源均为学校自行筹措。2010 年 11 月，该项目临时围墙等工程开工，2011 年 3 月项目桩基工程开工，2011 年 5 月项目溢洪河整治工程开工，2012 年 1 月，项目总包单位确定并开工，该项目全面开建。

2. 超投资原因分析。该项目 2015 年 5 月竣工并投入使用，总建筑面积约为 79 316.7 平方米，超出《可行性研究报告》面积 425.7 平方米，工程总决算金额约为 26 548 万元，与 2010 年上报的《可行性研究报告》中《固定资产投资估算表》总计 17 940 万元相比较，超投资估算 8 608 万元，其主要原因有三点：一是当时参照了学校以往的其他建设项目，建设标准偏低；随着实际建设过程中，人工费、材料费的增长，土建工程的单价有所提高，投资增加。二是投资估算中存在漏估项目，只测算了 3 个单体工程的费用，而缺少了如桩基工程、装修工程、变配电系统等。三是投资估算中存在少估项目如室外工程费用、勘察设计费等少估，以及因为项目土建等费用的增加导致预备费增加少估。

资料来源：改编自汪凌. 论高校基本建设超投资及对策 [J]. 智库时代，2010 (40).

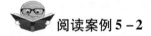

阅读案例 5-2

我国高校持股上市公司发展历程

1993 年 1 月，"复华实业"在上海股票交易所上市，揭开了高校背景公司成功上市的序幕。由于依托高校背景，这些企业更易获得政府和学术伙伴有形或无形资源的支持，易被市场寄予更高的期望。[①] 在产学研背景下，高校越来越重视与企业的合作，有越来越多高校直接投资或控股上市公司。据数据宝统计，截至 2020 年 7 月 29 日，至少有 83 家公司属于"高校系"上市公司，包含 50 只 A 股，3 只港股及 30 只新三板股，涉及 42 所高校。从市值上来看，上述 50 只 A 股当时市值合计 6 544 亿元，市值居前三

① 黄顺武等. 高校背景上市公司具有更好的 IPO 表现吗？[J]. 贵州财经大学学报，2014 (1).

的分别为清华大学持股的紫光股份、紫光国微及北京大学持股的方正证券，3 股市值均超过 650 亿元。达安基因、微芯生物、国盾量子等 6 股市值均超过 200 亿元。

以高校持有 A 股的上市公司数量来看，清华大学最多，为 11 只 A 股上市公司大股东，如辰安科技、紫光学大、启迪古汉等，辰安科技实际控制人为清华大学，另外还持有 3 只港股；北京大学持有 3 只 A 股上市公司股份，另外还持有 2 只港股，分别是方正控股及北大资源，且北京大学是这 2 家公司的实际控制人。

2018 年 5 月，中央深改委审议通过《高等学校所属企业体制改革的指导意见》。对高校所属企业进行全面清理规范，厘清产权和责任关系，分类实施改革工作，促进高校集中精力办学、实现内涵式发展。根据教育部发布的文件，校企改革要在 2018 年起选取部分高校，先行试点，总结经验；2020 年起全面推开，原则上 2022 年底前基本完成高校所属企业体制改革任务。在改革思路及方法上，高校对旗下公司股权的处置可以是关停、出售、协议转让、股权划转等形式，而对所持上市公司股权一般采取出让的方式。

在实操中，高校将所持股权无偿划转给国资是一个退出路径。如中山大学将间接持有的达安基因 16.63% 股权无偿划转给广州市政府旗下的广州金融控股集团有限公司，以实现控制权转让；山东大学将间接持有的山大华特控制权无偿划转给山东省国有资产投资控股有限公司；复旦大学将所持复旦复华 18.74% 股份无偿划转给上海市奉贤区国资委旗下的上海奉贤投资（集团）有限公司。另一个退出路径是采取公开征集受让方的形式。此前，清华控股拟公开挂牌转让诚志科融 100% 股权，以出让诚志股份控制权；清华创投及清华控股已通过公开征集方式向国务院国资委旗下的电信投资转让辰安科技控制权。与此同时，通过自身减持并引入民营资本以出让控制权在校企改革领域也屡见不鲜。如上海交大持续对昂立教育减持，逐步下降话语权。

2021 年初，退市工新（原工大高新，600701.SH）发布公告表示由于公司持续三年亏损再加之审计报告意见类别为无法表达意见触发终止上市条件而宣布退市，成为第六家退市的高校持股上市公司。

资料来源：根据《证券时报》等多家媒体报道整理。

 思考题

1. 高校投资的特点。

2. 高校投资的分类。

3. 资产经营公司管理模式的特点和作用。

4. 高校投资的经济效益和社会效益如何评价？

5. 资产经营公司如何加强对校企的监管？

第六章 高校成本管理

近年来，国内学术界一直在进行高等学校成本管理方面的相关探索，部分学校已经在探索性地进行成本核算和分析，并逐步将分析结果用于学校事业发展决策中。政府会计制度改革实施以后，为学校成本管理提供了良好的基础和条件。自 2021 年 1 月 1 日起，《事业单位成本核算基本指引》正式实施，2022 年 9 月 26 日，财政部颁布《事业单位成本核算基本指引——高等学校》，适用于执行政府会计准则且开展成本核算工作的高校，有利于提升内部管理水平和运行效率，服务高校全面实施预算绩效管理，推动高等教育高质量发展。

第一节 高校成本管理概述

一、基本概念

（一）教育成本

教育成本概念在 20 世纪 50 年代末 60 年代初随着教育经济学的产生而出现，它的提出与教育资源耗费以及教育投资收益的计量分析有关。

1962 年，英国学者约翰·维泽（J. E. Vaizey）出版了第一本正式以学科命名的专著《教育经济学》，系统地阐述了教育经济学的基本理论，书中对教育成本概念的内容进行了扩展，他提出不仅要计量教育的直接成本，即教育经费，还应计量教育的间接成本。美国著名经济学家舒尔茨（T. W. Schulte）在 1963 年出版的《教育经济价值》一书中辟专章论述了教育成本。在该书中，他尽管没有给教育成本下定义，但提出了"教育全部要素成本"的概念，将教育的全部要素成本可分为两部分：第一部分是提供教育服务的成本，第二部分是学生上学时间的机会成本。第一部分成本包括教师、图书馆工作人员、学校管理人员的服务成本等维持学校运行耗费的要素成本，以及房屋、土地等的折旧、陈废及利息成本。但不包括与教育服务无关的附属活动的成本，如学生食堂、住宿、运动队活动等成本，也不包括向学生提供的奖学金、补助等"转移支付"性质的支出。第二部分成本可用学生因上学而放弃的收入来衡量。舒尔茨在该书中还明确指出，教育经费与教育成本是两个不同的概念，教育经费是一个统计概念，包含了一些不属于教育成本的东西，而同时又缺少一些重要的教育成本项目。舒尔茨的这些论述是此后几十年教育成本研究的理论基础，不过他未提出教育成本的定义，也未对教育成本的分类进行阐述。

科恩（J. Cohen）在 1979 年出版的《教育经济学》中，提出教育成本可分为两大类：直接成本和间接成本。直接成本主要是提供教育服务的成本，但也有一部分是学生因上学而发生的支出，如额外的住宿费、服装费、往返家庭与学校之间的交通费，以及书本费、运动器械等学校用品费用。间接成本考虑的是机会成本，主要包括学生上学放弃的收入，学校享受的税款减免，用于教育的建筑物、土地等资产损失的收入（利息或租金）。另外，科恩还提出了外部成本的概念，外部成本就是因教育方面的活动导致了社会中经济系统或任何私人的损失。因为教育总的来说是外部效益远大于外部成本的，相对于教育的外部效益来说，教育的外部成本可以忽略不计，所以在计算教育成本时，一般都不考虑外部成本的问题。科恩虽然认识到教育成本与教育经费是不同的概念，但他在计算教育成本时，仍是用教育经费代替教育成本的，没有建立教育成本的计算模型。

我国学者阎达五和王耕（1989）认为，教育成本是指教育过程中所耗费的物化劳动和活劳动的价值形式总和，从理论上说是指培养每名学生所耗费的全部费用。它包括：（1）有形成本，也叫直接成本，即在教育过程中直接培养学生、可以用货币计量表现的劳动耗费。（2）无形成本，即间接成本和机会成本，进入劳动年龄的学生由于上学而未就业所放弃的收入。学者王善迈（1996）则认为，教育成本是用于培养学生所耗费的教育资源的价值。或者说是以货币形态表现的，由社会和受教育者个人或家庭直接和间接支付的培养学生的全部费用。这一概念强调只有用于培养学生所耗费的资源才能构成教育成本，投入教育的各种资源，如果不是用于培养学生而用于其他目的，则不能构成教育成本。

综上可以看出，教育经济学界对教育成本的内涵形成了基本相同的认识，即教育成本是指培养学生所耗费的社会劳动，包括物化劳动和活劳动。它包括以货币支出的教育资源价值，也包括这些资源用于教育而非用于其他经济活动所造成的价值损失，即机会成本。

（二）高等教育成本

高等教育成本是指在高等教育活动中为提供培养学生等教育服务而耗费的教育资源的价值。它有广义和狭义之分。

广义高等教育成本包括教育实际成本和教育机会成本。教育实际成本是高等教育提供服务过程中发生的所有资源消耗，教育机会成本是受教育者将资源投入高等教育而丧失的其他经济活动的收入，概括起来就是学校为培养学生发生的所有资源消耗、学生在学习期间支付的所有必须费用、学生因上学而放弃的其他收入。用公式表现为：

$$高等教育成本 = 高校成本 + 学生支出 + 机会成本$$

狭义的高等教育成本主要是高等教育培养学生过程中直接发生在培养学生方面的费用，不包含上文中阐述的机会成本。

（三）高校教育成本

高校教育成本是特指高等教育这个主体在培养学生过程中发生的所有物质劳动和活劳动的价值总和。其也有广义和狭义之分，广义高校教育成本指国家、社会和家庭对一个高校学生发生的全部费用；狭义高校教育成本指高校培养学生的实支成本，单纯是指以货币形式来衡量的，不包括机会成本。高校教育成本主体是学校，剔除了个人和社会教育成本，高校教育成本范围是指学校教学活动范围内相关的支出。

二、高校成本管理发展历程

高校成本管理是高校在运行过程中实施成本预测、成本决策、成本计划、成本控制、成本核算、成本分析和成本考核等一系列管理活动的总称。

（一）制度设计

我国高校成本核算最早出现在 1996 年《高等学校收费管理暂行办法》中，也仅是规定了哪些项目可作为培养成本。1997 年颁布的《高等学校会计制度》采用收付实现制，无法提供高校真实的成本信息，更无法按成本对象准确地归集各项资源耗费。2012年修订的《高等学校财务制度》规定高校实行内部成本费用管理，但对高校成本的范围、对象、核算方法等具体问题没有提及。2013 年修订的《高等学校会计制度》规定采取虚提折旧的方法解决固定资产价值虚增问题，但对高校成本核算没有实质性的规定。2015 年财政部颁布了《政府会计准则——基本准则》，标志着我国政府会计概念框架基本成型。2017 年财政部印发的《政府会计制度——行政事业单位会计科目和报表》规定了政府会计科目使用和报表编制的具体要求，以夯实部门和单位编制权责发生制财务报告和全面反映运行成本的核算基础，行政事业单位全面实施成本管理政策已逐步明朗。2019 年开始执行的政府会计制度实行预算会计和财务会计的双核算基础，其中预算会计核算基础为收付实现制，财务会计核算基础为权责发生制，这为成本核算奠定了基础，但政府会计制度在财务会计中只设置了费用类科目，尚未建立成本会计核算的会计科目和体系。2019 年 12 月出台的《事业单位成本核算基本指引》和 2022 年 9 月 26

日财政部颁布的《事业单位成本核算基本指引——高等学校》为促进高等学校加强成本核算工作，提升单位内部管理水平和运行效率，夯实绩效管理基础，进一步指明了道路。

（二）实践情况

1977 年恢复高考后，我国的高等教育办学处在"精英"教育阶段，受教育者个人完全享受国家提供的全方位免费服务，各有关部门不需要进行办学成本管理。随着我国高等教育的进一步发展，日趋增长的办学经费困扰着每一所高校，高校办学模式也经历了从免费到部分收费，由国家统一承办高等教育到多元化融资的变化过程，各利益相关者对高校办学成本了解的需求越来越迫切。高校需要根据本校实际情况，结合现有国家政策开始进行探索性的成本核算和成本分担，并以此为学校决策提供相关财务信息。

然而，当前我国高校成本管理大多是停留在"节俭"的意识形态上，亦即千方百计地压缩各环节的开支。高校成本管理应该摒弃"治标不治本"的思维，深入挖掘问题根源，提升成本管理理念，并建设对成本管理有重要作用的长久内在机制。在未来，高校走的是内涵式发展道路，若要提高综合竞争能力、加强专业建设、提升培养人才服务社会的能力，就需要重视成本管理。高校进行科学的成本核算可以满足学校的成本控制、学费定价、绩效评价等内外部管理者的信息需求，也可以提高自身管理水平和运行效率。随着政府会计改革的深入推进和《管理会计指引》《事业单位成本核算基本指引——高等学校》的颁布，全面实施成本管理将得到落实。

三、高校成本管理特点

第一，目标成本非营利性。企业成本管理通过盈亏临界点和目标利润额来确定目标成本。高校作为非营利性组织，不以营利为目标，成本管理的目标是使有限的教育资金产生最大的社会效益和经济效益。

第二，成本对象多元性。高校教育办学层次多、专业分类复杂、服务部门众多，决定了高校成本对象呈多元化。成本对象可以是不同的学历层次、不同的学科类别或者不同的学院机构。同一对象下，由于培养方式、教育方式、研究内容、服务内容等不同，接受的教育服务和耗费的资源也会有所不同。

第三，管理体系全面性。成本对象的多元性为高校的管理带来难度，需要高校实行全校全员全过程的成本管理，从校级到各院系、各部门，从校长到各个员工，从招生课程设置到学生毕业等，高校内部要分口径分级建立教育成本管理体系，推行教育成本管理责任制，提高教育成本使用效率。

第四，成本核算复杂性。高校发生的间接费用多，直接费用相对较小，这也是与企业成本管理的一项很大区别。间接费用需要分配到不同的对象中，而成本对象又具有多元性。因此，成本的核算是非常复杂的，在不同成本对象间分配间接费用时需要建立科学的分配机制，不能简单地按照学生数、教师数、课时数等进行分配。

四、高校成本管理原则

第一，融合性原则。成本管理应以高校人才培养、科学研究、服务经济社会发展、文化传承创新四大功能业务为基础，将成本管理嵌入各业务领域、各层次、各环节，实现成本管理责任到人、控制到位、考核严格、目标落实。

第二，适应性原则。成本管理应与高校事业发展和办学目标相适应，尤其要与高校发展战略相适应。基于适应性原则，高校成本管理与高校外部环境和内部战略的变化需要保持密切关联，高校应当结合自身的特点、发展战略及竞争环境选择适用的成本管理模式和系统。

第三，成本效益原则。成本管理应用相关工具方法时，应当权衡其为学校带来的收益和付出的成本，避免获得的收益小于其投入的成本。该原则要求企业在应用相关成本管理工具和方法时，要保证所投入资源产生的管理成本不能超过相应获得的收益。否则，则应当降低成本管理的复杂度或简化学校成本管理工具的方法。

第四，重要性原则。成本管理应重点关注对成本具有重大影响的项目，对于不具有重要性的项目可以适当简化处理。也就是说，当成本在高校经营成果和业绩中所占比重较大，而且会对高校长期发展产生显著影响的情况下，应该按照严格和规范的成本管理方法和程序进行处理。对于相对次要的项目，在不影响高校正常的经营活动时，可适当简化处理。

五、高校成本管理程序

第一，事前成本筹划阶段。这一阶段主要是对未来的成本水平及其发展趋势所进行的预测与规划，一般包括成本预测、成本决策和成本计划等步骤。

第二，事中成本控制阶段。这一阶段主要是对运行过程中发生的成本进行控制、核算和监督，并根据实际情况对成本预算进行必要的修正。

第三，事后成本分析阶段。这一阶段主要是在成本发生之后进行的分配与汇总、分析和考核，一般包括成本分配、成本汇总、成本分析和成本考核等步骤。

六、高校成本管理方法

《管理会计指引》给出了企业进行成本管理的会计工具方法，即目标成本法、标准成本法、变动成本法、作业成本法等，这些会计工具方法同样也适合高校进行成本管理。高校结合学校自身的成本管理目标、实际情况以及内外部环境，在保证最优成本和最佳效益的情况下选择成本管理工具方法或综合应用不同成本管理工具方法，可以更好地实现成本管理目标。在综合应用不同成本管理工具方法时，应以各成本管理工具方法具体目标的兼容性、资源的共享性、适用对象的差异性、方法的协调性和互补性为前提，通过综合运用成本管理的工具方法实现最大效益。目标成本法、标准成本法、变动成本法这三种方法分别适用于成本预测、成本决策、成本计划等环节。由于高校成本构成的特性，其开展成本管理，更适合采用作业成本法，本章对作业成本法进行详细介绍并做了专题案例。

第二节 成本管理实施过程及方法

一、成本预测

（一）高校成本预测的内容

成本预测是以现有条件为前提，在历史成本资料的基础上，根据未来可能发生的变化，利用科学的方法，对未来的成本水平及其发展趋势进行描述和判断的成本管理活动。高校作为非营利性组织，应当根据学校战略规划、年度事业发展计划、历史年度财务决算、本年度财务收支预算、三年中期财政规划等因素开展成本预测。总成本预测，应按照收支平衡的预算基本原则，以年度预算总收入为基础，扣除高校为以后年度重大事项（如新校区建设、大型设施设备购建、人才团队培育等）预留的经费，以剩下的收入预算数作为年度总成本预测目标。分项成本预测，可以根据项目发展规划、专项资金安排额度、定额标准等因素进行预测。成本的确定并不是越低越好，而是在一定成本规模下，实现更多的发展目标，高质量地培养更多的有用人才，产出更多的科研成果，提供更多的社会服务，开展更多的文化传承创新。目标成本法是成本预测的常用方法。

（二）目标成本法在高校成本预测中的应用

高校的目标成本管理，就是对一定时期的总目标进行科学制订和分解，确定各级的责任和分目标，并把分目标作为重要的考核标准，促使全体人员共同努力，进而实现组织总目标的一种成本管理活动。高校可以采用目标成本法进行成本管理，比如高校后勤成本就可以分以下四个步骤来管理。

1. 目标成本的制订。高校后勤管理部门根据本年度后勤经费支出情况，并充分考虑下一年度的特殊事项，据实编制下一年度后勤经费支出需求，并报高校财务部门；高校财务部门根据下一年度全校支出总预算安排情况，进行全校预算的分配与调节，经校长办公会等决策机构审批通过后，下达后勤经费支出预算，后勤部门以此作为年度费用控制目标，进行分解与控制，确保后勤工作能够很好地完成且不突破预算金额。

2. 目标成本的分解。高校后勤部门将年度支出预算作为目标成本，并将目标成本按照水电、维修、宿管、物管、车辆运行、绿化等项目分解到各个责任部门（即责任中心），各责任部门按照工作任务和工作要求进行自我控制和自我检查。

3. 目标成本的控制。后勤部门要建立成本费用定期调度与报告制度，定期组织各责任部门召开目标成本执行情况分析研究会，分析成本费用目标的完成进度及未完成的原因，对于例外差异要遵循例外管理原则，重点分析，查明原因，迅速采取有效措施加以解决。

4. 目标成本的分析与考核。高校将后勤部门年度实际成本费用同目标成本比较，一方面分析目标成本的完成情况，为下一期制订目标成本提供资料；另一方面根据各责任成本中心的差异分析，对其工作进行考核与评价。

二、成本决策

（一）高校成本决策的内容

成本决策是在成本预测及有关成本资料的基础上，综合经济效益质量、效率和规模等指标，运用定性和定量的方法对各个成本方案进行分析并选择最优方案的成本管理活动。

高校发生的很多项目成本可以通过科学方法进行决策。例如，学生宿舍运营成本，可按收取的入住学生住宿费与成本情况的本量利分析，确定最低入住学生数或制定宿舍管理成本目标；与此类似像教职工人数及构成的合理设定、实验人数批次的科学规划、虚拟实验与实际操作的有机结合等问题，都可选取合适方法实施成本控制。变动成本法是成本决策的常用方法。

（二）变动成本法在高校成本决策中的应用

利用变动成本法进行成本决策，要进行成本性态分析，基于成本与业务量之间的关系，运用技术方法将业务范围内发生的成本分解为固定成本和变动成本。将高校运行过程中消耗的变动成本作为直接成本的构成内容；将固定成本作为期间成本，通过分摊形式予以补偿。在高校成本管理中，变动成本法主要适用于短期培训班、印刷和邮寄宣传资料、班车成本决策等某个专题项目中，不适用于高校整体教育成本的测算。

三、成本计划

（一）高校成本计划的内容

成本计划是以高校运行计划和有关成本数据、资料为基础，根据成本决策所确定的目标，通过一定的程序，运用一定的方法，针对计划期资源耗费和成本水平进行的具有约束力的成本筹划管理活动。

高校成本计划是由各个部门的成本预算组成的，采用适当的方法进行分解，先落实到各归口管理的部门，再按照预计用途分解落实到各实际耗费的部门，最终落实到不同层级、不同类型的部门，成为成本执行目标。成本目标的分解需纵横结合，呈金字塔形逐级分解到个人。首先横向分解为教学成本、管理费用、科研费用、后勤费用、基建费用、离退休（养老金）费用等；再将教学成本逐级纵向分解到各学院、系、教研室（实验室）、教师和学生；管理费用逐级纵向分解到各处室（单位）、管理人员和学生；科研费用逐级分解到研究所、课题组、研究人员；后勤费用逐级纵向分解到各服务机构、服务人员；基建费用分解到具体项目；离退休（养老金）费用分解到离退休机构和离退休人员。标准成本法是成本计划的常用方法。

（二）标准成本法在高校成本计划中的应用

高校日常管理和日常运转的成本，一般可采用标准成本法制定成本定额，分解各项业务的成本控制目标。支出定额可以根据本校历史成本，或同类别高校的平均成本，或同类先进高校的最低成本进行选择，但是要以在本校现有条件下，通过努力可以实现为标准，循序渐进，采用目标成本法的"持续改善策略"，不断降低成本。高校可以按照标准与实际发生的成本进行比较，揭示、分析标准成本与实际成本之间的差异，并按照例外管理的原则，对不利差异予以纠正，以提高工作效率，不断改善成本。《普通高等学校本科教学工作水平评估方案》对教职工配备标准、招生规模、房屋设备配备标准、公用经费定额、工资标准、学生奖助学金标准等都进行了明确规定，也为高校使用标准成本进行成本计划提供了条件。

四、成本控制

成本控制是成本管理者根据预定的目标，对成本形成过程以及影响成本的各种因素条件施加主动影响或干预，把实际成本控制在预期目标内的成本管理活动。

高校成本控制是高校成本按照既定成本预测目标执行的主要手段。为了有效地进行高校成本控制，应构建成本控制管理整体框架，设置科学合理的控制环节；建立成本控制权责管理体系，确定行之有效的岗位制度；完善成本控制专项监督机制，实现定向的控制管理目标。例如对办学成本中的人员工资成本、仪器设备购置成本、实验耗材成本等项目，会随人数、业务量等变化而增减，高校应对变动成本的因变量进行科学合理的规划和控制。对固定成本中的可控部分，如房屋和基础设施维修维护成本等，要综合考虑一定时期的成本费用情况，选择最优方案达到年均成本最低；对于不可控部分，如固定资产折旧，要提高其利用率，在一定成本水平下力争最充分利用，达到规模效益。

五、成本核算

成本核算是根据相关会计制度和管理要求，对成本核算对象运行过程中实际发生的各种耗费按照规定的成本项目进行归集、分配和结转，取得不同成本核算对象的总成本和单位成本，向有关使用者提供成本信息的成本管理活动。

高校按照《高等学校财务制度》《高等学校会计制度》《政府会计准则》《事业单位成本核算基本指引》《事业单位成本核算基本指引——高等学校》等要求，以权责发生制为基础，设置一套完整的内部成本会计科目体系，进行成本明细核算。高等教育成本核算将在本章第三节作详细阐述。

六、成本报告

高校成本报告是指反映高校一定时期成本状况的总结性书面文件，是高校成本核算成果的重要表现形式，旨在为报告使用者提供高校成本信息。

高校成本报告包括成本报表和成本分析报告。成本报表是用以反映高校一定时期成本构成及其变动情况，考核评价高校运行状况的各种报表及重要事项的说明。成本分析报告是对高校运行现状和未来发展趋势进行分析预测，并提出改进建议等的文字报告。

高校成本报告按使用者的不同可分为对内报告和对外报告。对内报告是指高校为满足单位内部管理需要而编制的报告，根据管理要求可按公历年度、教学周期或项目实施周期编报；对外报告是指高校按政府财政、教育、价格等相关主管部门要求报送的报告，内容至少应当包括相关类型学生教学成本及其各成本项目金额。

高校可依据受教育主体的不同，编制反映高校各类学生整体情况的总教育成本表、各院系情况的院系教育成本表、一个学生的资源耗费情况的生均教育成本表以及有关教育成本情况的附注等。

七、成本分析考核

成本分析是利用成本核算提供的成本信息及其他有关资料，分析成本水平与构成的变动情况，查明影响成本变动的各种因素及产生的原因，并采取有效措施控制成本的管理活动。

成本考核是对成本计划及其有关指标实际完成情况进行定期总结和评价，并根据考核结果和责任制的落实情况，进行相应奖励和惩罚，以监督和促进高校加强成本管理责任制，提高成本管理水平的活动。

高校实施成本分析是编制成本计划和实施成本控制的关键措施，要根据成本核算情况定期进行成本分析，高校可以采取比较分析法、构成分析法、趋势分析法、比率分析法、因素分析法五种评价方法实施成本评价。成本评价指标体系主要包括生均教育成本、生均教师薪酬、生均教室使用费、其他成本项目生均成本、成本构成比率、资本性支出折旧（摊销）率、收入成本率、成本支出率、成本分担率等。学校可以利用成本评价结果实施成本管理、资源配置等决策；主管部门和社会公众可以根据评价信息分析学校办学效率等情况。

第三节　高校教育成本核算

一、高校教育成本核算目的

（一）内部管理目的

高校开展教育成本核算工作的内部管理目的源于成本收益理论。一是校领导层的学校内部资源配置目的，满足对高校内部资源配置的均衡，使教育资源得以合理分配和使用。二是校党政部门的办学成本监督与控制目的，要想落实成本就需要对成本的组成因素加以影响，发挥干预作用以及设置最高限制。三是关系高校绩效管理的主旨，它可以确保在整个高校运作中、项目估算资金收支方面，高校财务部门的评价需求能够满足。

（二）外部报告目的

外部报告目的主要体现在三个方面：一是财政部门为什么要进行定额拨付款项，其目的在于保障经费的不断增加，促进该体系的完善，进一步保障了各高校生均定额拨款都有据可查。二是价格主管部门的学费定价目的，在学费、住宿费价格调整机制上，遵循"优质优价、合理分担成本"的高校学费定价原则，为提高各高校学费、住宿费收费标准确定调价空间提供依据。三是高校学生及其家庭的教育投资判断目的，满足他们权衡接受高等教育的投入与产出，为高等教育投资决策提供参考。

二、教育成本核算的可行性

政府会计制度及"双基础"平行记账的核算模式为高校教育成本核算提供了制度和理论依据，对高校教育成本的核算产生了巨大影响。

（一）使用"权责发生制"核算基础

采用权责发生制核算财务会计，按照实际受益期间而不是资金收付期间计量费用。第一，使得成本核算数据更加准确、真实。例如，对固定资产的核算，要求购置时计入资产，按照使用年限在受益期间内计提折旧计入费用并按一定的分配原则计入成本，这样可以更真实地反映培养学生过程中耗费的固定资产资源，改变了收付实现制下购买固定资产资金支付期间全部计入支出导致成本核算不实的局面。第二，高校资金耗费和核算对象之间实现了时间上和因果上的配比，可以核算出某一期间如某一学年或某一学期特定核算对象的资源耗费，改变了收付实现制下会计核算期间与培养学生期间不一致的局面。

（二）使用"费用"会计要素

成本来源于费用计量，以费用核算高校各项活动的耗费，教育成本是高校提供高等教育服务过程中的耗费。政府会计制度要求在财务会计中使用"费用"会计要素并对其按权责发生制基础计量，比收付实现制下"支出"要素核算的内容离成本核算更近一步。

成本是对象化的费用，按照能否直接分配到各学生教育成本中，可将其分为直接费用、间接费用和无关费用，例如，高校的教学费用和科研费用，属于直接费用；高校的单位管理费用与教育服务相关，属于间接费用；高校的经营费用、资产处置费用、上缴上级费用、对附属单位补助费用、所得税费用、其他费用六项属于与提供教育服务无关的费用，不需归集到成本。

对费用类科目可根据成本核算对象进行明细核算，如按不同类型学生设置明细科目，核算各类别学生的教育成本。第一，在业务活动费用下分别计量，如果发生时即可判断可直接归集到各类型学生的，通过明细科目设置直接计量到成本中；不能通过明细科目设置直接分配到各类型学生中去的，属于间接费用，按一定的原则归集至各类型学生成本。第二，高校的单位管理费用与教育服务相关，明细科目设置上不能直接归属到各类型学生上，属于间接费用，可以按一定的原则归集分配至各类型学生。费用类科目的设置和明细核算，使得成本核算更易执行，核算数据结果也更准确、更具相关性。

（三）绩效和成本意识增强

政府会计制度不仅要求提供决算报告，而且需要提供财务报告，关注高校财务状况和资金使用效益，重视绩效和成本管理控制，并从制度上进行规范，引导高校树立成本理念和绩效意识，在理念和制度先行的情况下，促使高校结合自身特点积极进行成本核算，有助于推动教育成本核算工作更快地发展。

（四）信息化建设的支持

政府会计制度的实施对高校财务核算、财务分析与决策、固定资产管理、基础数据统计等方面的信息软件提出了更高的建设要求。高校正在加快建设适合自身特点的信息系统和数据库，这将大大带动成本核算的发展步伐。

三、高校教育成本核算方法

（一）成本统计法

成本统计法是基于现有的教育经费统计资料，对其中与培养学生相关的支出作为成本数据进行相应的加总计算。这种方法操作简便，具有一定的科学性和合理性，现阶段高校提供的成本信息大多也都是通过这种方法统计出来的。但它实质上是一种统计方法，而不是严格意义上的会计核算方法，提供的成本信息资料比较粗略，不够精确。

（二）会计调整法

会计调整法是按教育成本核算对象，从与教育事业支出相关的会计资料中剔除与教学无关的费用，增加未在经费支出中反映的应计费用，通过调整转换，计算教育成本。但这种方法需要依靠教育部门制定统一的调整规则，目前尚缺乏统一的标准，也增加了会计人员的工作量。

（三）会计核算法

会计核算法是指利用会计信息系统，同时采用权责发生制和收付实现制，将符合教育成本的项目采用权责发生制，其余预决算业务按照规定采用收付实现制，并设置成本费用明细账，从而计算教育成本的方法。这种双轨制核算法可以从制度上解决教育成本核算的问题，但只能核算教育成本，而不能核算学校损益，不能真正完整地反映学校财务状况。

（四）作业成本法

作业成本法以作业为成本核算对象，通过作业、动因、资源消耗量的追踪分析，根据各项作业费用的消耗情况，将成本进行合理分配的一种成本计算方法。无论从形式上还是实质上看，作业成本法与传统成本法都有显著的不同，它特别适用于间接费用比重大、成本动因多元化的环境，其特点是费用分配标准多样化、成本计算精确化。前三种方法是过去和现在使用的核算方法，都或多或少存在一定的局限性；作业成本法是目前理论界和实务界大力倡导实施的方法。

四、高校教育成本会计核算的程序

（一）确定教育成本核算的对象

成本核算对象就是指归集费用的对象，即成本归属的对象。一般来说，教育资源耗费的受益者应当就是成本归属的对象。高校可以根据业务特点和成本信息需求，多层次、多维度地确定成本核算对象。如按照管理层次维度确定，成本核算对象主要包括高等学校整体、内部组织部门、学科、专业等。如按照活动类型维度确定，成本核算对象主要包括教学业务活动、科研业务活动和其他活动。其中教学业务活动是基本成本核算对象，教学活动成本可以进一步划分为以下两类。

1. 院系教学成本。为满足教学活动成本控制、绩效管理等需求，高校以提供教学服务的各学院、系、所、中心（以下统称院系）为成本核算对象，核算院系面向本院系和其他相关院系学生开展教学活动的直接或间接耗费的资源，即院系教学成本。

2. 学生教学成本。为满足高等教育资源配置等需求，高校以不同类别学生为成本核算对象，核算学生接受教学服务相关的各项耗费。高校可以按照不同学生类别，分专业、学科、学历等成本核算对象，核算学生教学成本。

（1）专业成本。以不同专业的学生为成本核算对象，核算各专业学生直接或间接耗费的资源，即专业成本。

（2）学科成本。以不同学科的学生为成本核算对象，核算各学科学生直接或间接耗费的资源，即学科成本。

（3）学历成本。以不同学历类型的学生为成本核算对象，核算各学历类型学生直接或间接耗费的资源，即学历成本。

高校开展学生教学成本核算时，一般将专业作为基本类别，并在专业成本的基础上进一步核算学科成本、学历成本等，以各类别学生教学成本总额，按该类别学生人数求平均，即该类别的生均成本。

确定教育成本核算对象是进行教育成本核算的基础，必须根据加强教育成本核算的需要，按照学校教育活动的规律，并根据各校的具体情况，确定适应各自特点而又有一定的共同性与可比性的教育成本核算对象体系。

（二）确定教育成本核算期限

教育成本核算期限，就是指每间隔多久时间计算一次成本。一般来说，成本核算期限应当与"产品"的生产周期一致。由于高校的主导"产品"的生产周期即人才培养周期是以学制来确定的，所以人才培养成本的核算期限理应就是学制年限。但是，考虑到人才培养的周期一般较长，以此作为人才培养的成本核算期限不利于及时加强成本控制。

依据《事业单位成本核算基本指引》，高校基本做法应以公历年度作为核算周期，同时可以结合成本信息需求按照教学周期、项目实施周期等进行成本核算。结合学校学期、学年活动规律性较强的特点，可辅以学期或学年为成本核算期限。对于短期培训可以实际培训期限作为成本核算期限来核算培训项目成本，科研工作没有固定的期限，则以具体的科研项目所实际经历的时间作为成本核算期限。

（三）确定教育成本项目

所谓教育成本项目，就是多种费用按其用途的分类。学校教育的各项成本费用，其经济用途是不同的，有的直接用于人才培养和科研活动，有的则用于管理人才培养和科研活动。可见，仅有一个总括的教育成本核算指标是难以满足学校教育成本管理需要的，因此有必要将教育成本按其经济用途划分为若干成本项目。这不仅可以明确成本中各种费用的去向、应当由哪些部门负责监督和控制以加强经济责任制，而且可以明确成本的构成情况，便于分析成本升降的具体原因，以及各种因素对教育成本升降的影响程度，从而更有效地加强教育成本的控制。

《高等学校教育培养成本监审办法（试行）》将高校的教育培养成本构成分为人员成本、公用经费成本、对个人和家庭的补助成本和固定资产折旧四部分。

依据《事业单位成本核算基本指引》，高校业务活动的成本项目应当包括：工资福利费用、商品和服务费用、对个人和家庭的补助费用、固定资产折旧费、无形资产摊销费和其他业务费用。

（四）归集和分配各种费用

教育成本核算的过程，实际上就是费用的归集和分配的过程。为了正确归集和分配各种费用，一般应做到两点：一要根据权责发生制原则正确划分费用的归属期。凡是由本期成本负担的费用，即使没有支付，都全部计入本期成本；凡是不应由本期负担的费用，即使已经支付，也不能计入本期成本。二要按成本受益原则划清费用的受益对象。各种费用只有具体化到某一成本对象，才能计算该成本对象的成本。各成本对象之间的费用管理应按各个成本对象有无受益和受益程度来分摊。受益者分担成本，不受益者不分担成本，受益多则分担多，受益少则分担少。

（五）开设明细账户记录教育成本

核算规则已定，需要寻找合适的核算场所，即为各个成本计算对象开设费用成本明细分类账户。成本明细分类账户即是按事先规定的成本项目设置，依据各种费用原始凭证，运用正确的会计科目和记账方法，将发生的各种费用正确地在成本明细分类账户上进行记录，真实地反映学校教育成本耗费情况，以此计算各成本对象的成本数额，全面反映各个成本对象的总成本和单位成本情况。

2019年实施的《政府会计制度》按照权责发生制的原则设置了业务活动费用、单位管理费用、经营费用、资产处置费用、上缴上级费用、对附属单位补助费用、所得税费用和其他费用八个费用类科目，没有设置成本类科目。

但根据《关于高等学校执行〈政府会计制度——行政事业单位会计科目和报表〉的补充规定》的要求，可以在新制度规定的"业务活动费用"科目下设置"教学活动成本""科研业务成本"；在"单位管理费用"科目下设置"行政管理费用""后勤保障费用""离退休费用""其他管理费用"明细科目。日常发生费用支出和期末计提折旧摊销时，在上述明细项目中汇集核算。期末，上述明细科目的借方发生额的合计数，就是相关成本项目的当期总额。成本项目的设置与明细科目保持协调，确保成本数据与财务会计数据的同源性和一致性。

另外，可根据高校业务项目和部门，在"业务活动费用"下设置明细科目，如"经管学院""历史学院""文学院""教学项目1""教学项目2"等。期末将"教育活动成本"等明细科目下发生额，分配结转至上述明细科目中。这些明细科目的借方发生额的合计数，就是相应项目和部门的当期成本总额。

对于金额较大、发生频繁或重要性程度较高的成本项目，高校可以根据需要在上述成本项目下设置明细项目或进行辅助核算。例如，对学生住宿相关费用增设明细项目进行核算，在对个人和家庭的补助费用下增设学生奖助费用项目等。

第四节　高校作业成本法原理

一、作业成本法基本概念

作业成本法是以"作业"为核心，通过对耗用资源的所有作业进行确认和计量，将所耗用的资源成本分配给作业，然后根据成本动因将所有作业成本再分配给产品（或服务），最终计算出更加真实的产品（或服务）成本的一种成本计算方法。作业成本法基本原理如图6-1所示。

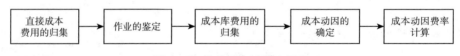

图6-1　作业成本法基本原理

图6-1的主要思想即生产经营导致作业发生，作业耗用资源，产品耗用作业，从而导致产品成本发生。其中涉及如下四个相关概念。

一是资源。它是指组织运营所依赖的能力和条件，如资本、人工、品牌、专利等，而所有资源都是有成本的，或者说所有成本都来自组织经营中所投入的、所消耗的资源，资源是产生成本的源泉。高校的资源费用既包括各种房屋及建筑物、设备、材料、商品等各种有形资源的耗费，也包括信息、知识产权、土地使用权等各种无形资源的耗费，还包括人力资源耗费以及其他各种税费支出等。

二是作业。它是指组织运营中所有消耗资源的活动或事务。一方面，所有作业都要投入特定的资源、都要耗费一定种类和数量的资源；另一方面，在投入或耗费资源的同时，它又具有一定的目的、会产生一定的效益或价值。一项作业既可以是一项非常具体的任务或活动，也可以泛指一类任务或活动。同一个职能部门可能包含众多作业，而同一项作业也许涉及多个部门。如课堂教学作业、实验服务作业、图书资料服务作业、学生工作活动作业等。

三是产品。它可以称为成本对象，是分配资源费用、计算成本的标的物。作业成本法的成本对象就是各个作业中心。在高校，比如二级学院可以作为成本对象，二级学院会开展系列教学作业、实验作业，在教学或实验过程中消耗人工、水电、办公材料等资源；校内的职能部门、学科、专业等也可以作为成本对象，如教学部门会面向不同学院学生开展系列教学作业；相关的一系列作业构成一个"作业中心"或"成本库"。作业成本就是指组织执行作业时所消耗的那些资源的成本。所有资源成本的归集、计量最初都是按作业中心划分或分类的，这使得每个作业中心都成为一个成本账户。

四是作业动因。它是指引起作业消耗成本的那些因素，作业之所以会消耗资源、产生成本，就是因为存在着这些作业动因。作业动因其实也就是计量和分配作业所耗作业成本的依据或基础。作业动因反映着成本对象（作业）与作业成本之间的逻辑关系或因果联系的状况，作业动因也称为"成本动因"或"作业成本动因"。

二、作业成本法应用的可行性

（一）符合高校管理决策需求

高校教育成本构成中直接费用少、间接费用多。直接费用主要有人员经费、学生奖助学金、折旧费等，其他的费用基本都是间接费用，如办公费、维修费、水电暖气费、差旅费等。高校间接费用量大、项目多、用途广，归集和分配相当复杂。同时，高校核算主体复杂，不同学科、不同专业、不同学院等都需要进行费用归集与分配。作业成本法可以将纷繁复杂的间接费用根据不同的成本动因对其进行分配，能够得到更加准确的各维度成本信息，有助于高校提高预算管理水平，改善和强化成本控制，促进绩效管理的改进和完善，更能为高校投资决策提供可靠、准确的参考信息。

（二）有利于提高高校资源使用效率

将教学业务活动、科研业务活动划分为不同的作业，不同的作业中心归集不同的成本耗费。作业成本法可进行作业的增效分析，降低增效性作业的成本，剔除非增效性作业，可以有针对性地提高教育资源利用效率，为学校决策提供准确、详尽的信息资料。

（三）财务信息化保障作业成本法的实施

作业成本法不仅是一个成本计算、分配的过程，更重要的是依据因果关系分析资源流动的过程。我国高校的财务信息化已经相当完善，先进的技术、先进的设备、先进的管理理念都已进入大学校园，完全符合作业成本法对成本核算信息系统的要求，能够满足复杂作业成本归集、分配、分析的需求。

三、作业成本法应用程序

（一）资源识别及资源费用的确认与计量

现行高校会计核算体系中没有独立"成本核算"的模块，需要在支出中识别出教育成本，即确认资源费用。资源费用的确认，需要对学校支出的内容进行逐项分析，剔除与教育服务无关的费用和损失，剔除属于资本性支出的部分，最后对资产进行折旧处理。

1. 按功能用途对费用进行分析。（1）教学业务活动费用。学生事务支出以及教务处、研究生处、继续教育学院、招生就业处等教学管理部门发生的业务费等，直接计入学校教育成本。教学辅助活动支出以及同时从事教育及科研工作的教职员工工资等，需要分摊计入学校教育成本和科研成本。（2）科研业务活动费用。纵向科研课题支出按一定比例计入教育成本，并按各学科、各学院或各专业折合研究学生人数，占总研究学生折合人数的比例进行分配。校级科研项目支出全部计入教育成本，横向科研支出不应计入教育成本。（3）单位管理费用。行政管理支出全部计入教育成本，后勤保障支出中物业管理费、宿管服务费、维修费等计入教育成本。（4）经营费用。食堂、医院、洗浴中心等部门发生的费用不计入教育成本。（5）离退休支出、上缴上级支出、对附属单位补助支出、经营支出不计入教育成本。（6）其他支出。用于基本建设或购置大型仪器的专项借款利息支出，需要利息资本化的计入在建工程，按照固定资产折旧规定计入教育成本；非资本化利息计入当期教育成本。赔偿、捐赠及灾害事故损失支出，不计入教育成本。

2. 按经济科目对支出进行分析。（1）工资福利支出。全部计入教育成本。（2）对个人和家庭的补助支出。医疗费、学校奖学金、住房公积金、采暖补贴、物业服务补贴、其他对个人和家庭的补助等计入教育成本。离休费、退休费、退职费、抚恤金、生活补助、外部奖助学金、购房补贴等不计入教育成本。（3）商品服务支出。全部计入教育成本。（4）其他资本性支出。通过计提折旧及分摊的方式分期计入相应受益期间教育成本。

3. 资产折旧分析。折旧费用计入教育成本的固定资产是与教育服务有关、正在发挥作用且未超过折旧期限的固定资产，具体包括与教育服务相关的房屋建筑物、专用设备、一般设备、其他固定资产等。计入科研成本和社会服务成本的折旧摊销，也是与科研项目或社会服务项目有关的资产。用于经营性目的的固定资产折旧费用只能用其收入进行补偿，不应计入高等学校成本。

（二）成本对象选择

高校教育成本对象，是指核算教育成本过程中，用来承担归集、分配资源费用的客体，是保证正确核算教育成本的关键。

高校应根据财务会计制度的相关规定，并考虑预算控制、成本管理、运行管理、业绩评价以及经济决策等方面的要求确定成本对象。由于不同层次、不同学科、不同学院、不同专业学生的教育服务成本存在差异，高校教育服务的成本对象可以按二级学院、校内职能部门、专业等标准来划分，依据高校开展活动的情况自主确定。但在同一个高校，为了使各期成本数据具有参考性，成本对象应该具有相对稳定性。

1. 按照详细程度分类。按照详细程度，可分为教育成本和生均培养成本。高校教育成本是指培养学生所消耗的各项资源成本价值总和。以全校为核算对象，可以计算出本校总的教育成本。生均培养成本，就是单个学生在校期间所耗费的各项直接和间接教育资源甚至全部资源的总和。

2. 按照学生培养类别分类。按照学生培养类别，可分为全日制学生、成人或网络教育生、留学生研究生进修班、各种短训辅导班学生等。本章成本核算的对象是全日制本科生，学生数按照《高等教育培养成本监审办法》规定的标准学生折合办法，将学校所有学生折合为标准的本科生水平，均不包含成人教育、独立学院学生人数，即大学标准学生人数 = 本科生人数 × 1 + 硕士研究生 × 1.5 + 博士研究生 × 2 + 留学生人数 × 3。

3. 按照学历层次分类。按照学历层次，可分为专科生、本科生、硕士研究生和博士研究生四类。不同学历层次的成本数据计算时，直接成本可以根据为各成本对象设置的辅助账直接得出，间接成本可根据各学历层次的作业成本动因进行分配。

4. 按照二级学院分类。高校实行校院两级管理体制，不论是直接成本还是需要分配的间接成本，二级学院的成本数据最容易获得，二级学院的成本数据对学校内部成本管理也最有意义。

5. 按照学科门类分类。按照学科门类，可分为哲学、经济学、法学、教育学、文学、历史学、理学、工学、农学、医学、管理学、艺术、体育等大类。按照当前高校办学体制，直接测算每个学科门类的成本并不可行，而是应该先以二级学院，再以专业为单位进行成本测算。以各专业成本数据为基础再测算各学科成本，更为可行。

6. 按照专业类别分类。专业类别是高校教育成本核算最微观的单位，同一专业学生的教育成本可视为是相同的。各专业的教育成本将是学校测算学费标准、国家测算生均定额拨款标准的重要依据。

对于非教育成本，高校科研成本的成本对象是各科研项目，服务社会成本的成本对象是各服务社会项目，文化传承创新成本的对象是开展的相关项目。

（三）作业认定

高校作业认定是指学校识别由间接或辅助资源执行的作业集，确认每一项作业完成的工作以及执行该作业所耗费的资源费用，并据以编制作业清单的过程。作业认定的内容主要包括对每项消耗资源的作业进行识别定义和划分，确定每项作业在学校运行活动中的作用、同其他作业的区别以及每项作业与耗用资源之间的关系。高校进行作业认定一般按照学校业务运行流程，采取自上而下的方式进行分解，当然也可以采取自下而上的方式，在具体操作中自下而上的方式使用较少。

高校对认定的作业应加以分析和归类，按顺序列出作业清单或编制出作业字典。作业清单一般应当包括作业名称、作业内容、作业类别所属作业中心等内容。在作业认定过程中，要坚持重要性原则，重点关注资源分配占比份额高、使用频率高、易于计算、代表性强的作业；忽视非重要作业，相似的作业进行合并，避免过于琐碎。

下面以四个比较突出的教育教学活动，举例说明高校作业认定。

1. 课堂教学作业。高校课堂教学过程中所耗费的一切资源，都归集在课堂教学作业中，包括所耗用的人工、水、电、固定资产折旧、低值易耗品等共同耗用的费用支出。可选择的成本动因有学生数、课时数、教师数、教室数、课程数等，通常按照重要性原则选择学生数和课时数作为该作业的成本动因。

2. 实验服务作业。实验室为提供实验服务所耗费的一切资源，都归集在实验服务作业中。除了直接计入教育成本的资源消耗，水电、实验设备和房产折旧、实验室管理员人工费等其他资源耗费都属于共同费用，以接受实验服务的学生和实验学时数作为实验服务作业的成本动因。

3. 图书资料服务作业。高校为学生提供图书资料服务所耗用的资源，都归集在图书资料服务作业中。由于此作业可以细分为很多混杂在一起的小作业，并且作业发生的成本动因各不相同。其共享的资源也较难分开，细化作业成本高，并且对管理层的决策影响也不大，根据整合原则将这些小作业作为一类，根据学生数分摊到各个成本对象。

4. 学生工作活动作业。学生工作日常管理支出由学生人数决定的，其成本动因是学生人数。大型活动的成本动因为开展大型活动的次数，根据此成本动因分配到活动所属二级学院，再由二级学院的学生平均分担。

（四）作业中心设计

高校作业中心设计是学校将认定的所有作业按照一定的标准进行分类形成不同的作业中心，作为资源费用追溯或分配对象的过程。

作业中心可以是某一项具体的作业，也可以是由若干个相互联系的能够实现某种特定功能的作业集合。高校的作业数量多，作业中心设计可以从职能部门着手，将那些能提供某项教育服务（不管是直接提供还是间接提供）的组织机构部门的作业合并为一个作业中心。根据组织机构的设置情况，高校通常可设计五个作业中心。

1. 教学中心。教学中心即各二级学院，其涉及的作业内容包括新生入学军训、课堂教学、考试、各种实习、论文指导及答辩毕业管理等。教学中心是最主要的作业中心，其归集的是教学服务直接成本。

2. 教辅中心。教辅中心涉及的作业内容包括做实验、图书借阅、档案查询、上机上网等。涉及的资源费用包括实验中心、图书馆、档案馆、网络中心等单位的运行维护成本，以及房屋设备折旧费、水电费、图书资料费、人工费等。

3. 科研中心。科研中心涉及各学院、科研处等单位，其涉及的作业内容包括参与科研课题、科研创新项目等。

4. 管理中心。管理中心分为教学管理中心、学生管理中心、党政管理中心。

（1）教学管理中心涉及教务处、研究生处、招生就业处等单位。其涉及的作业内容包括组织招生、学籍管理、组织教学、组织考试、教材讲义编审、教学改革立项、学科建设、组织毕业等。教学管理中心还可继续分为本科一般教学管理、研究生一般教学管理、学科建设管理、招生就业管理等中心。

（2）学生管理中心涉及各学院团委、校团委、学生处等。其涉及的作业内容包括班会及思想教育等学生日常管理、学生活动、学生奖助学金、困难补助、勤工助学的评定及发放、入党入团、评选先进等。

（3）党政管理中心涉及财务处、审计处、资产处、基建处、组织部、办公室、宣传部等党政机关等。其涉及的作业内容包括入学缴费、使用教学用房公共设施、仪器设备、党组织管理、安全保卫、宣传等。党群服务、综合事务管理和其他行政管理，在性质上都属于学校的综合管理，因此可进一步合并成为一个作业中心。

5. 后勤中心。后勤中心涉及的单位有宿舍管理、水电暖部、物业中心、车队、维修中心等部门。其涉及的作业内容包括宿舍管理、水电暖管理、物业管理、公务车辆运行、校园公共设施维修等。

（五）资源动因选择与计量

资源费用归集各种消耗形成资源库，在确定作业和作业中心后，需要将资源耗费分配到作业或作业中心，形成作业成本库或作业中心成本库。把资源费用分配到相关作业，确定资源动因是关键。学校一般应选择那些与资源费用总成正比例关系变动的资源动因作为资源费用分配的依据。

（六）作业成本归集

作业耗用资源，根据资源耗用与作业之间的因果关系，将所有的资源成本直接追测或按资源动因分配至各作业中心，计算出各作业总成本。根据成本性质，可按以下三种类型进行归集。

1. 直接计入成本型。若某一项资源耗费能直观地确定为某一特定产品所消耗，则直接计入该特定产品成本中，此时资源动因也是作业动因，该动因可以认为是"终结耗费"。在高校，如工资、津贴支出、社会保障支出等人员支出，直接发放给学生的困难补助等直接与学生有关的费用支出，资源消耗与作业之间存在直接的相关性，资源消耗可以直接计入作业成本。

2. 按量化标准分配计入成本型。如果某项资源耗费从最初消耗上呈混合耗费形态，无法直接分配到各个作业，则需要选择合适的量化依据将资源分解并分配到各作业，这个量化依据就是资源动因。在高校，如水电费，其量化依据为各部门的水电表测量数，没有单独安装水电表的，可以依据学生数、教师数、用房面积数或者实验课课时数等量化；取暖费、物业管理费的量化依据是占用面积数；按照分配数据计入相应作业成本。

3. 按作业属性分配计入成本型。如果某项资源耗费可以从发生领域划分为各作业所耗，则可以直接计入各作业成本库。此时资源动因可以认为是"作业专属耗费"。按照作业属性再分配后计入成本，如各作业中心各自发生的办公费、实付工资额、专用设备折旧费、修理费等。

（七）作业动因选择与计量

当作业中心仅包含一种作业的情况下，所选择的作业动因应该是引起该作业耗用的成本动因；当作业中心由若干个作业集合而成的情况下，高校可采用回归分析法或分析判断法，分析比较各具体作业动因与该作业中心成本之间的相关关系，选择相关性最大的作业动因，即代表性作业动因，作为作业成本分配的基础。对于选择的作业动因，高校应采用相应的方法和手段进行计量，以取得作业动因量的可靠数据；同时，对可获得的成本动因依据进行分析选择，并充分考虑相关性与准确性的问题。

高校资源费用分配，各作业中心作业动因的选择与计量，可以参照以下几种情形。

1. 教学中心。教学中心可选择的作业动因有学生数、课时数、教师数、教室数、课程数等。按照相关性原则选择学生数和课时数，同时作为该作业的成本动因。

2. 教辅中心。教辅中心作业主要包括图书资料服务作业和实验服务作业。图书资料服务作业是学校为学生提供的图书资料服务，其成本动因为全校学生数。图书资料服务作业与成本动因之比即为分配率，也就是为每个学生承担的图书资料服务作业成本。实验服务作业是学校为学生提供的实验服务，其成本动因为实验学时数之和，实验服务作业成本与成本动因之比即为分配率，每个学生的实验学时与分配率的乘积即为该学生承担的实验服务作业成本。

3. 科研中心。科研中心作业主要包括科研课题作业和科研创新项目作业，其成本动因是参与科研课题作业和科研创新项目作业的数量。根据科研课题所属的学院计入该学院。

4. 管理中心。管理中心作业主要包括教学管理中心作业、学生管理中心作业、行政管理中心作业，三项作业的动因均为实际服务的学生人数。

5. 后勤中心。后勤中心作业主要包括水电作业、取暖及物业管理作业。水电作业以水电表读数作为成本动因，没有安装分户水电表的学校，可以选择学生人数、教职工数、用房面积数或者实验课课时数等作为成本动因；取暖及物业管理作业的成本动因是占用面积数。

（八）作业成本分配

高校作业成本分配，是指学校将各作业中心的作业成本按作业动因分配至二级学院、学科、专业等成本对象，并结合直接追溯的资源费用，计算出各成本对象的总成本和单位成本。

高校的作业成本分配，对于教学中心发生的直接成本无须处理，可直接计入成本对象（教学中心）；科研中心成本计算也是直接计入；对于教辅中心、管理中心、后勤中心等发生的间接成本，按一定的作业动因分配到各二级学院，各二级学院的直接成本加上分配来的间接成本即得到各二级学院的成本总额。

$$单位成本 = \frac{成本对象总成本}{成本对象的数量}$$

（九）作业成本信息报告

作业成本信息报告的目的，是通过设计、编制和报送具有特定内容和格式要求的作业成本报表，向单位内部各有关部门和人员提供其所需要的作业成本及其他相关信息。

高校作业成本核算时，通常按照各个作业中心设置成本项目，清楚地列示各作业中心消耗资源费用的情况，以及每个成本对象消耗的各种作业成本，进而分析某成本对象耗用各种作业的比重，以及各作业中心消耗资源费用的比重在成本分析的基础上出具成本信息报告。

作业成本报表提供的信息，一般应包括学校拥有的资源及其分布、当期发生的资源费用总额及其具体构成的信息；每一成本对象总成本、单位成本及其消耗的作业类型、数量及单位作业成本信息及效益情况；每一作业或作业中心的资源消耗及其数量、成本以及作业总成本与单位成本的信息；与资源成本分配所依据的资源动因以及作业成本分配所依据的作业动因；成本预算完成情况的信息等。报告的内容和格式可根据单位内部管理需要自行确定，一般包括资源费用清单、校级教育成本总报表、二级学院教育成本分配表、生均教育成本报表等。校级教育成本总报表格式如表 6 - 1 所示。

表 6 - 1   校级教育成本总报表

院系	学生类别	直接费用	学生数量	教学成本	科研成本	学生管理成本	教学辅助成本	行政管理成本	资产管理成本	合计
院 1	本科生									
	研究生									
院 2	本科生									
	研究生									
院 3	本科生									
	研究生									
…	…									
	…									
合计	本科生									
	研究生									

第五节 作业成本法应用实例

一、学校概况

D 高校是一所国家公办的经教育部备案的全日制普通高等学校，主要培养层次为普通高等职业教育的本科层次。D 高校以石油和化工为专业特色，现有一个主校区，二个分校区，共占地 50.81 万平方米。D 高校目前有在校生 7 000 余人；教职人员 328 人，其中正高级专业技术职务人员 31 人，副高级专业技术职务人员 84 人；国家级职业教育教师教学创新团队 1 个、国家级职业教育课程思政示范课程教学团队 1 个、各类优秀教学团队 10 个；国家级示范专业 4 个、国家级示范课程 1 门，开设有石油化工、制药为核心的特色专业，同时兼具人工智能、信息技术等高水平专业。D 高校建设有生产性实训基地 5 个、国家紧缺人才数控技术实训基地、第一批石油和化工示范性实训基地等特色实训基地。

二、划分作业及作业中心

（一）划分作业

作业是生产过程中消耗资源的某个程序或环节，对 D 高校的作业进行认定需要找到学院消耗资源的各个程序，了解其具体内涵、每项程序在教学活动中的作用与其他程序

的区别，以及每项程序与耗用资源的联系，再将程序确定为作业。D 高校按照学生培养流程来划分作业，大致分教学流程、教辅流程和管理流程，在详细分析和梳理后总结出 D 高校主要作业如表 6-2 所示。

表 6-2　　　　　　　　　　　　　D 高校作业划分

流程	作业
教学流程	招生工作、军训、选课、理论与实践教学、实验、课程考核、实习、毕业设计、就业工作
教辅流程	图书管理、网络管理、国际交流
管理流程	教学组织、组织学生活动、学生日常管理、资产管理、教材管理、学籍与成绩管理、党群工作、人事管理、安全保卫、学费收缴、物业管理、水电管理、财务管理、内部控制、学术会议、科研项目管理

（二）划分作业中心

根据 D 高校主要作业活动的总结，结合 D 高校培养学生的实际情况，对各个部门的岗位职责进行分析汇总，根据各个职能部门的职责将其范围内的各项作业划分到相应的作业中心，划分出如表 6-3 所示的六个作业中心。

表 6-3　　　　　　　　　　　　　D 高校作业中心划分

作业中心	具体作业
教学作业中心	选课、实验、理论与实践教学、课程考核、实习、毕业设计等
教辅作业中心	网络维护、国际交流、图书管理
学生管理作业中心	教学组织、教材管理、学籍与成绩管理、军训、学生日常管理、实习与实验管理、组织学生活动、招生就业工作
行政管理作业中心	党群工作、人事管理、安全保卫、学费收缴、物业管理、水电管理、财务管理、内部控制
资产管理作业中心	资产管理
科研作业中心	学术会议、教师科研申报、科研项目管理

1. 教学作业中心。教学作业中心负责的部门包括 D 高校下设的六个院系：机械与汽车技术学院、化工与材料技术学院、制药与环境技术学院、经管与艺术学院、机电与智能技术学院和电气与信息技术学院，以及三个教学部，分别为基础教学部、体育教学部和思政教学部。他们与教学工作直接相关，主要作业为选课、实验、理论与实践教学、课程考核、实习、毕业设计等。

2. 教辅作业中心。教辅作业中心与教学辅助工作相关，是为了辅助各个院系的专业教学而设立的，目的主要是扩充学生的知识面，多方位学习各种知识，丰富学生的学习生活，并促进学生德智体美劳全面发展等，涉及部门包括国际交流中心、网络信息中心、质量管理中心和图书馆,主要作业包括网络维护、国际交流和图书管理等。

3. 学生管理作业中心。学生管理作业中心的作业与学生整个培养过程都相关,涉及学生入学到毕业的整个过程,相关部门包括招生就业处、学生处、教务处、团委、校企合作部,主要作业有教学组织、教材管理、学籍与成绩管理、军训、学生日常管理、实习与实验管理、组织学生活动、招生就业工作等。

4. 行政管理作业中心。行政管理作业中心为学院的正常运转提供各种保障,为学院提供维保、物业及安保等,确保学院日常工作的有序进行。其包含的部门有办公室、纪检监察部门、保卫处、人事处、组织部、后勤服务处、计划财务处、审计处、宣传统战部,主要作业包括党群工作、人事管理、安全保卫、学费收缴、物业管理、水电管理、财务管理、内部控制等。

5. 资产管理作业中心。资产管理作业中心涉及部门为资产管理处,涉及的作业为资产管理,包括物资采购设备维护等。

6. 科研作业中心。科研作业中心与科研活动相关,涉及部门为科研处,主要作业包括学术会议、教师科研项目申报、科研项目管理等。

三、划分资源类别

按照作业成本归集的原则,结合 D 高校的实际成本支出情况,将学院的资源分为以下三类。

(一) 终结耗费资源

终结耗费资源即可以直接计入成本的耗费,可以直接归属于成本对象,在 D 高校的教育成本核算中,终结耗费资源包括奖、助学金(其中国家系类奖助学金、单位或个人捐赠或赞助形式设立的专项奖助学金,义务兵补偿不包括在内)。这类消耗的资源,可以直接计入成本对象。终结耗费资源项目明细如表 6-4 所示。

表 6-4 D 高校终结耗费资源明细

资源类别	资源项目	资源明细
终结耗费	对个人和家庭的补助	奖学金、助学金

(二) 作业专属耗费资源

作业专属耗费资源是从发生时就可以确认为被某作业所消耗,可以直接计入相应的作业中心,如办公费、会议费、科研劳务费等。公用支出中与教学活动、辅助活动、学生管理工作、行政管理工作和科研活动相关支出都是专属耗费,直接归集到对应的作业中心。作业专属耗费资源项目明细如表 6-5 所示。

表 6 - 5　　　　　　　　　　　　D 高校作业专属耗费资源明细

资源类别	资源项目	资源明细
专属耗费	公用支出	教学活动相关费用、印刷费、培训费、劳务费
		教辅活动相关费用、因公出国费用、专用材料费
		学术管理相关费用、物业管理费用、租赁费
		行政管理相关费用、办公费、咨询费、邮电费、差旅费、会议费、公务接待费
		科研活动相关费用、科研劳务费
		资产管理相关费用、维修（护）费
	折旧摊销	固定资产折旧、无形资产摊销

（三）混合耗费资源

混合耗费资源同时被多项作业所消耗，需要根据合适的资源动因量分配到各作业或作业中心。如水电费、取暖费和教师的薪酬支出属于混合耗费，D 高校的混合耗费资源项目明细如表 6 - 6 所示。

表 6 - 6　　　　　　　　　　　　D 高校混合耗费资源明细

资源类别	资源项目	资源明细
混合耗费	人员支出	基本工资、津贴补贴、绩效工资、奖金、社会保障费、其他工资福利支出
	公用支出	水费、电费、取暖费

四、成本动因分析

（一）资源动因分析

资源动因是将混合耗费资源分摊到各个作业中心的依据，由于混合耗费资源被多个作业中心消耗，所以应当按资源动因数为标准分配到相应的作业中心，D 高校的混合耗费资源包括工资薪金支出、水电费及取暖费；由于终结耗费资源可以直接计入成本对象，终结耗费资源的资源动因就是作业动因；作业专属耗费资源可以直接计入相关作业或作业中心，属于作业中心专属的资源。根据分析，D 高校的资源动因如表 6 - 7 所示。

表 6 - 7　　　　　　　　　　　　　　D 高校资源动因

类别	资源项目	资源动因
人员支出	基本工资、津贴补贴	约当教职工人数
	绩效工资、奖金	约当教职工人数
	社会保障缴费	约当教职工人数
	其他工资福利支出	约当教职工人数

类别	资源项目	资源动因
公用支出	办公费	作业中心专属（行政）
	印刷费	作业中心专属（教学）
	咨询费	作业中心专属（行政）
	水费	仪表示数
	电费	仪表示数
	邮电费	作业中心专属（行政）
	取暖费	建筑面积
	物业管理费	作业中心专属（学术管理）
	差旅费	作业中心专属（行政）
	因公出国费用	作业中心专属（教辅）
	维修（护）费	作业中心专属（资产管理）
	租赁费	作业中心专属（学生管理）
	会议费	作业中心专属（行政）
	培训费	作业中心专属（教学）
	公务接待费	作业中心专属（行政）
	科研劳务费	作业中心专属（科研）
	专用材料费	作业中心专属（教辅）
	劳务费	作业中心专属（教学）
折旧及摊销	固定资产折旧	作业中心专属（资产管理）
	无形资产	作业中心专属（资产管理）

（二）作业动因分析

将 D 高校培养流程耗用的不同作业进行梳理，根据资源去向找到成本发生的原因，找到引起 D 高校资源费用变动的因素，就是作业动因。本章采用经验法选取作业动因，结合 D 高校的实际情况分析学校的运行模式，将 D 高校的信息进行整理后，选取的作业动因如下。

教学作业中心是基于学生培养方案上各个学科的课程需要，教学活动的资源消耗都是围绕着教学活动开展的，公共的作业量是课时数，所以教学课时是主要的作业动因。

教辅、学生管理、行政管理和资产管理这四个作业中心的作业都是为教育活动提供维持、辅助性工作，都是以 D 高校的学生作为服务对象，并且资源耗费均与学生人数相关，因此，这几个作业中心的作业动因为学生人数。因为 D 高校所有在校生均为全日制在校本科生，所以学生层次不需要进行学生人数折算。

科研活动因教师、学生层次和结构的不同会产生较大差异，比如高校对更高层次的学生投入的科研经费比例会更大，各个学科和专业的不同也会导致大的误差。由于 D 高校科研支出较少，所以学生人数可以作为作业动因。作业动因汇总如表 6 - 8 所示。

表 6 - 8　　　　　　　　　　　　D 高校作业动因汇总

作业中心	主要作业动因
教学作业中心	教学课时
教辅作业中心	学生人数
学生管理作业中心	学生人数
行政管理作业中心	学生人数
资产管理作业中心	学生人数
科研作业中心	学生人数

五、作业成本的计算

(一) 分配作业中心资源消耗

1. 分配混合耗费。混合耗费资源被多个作业中心消耗，需要按资源动因数为标准分配到相应的作业中心。

首先，分配人员支出耗费。D 高校共有教授 31 人，副教授 84 人，讲师 91 人，助教 23 人，教辅部门 16 人，学生管理部门 22 人，行政管理部门 58 人，科研处 3 人，如表 6 - 9 所示。不同层次的教职人员的收入水平是不同的，教学管理、学生管理、行政管理人员与教师的收入也是不同的，层级越高，工资越高，人员经费总额就越高。如果在核算时将所有人员经费支出全部加在一起，然后按教职人员人数平均分配就忽视了收入水平的差距，无法体现不同层次类别的工资水平差异，导致结果偏离实际。因此在核算时可以参考不同层次类别教职人员的工资水平，将不同层次的教师及其他教职人员按照相应的比例折合成约当教职工人数，这样可以降低人员经费在分配时的误差。人员支出的资源动因应为约当教职工人数。

表 6 - 9　　　　　　　　　　　　D 高校实际教职工人数　　　　　　　　　　单位：人

部门	教学					教辅	学生管理	行政管理	科研处	合计
	教授	副教授	讲师	助教	小计					
实际人数	31	84	91	23	229	16	22	58	3	328

参考《监审办法》对教职工人数折算的规定，可以通过对 D 高校不同层次和类别的教职人员的工资水平及各项收入汇总进行分析来确认收入系数，确定的 D 高校收入系数与计算得出的 D 高校约当教职工人数如表 6 - 10 所示。

表 6-10　　　　　　　　　D 高校约当教职工人数　　　　　　　　单位：人

层次	收入系数	实际人数	约当人数
教学作业中心			
助教	1.0	23	23.00
讲师	1.6	91	145.60
副教授	2.0	84	168.00
教授	2.3	31	71.30
小计		229	407.90
其他教职工	1.2	99	118.80
合计	—	—	526.70

经过计算，D 高校 20×2 年约当教职工人数为 526.70 人。根据 20×2 年度 D 高校财务决算数据，D 高校人员支出总额合计 3 603.14 万元，其中各项科目明细数据如表 6-11 所示。

表 6-11　　　　　　　　　D 高校 20×2 年人员支出明细　　　　　　　单位：万元

科目编码	部门预算支出经济分类科目	金额
301	工资福利支出	3 603.14
	基本工资	1 467.22
	津贴补贴	0.02
	奖金	117.80
	绩效工资	905.82
	社会保障缴费	1 054.95
	其他工资福利支出	57.33

根据表 6-10 和表 6-11 计算 D 高校的人员支出分配率：3 603.14÷526.70=6.8410 万元/人，人员支出分配结果如表 6-12 所示。

表 6-12　　　　　　　　　D 高校 20×2 年人员支出分配情况

作业中心	实际人数（人）	资源动因量（万元）	分配率（万元/人）	人员支出（万元）
教学作业中心	229	407.90		2 790.44
教辅作业中心	16	19.20		131.34
学生管理作业中心	22	26.40	6.8410	180.60
行政管理作业中心	58	69.60		476.13
资产管理作业中心	—	—		
科研作业中心	3	3.60		24.63
合计	328	526.70	—	3 603.14

其次，分配水电暖费。根据 D 高校水表计数显示，20×2 年 D 高校的总用水量合计为 52 万吨，水费合计 130 万元，将水费按照各作业中心仪表数分配到各作业中心，分配结果如表 6－13 所示。

表 6－13   D 高校 20×2 年水费分配情况

作业中心	资源动因量（万吨）	分配率（元/吨）	水费（万元）
教学作业中心	3.064		7.66
教辅作业中心	2.440		6.10
学生管理作业中心	36.800	2.5	91.97
行政管理作业中心	9.696		24.24
资产管理作业中心	—		—
科研作业中心	0.008		0.02
合计	52.000		130.00

根据 D 高校电表数，D 高校用 20×2 年用电量合计为 219.23 万度，总电费合计为 114 万元，将总电费按照各作业中心仪表数分配到各作业中心，分配结果如表 6－14 所示。

表 6－14   D 高校 20×2 年电费分配情况

作业中心	资源动因量（万度）	分配率（元/度）	电费（万元）
教学作业中心	62.69		32.60
教辅作业中心	42.63		22.17
学生管理作业中心	48.96	0.52	25.46
行政管理作业中心	57.96		30.14
资产管理作业中心	—		—
科研作业中心	6.99		3.63
合计	219.23		114.00

经统计，D 高校消耗取暖费的建筑包括教学楼、学生公寓、食堂、教学实践中心等建筑，供热总面积共计 6.44 万平方米，D 高校 20×2 年耗费的取暖费合计为 173.89 万元，将取暖费按照各个作业中心的建筑面积分配到各作业中心，分配结果如表 6－15 所示。

表 6－15   D 高校 20×2 年取暖费分配情况

作业中心	资源动因量（万平方米）	分配率（元/平方米）	取暖费（万元）
教学作业中心	2.13		57.55
教辅作业中心	1.08		29.18
学生管理作业中心	1.79	27.00	48.44
行政管理作业中心	1.36		36.64
资产管理作业中心	—		—
科研作业中心	0.08		2.08
合计	6.44		173.89

2. 归集作业专属耗费。根据 D 高校 20×2 年决算数据，剔除与学生培养无关的工会经费支出，D 高校作业专属耗费资源中的公用支出如表 6-16 所示。

表 6-16　　　　　　　　　D 高校 20×2 年作业专属耗费支出情况　　　　　　　单位：万元

科目编码	部门预算支出经济分类科目	金额
302	商品和服务支出	1 210.06
	办公费	25.55
	印刷费	25.00
	咨询费	42.00
	邮电费	53.33
	物业管理费	52.97
	差旅费	211.74
	因公出国费用	8.50
	维修（护费）	80.00
	租赁费	73.00
	会议费	30.00
	培训费	38.04
	公务接待费	13.53
	科研劳务费	80.65
	专业材料费	247.93
	劳务费	227.82

根据 D 高校 20×2 财务报表数据，D 高校作业专属耗费资源中的固定资产折旧及无形资产摊销的年初数、年末数及本年数如表 6-17 所示。

表 6-17　　　　　　　　　　D 高校 20×2 年折旧及摊销情况　　　　　　　　单位：万元

序号	科目编码	科目名称	年初数	年末数	本年数
21	1602	固定资产累计折旧	95 896.32	98 617.92	2 721.60
26	1702	无形资产累计摊销	462.30	485.97	23.67

将 D 高校的作业专属耗费资源可以直接计入各自所属的作业中心，把专属于各个作业中心的资源耗费相加，再结合表 6-12 至表 6-15 所归集出的混合耗费资源，计算出各个作业中心所消耗的各项资源的总和，D 高校的各作业中心的资源耗费如表 6-18 所示。

表6-18　　　　　　　　　D高校20×2年资源费用汇总情况　　　　　　单位：万元

作业中心	作业专属	人员支出	水费	电费	取暖费	合计
教学作业中心	290.86	2 790.44	7.66	32.60	57.55	3 179.11
教辅作业中心	256.43	131.34	6.10	22.17	29.18	445.22
学生管理作业中心	125.97	180.60	91.97	25.46	48.44	472.44
行政管理作业中心	376.15	476.13	24.24	30.14	36.64	943.30
资产管理作业中心	2 825.27	—	—	—	—	2 825.27
科研作业中心	80.65	24.63	0.02	3.63	2.08	111.01
合计	3 955.33	3 603.14	130.00	114.00	173.89	7 976.36

（二）计算作业动因分配率

D高校重视培养技能型人才，相较于理论课更重视实训，实训课比重较高，实训课与理论课的教学工作量存在差异，化工机械类实训课与经管信息类实训课的工作量也存在着差异，所以应对D高校的教学课时进行折算，减小教学工作量的差异导致的误差。参考D高校《教学工作量计算办法》，D高校的实训课分为非化工机械类单独实训课和化工机械类单独实训课，所有课程基础系数1，系数上浮限度1.3，系数下浮限度0.9，将化工、机械加工类实训课时系数设为1.3，其他理论、实训课时系数为1。根据D高校教务处统计数据，D高校约当课时折算如表6-19所示。

表6-19　　　　　　　　　　　　D高校20×2年约当课时

学院	理论课课时	理论课系数	理论课约当课时	实训课课时	实训课系数	实训课约当课时	总课时
化工与材料技术学院	6 108	1	6 108	13 115	1.3	17 049.5	23 157.5
机械与汽车技术学院	5 289	1	5 289	13 625	1.3	17 712.5	23 001.5
机电与智能技术学院	6 649	1	6 649	12 963	1	12 963.0	19 612.0
电气与信息技术学院	6 713	1	6 713	12 436	1	12 436.0	19 149.0
制药与环境技术学院	7 554	1	7 554	10 991	1	10 991.0	18 545.0
经管与艺术学院	7 218	1	7 218	10 827	1	10 827.0	18 045.0
合计	39 531	—	39 531	73 957	—	81 979.0	121 510.0

根据 D 高校学生处获取的年初及年末在校学生人数，D 高校 20×2 年初在校学生人数 6 660 人，年末在校学生人数 6 741 人，由于 D 高校在校生全部为全日制本科生，所以学生层次不需要进行折算。根据《监审办法》第十九条，学生总人数按年初学生总数与年末学生总数平均计算，学生总人数的计算方法按此公式：

学生人数 =（年初实际学生数 ×8 + 年末实际学生数 ×4）÷12

经折算的 D 高校 20×2 年学生数 =（6 660×8 + 6 741×4）÷12 = 6 687（人）

D 高校各院系经折算的学生人数如表 6 - 20 所示。

表 6 - 20   D 高校 20×2 年折算学生人数   单位：人

学院	年初学生数	年末学生数	折算学生数
化工与材料技术学院	1 232	1 268	1 244
机械与汽车技术学院	1 206	1 215	1 209
机电与智能技术学院	1 234	1 246	1 238
电气与信息技术学院	1 036	1 024	1 032
制药与环境技术学院	987	1 005	993
经管与艺术学院	965	983	971
合计	6 660	6 741	6 687

根据表 6 - 18 及选取的作业动因和作业动因总量计算各作业中心的作业动因分配率，如表 6 - 21 所示。

表 6 - 21   D 高校 20×2 年作业成本分配率

作业中心	资源总量	作业动因	作业动因总量	作业动因分配率
教学作业中心	3 179.11	教学课时	121 510	0.0262
教辅作业中心	445.22	学生人数	6 687	0.0666
学生管理作业中心	472.44	学生人数	6 687	0.0707
行政管理作业中心	943.30	学生人数	6 687	0.1411
资产管理作业中心	2 825.27	学生人数	6 687	0.4225
科研作业中心	111.01	学生人数	6 687	0.0166
合计	7 976.36	—	—	—

（三）计算作业成本法下各院系资源耗用

将 D 高校各个作业中心的资源消耗按照相应的作业动因分配率分配到 D 高校的各个院系中去就得到各院系的作业成本，以 D 高校化工与材料技术学院和机械与汽车技术学院为例，作业成本分配如表 6 - 22 所示。

表6-22　　　　　　　　　D高校20×2年两院系作业成本分配情况

作业中心	作业动因	分配率	化工与材料技术学院		机械与汽车技术学院	
			动因量	作业成本	动因量	作业成本
教学作业中心	教学课时	0.0262	23 157.5	605.88	23 001.5	601.80
教辅作业中心	学生人数	0.0666	1 244.0	82.83	1 209.0	80.50
学生管理作业中心	学生人数	0.0707	1 244.0	87.89	1 209.0	85.43
行政管理中心	学生人数	0.1411	1 244.0	175.48	1 209.0	170.56
资产管理作业中心	学生人数	0.4225	1 244.0	525.59	1 209.0	510.81
科研作业中心	学生人数	0.0166	1 244.0	20.65	1 209.0	20.07
合计	—	—	—	1 498.32	—	1 469.15

注：表中分配率保留四位小数，作业成本计算按未截取的数字来相乘的。

同理，根据各其他各院系的动因量，计算得出D高校其他四个院系的作业成本，得到机电与智能技术院的作业成本为1 401.27万元，电气与信息技术学院的作业成本为1 241.38万元，制药与环境技术学院的作业成本为1 197.60万元，经管与艺术学院的作业成本为1 168.64万元。将D高校的终结耗费资源，即各学院的助学金金额直接计入成本当中，得到作业成本法下重新计算的教育成本计算表，如表6-23所示。

表6-23　　　　　　　　　D高校20×2年教育成本计算总表

学院	终结耗费奖学金（万元）	作业成本（万元）	总成本（万元）	学生数（人）	生均成本（万元/人）
化工与材料技术学院	2.60	1 498.32	1 500.92	1 244	1.2065
机械与汽车技术学院	1.80	1 469.15	1 470.95	1 209	1.2167
机电与智能技术学院	1.40	1 401.27	1 402.67	1 238	1.1330
电气与信息技术学院	2.00	1 241.38	1 243.38	1 032	1.2048
制药与环境技术学院	2.10	1 197.60	1 199.70	993	1.2082
经管与艺术学院	1.1	1 168.64	1 169.74	971	1.2047
合计	11	7 976.36	7 987.36	6 687	1.1945

┨ 本章小结 ┠

　　高校成本管理有利于提升资源效率，服务于预算绩效管理。本章结合成本管理实施过程，首先介绍目标成本法、标准成本法在高校成本预测、成本决策中的应用；然后结合政策法规介绍高校成本核算的流程；由于高校成本构成中间接成本比重较大，作业成本法更值得推荐，本章详细阐述了高校应用作业成本法的原理和程序，并介绍D高校的实践案例。

思考题

1. 高校成本核算方法有哪些？
2. 高校使用传统成本方法有何弊端？
3. 简述高校的成本核算流程。
4. 高校教育成本核算的对象如何确定？
5. 高校教育成本核算的周期如何确定？
6. 简述作业成本法的应用程序。

第七章　高校财务风险管理

高校日常管理包括提高教学质量、营造良好的教学氛围、完善教学设备、传播知识和经验以及引导学生树立正确的价值观，但高校经营也存在一定的风险。高校风险一般包括财务风险和非财务风险。非财务风险主要是指高校运营质量风险，教学质量是高校的生命线，运营质量风险影响高校的整体状况。高校办学质量低，将导致学校名誉降低、生源流失，制约学校开展一系列活动，也会引起财务风险。财务风险管理作为高校风险管理的重要组成部分，相比于高校其他风险，更易于预测和管理。教育的公共产品属性，决定了高校财务风险与企业财务风险在风险内容、风险识别和管控上存在本质的区别。

第一节　高校财务风险概述

一、高校财务风险内涵及分类

（一）财务风险

1. 概念。学术界对风险的定义有多种说法，主要有两种。第一种是指未来某一时间段，经济行为预期结果的不确定性，该定义强调收益和损失均受不确定因素的影响；另一种风险的定义则强调成本与代价的不确定。财务风险是一种微观层面的风险，是单位经营风险的集中体现。

广义的财务风险包括经营中各种不确定性因素引起的预期收益与实际收益的偏差，既包括经营决策失误引起的财务风险，也包括外部因素和经济环境变动造成的损失。因此财务风险的含义可以解释为：组织在开展财务活动中，由于各种不确定、无法控制或难以预料因素的存在，导致组织所获得的实际收益与预期收益发生偏离，从而造成财务状况和财务成果遭受损失的可能性。

狭义的财务风险通常指企业举债筹资风险，是基于经营主体在经营的过程中处于负债的状态这一前提。狭义的财务风险又有两种解释：一种是指因为企业资本结构不同而影响企业支付本息能力的风险；另一种解释则是对债务融资风险的扩展，认为财务风险是指单位或组织在筹资、投资、收益分配等各项财务活动过程中，由于各种难以或无法预料、控制的因素作用，使得实际财务收益与预计收益发生偏离，因而蒙受经济损失的概率。

2. 财务风险类型。财务风险按照是否可分散，分为可分散风险和系统风险；按照组织经营的层次分为战略性财务风险和总体性财务风险；按照财务活动的环节分为筹资风险、投资风险、资本回收风险和收益分配风险。筹资风险是指企业在筹资过程中可能存在的风险以及企业经营利润不足偿还债务的风险；投资风险是指投资主体为实现其投资目的而对未来经营、财务活动可能造成的亏损或破产所承担的危险；资本回收风险是指由于企业在产品销售、信用政策等方面管理不善，从而造成产品转换成货币资金存在问题的可能性；收益分配风险是指由利润分配过程中存在的财务风险。

（二）高校财务风险

1. 概念。高校作为非营利性的单位，其面临的财务风险既不同于广义的财务风险，也不同于狭义的财务风险。从概念性质上来看，高校财务风险更接近狭义的财务风险概念，即高校财务风险是指院校在运营过程中因资金运动而面临的风险。

高校财务风险的主体是非营利性的高校。据《2022 年全国教育事业发展统计公报》显示，全国共有高校 3 013 所。各种形式的高等教育在学总规模 4 655 万人，高等教育专任教师 197.78 万人。教育规模的庞大和高校规模的扩张增加了高校财务核算、预算的难度。

2. 高校财务管理内容。高校财务管理内容包括资产、负债、收入、支出、结算、基金。资产包括流动资产、固定资产、在建工程、无形资产和对外投资；负债指高校所承担的能以货币计量，需要以资产或劳务偿还的债务，包括借入款项、应付及预收款项、应缴款项以及代管款项；收入是指为开展教学科研等活动取得的非偿还性资金，包括财政补助收入、事业收入、上级补助收入、附属单位上缴收入、经营收入、其他收入；支出即为开展教育教学及其他活动发生的各项资金耗费和损失，包括事业支出、基本支出、项目支出、经营支出、对附属单位补助支出、上缴上级支出、其他支出；结算包含结转和结余，年度收支相抵后的余额；基金即按规定提取或设置的有专门用途的资金，包括修购基金、职工福利基金、奖助学基金、其他基金资产。

3. 高校财务风险类型。高校风险一般包括财务风险和非财务风险，财务风险分为财务状况总体失衡风险、筹资风险、投资风险、财务管理风险等，非财务风险主要是指高校运营质量风险。教学质量是任何类型高校的生命线，运营质量风险影响高校的整体状况。高校办学质量低，将导致高校名誉降低、生源流失，制约高校开展一系列活动，进而引起财务风险。

（1）总体失衡风险。财务状况总体失衡风险是指高校财务状况出现失衡的不确定性，它主要表现为收不抵支、流动资金短缺和净资产潜亏等。高校收入主要有财政拨款、学费收入、社会捐赠等。政府对高校的财政补贴数额一般较稳定，学费收入具有季节性，且这些收入标准要受到教育部门的管控和监督，社会捐赠也受各种因素影响具有不确定性。因此，即使是教学质量较高的一些名校，其收入也一直处于不足状态。高校支出一般较稳定，且基本与预算相吻合，如果当年投入的科研项目较多，高校也会相应增加政府科研补助申请的金额和频次，与社会机构合作培养，也会获得机构资助或者通过出售科研成果获得回报。因此，高校支出一般变化不大。显然，收入季节性和不确定性以及支出的刚性，再加上往来款项的影响可能会使现金流入大于事业支出，出现日常流动资金短缺现象，最终导致高校财务状况总体失衡风险的出现。

（2）筹资风险。我国高校举债的主要方式是银行贷款，银行会根据高校的规模和担保质量，判断是否贷出资金及资金数额，还会根据高校信用等综合评价，放宽还款年限。我国高校一般都隶属于政府部门，因此，很容易获得银行的资金支持。

2023年，我国参加高考的总人数达1291万人，庞大的在校人数背后是对高校资源需求的快速增长。高校为了保证教学质量和实现长远发展目标的需要，必须改善现有的基础条件，如宿舍、运动场地、实验室教室等，这些都导致了高校对资金的巨额需求。于是一些高校忽视自身偿债能力，担负高额银行贷款，教育的公益性使得高校很难通过日常经营偿还贷款。因此，在高校高额贷款到期时，只能通过新的贷款获得资金偿还旧债，加大了自身面临的财务风险。

（3）投资风险。高校投资风险是指当高校投资项目的实际经营效益低于投资人预期时，项目现金流动性和资产价值面临的风险。高校投资主要包括基础教学设施建设和教学设备投资、校办企业投资以及后勤经营性资产投资，由于权责不对称、产权不明晰、财务管理体制不完善等问题，高校投资很容易存在盲目性。此外，由于高校本身对外部环境和复杂经济业务的变化缺乏预见性，对某些新业务没有能够及时制定出相应的管理程序，导致其处理滞后也会引起风险。

（4）财务管理风险。高校财务管理风险是指由于高校在预算管理、资产管理、财务治理、会计处理等方面存在问题而导致学校出现资金浪费、资产流失、财务决策失误、会计信息失真等问题的风险。高校在预算管理上，存在预算编制不全面不透明、缺乏预算执行反馈机制和奖惩机制等问题。在会计核算上，由于会计制度不完善，导致学校出现资产负债等会计信息不全面、不真实问题，对学校内外部风险评估不到位，盲目扩张缺乏对偿债能力的合理审视致使偿债压力加大。在资产管理上，忽视货币资金的使用效益，不能准确预计资金需求量，导致资金闲置，资产管理存在疏忽等。财务管理是学校管理工作的重要组成部分，任何环节存在问题都会加大学校财务风险。

（三） 高校财务风险的特点

1. 高校财务风险具有很强的隐蔽性。2019 年《政府会计准则制度》全面实施之前，各级各类行政事业单位会计标准体系一般采用收付实现制，主要以提供反映预算收支执行情况的决算报告为目的，无法准确、完整反映政府资产负债状况，以及政府的运行成本等情况。比如在收付实现制下，应收应付项目通常不列示在学校财务报表项目中，监管者很难从报表中直接发现问题。而且我国高校大多是公立院校，高校的非营利特性，使得其缺乏外部监管，其产品的特殊性本身就赋予该行业的竞争低于市场上的其他行业。因此，高校财务风险较为隐蔽。

2. 高校财务风险破坏性大。教育是强国之本，高校财务风险会直接影响到教学质量，师资力量高、教育设备先进的高校更能为学生提供优质、全面的教育，更具备社会竞争力，可见教育对于国家和社会的影响是一个循序渐进的过程，但学校风险并非不能转嫁。2012～2020 年，我国国家财政性教育经费连续 9 年超过 GDP 的 4%，教育经费来源主要依靠国家财政拨款，表明高校财产实际属于国家所有，高校并不享有完全的财产所有权。因此，高校也不能独立承担相应的民事责任，高校风险就会转嫁给相应的政府机构。

二、高校财务风险的成因

高校财务风险的形成不仅受外部环境和政府政策的影响，还受高校自身运行机制、财务管理、审计监督、相关人员素质和组织结构等内部因素的影响。外部因素包括财政性教育经费不足、贷款审查机制宽松及政府监管不到位；内部因素包括过度举债、风险意识薄弱、财务管理制度不完善等因素。

（一） 财政性教育经费不足

近年来，在落实科教兴国战略以及加强推进人才强国战略的重大举措下，高校不断扩张，2016～2020 年在校生总人数平均为 2.55 亿人，占总人口数的 18.23%。如图 7 - 1 所示。联合国教科文组织数据调研表明我国的高等教育目前处于大众教育阶段，高校作为事业单位决定了其教育经费主要依赖国家财政拨款，近年来高等教育的普及和教育改革等，与高校学生规模有关的财政拨款和事业收入的增长已达到一定程度，更加凸显高校经费不足问题。如表 7 - 1 所示，2010～2020 年，高校的生均预算内教育事业费和生均预算内公用经费虽然不断增加，但基数小，增长速度缓慢，制约高校发展。另外，高校的筹资渠道比较单一，除像银行贷款之外，很难获得其他社会资金。

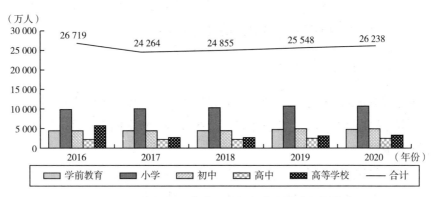

图 7 - 1 2016~2020 年中国各级各类在校生数量统计

表 7 - 1   2010~2020 年我国国家财政性教育经费情况

年份	国家财政性教育经费（亿元）	GDP（亿元）	国家财政性教育经费支出占 GDP 比例（%）	生均一般公共预算教育事业费支出（元）	生均一般公共预算公用经费支出（元）
2010	14 670. 07	401 919. 73	3. 65	9 589. 73	4 362. 73
2011	18 586. 70	472 944. 02	3. 93	13 877. 53	7 459. 51
2012	22 236. 23	519 538. 08	4. 28	16 367. 21	9 040. 02
2013	24 488. 22	569 493. 49	4. 30	15 591. 72	7 899. 07
2014	26 420. 58	636 640. 48	4. 15	16 102. 72	7 637. 97
2015	29 221. 45	685 949. 53	4. 26	18 143. 57	8 280. 08
2016	31 396. 25	743 986. 97	4. 22	18 747. 65	8 067. 26
2017	34 207. 75	826 274. 15	4. 14	20 298. 63	8 506. 02
2018	36 990. 00	900 000. 00	4. 11	20 973. 62	8 825. 89
2019	40 046. 55	991 251. 24	4. 04	22 086. 86	9 180. 87
2020	42 908. 15	1 016 780. 81	4. 22	20 919. 17	8 119. 51

资料来源：中华人民共和国教育部网站。

（二）贷款审查机制宽松

从银行角度来看，高校建设受政府政策支持，高校贷款一般具有低风险高收益的特点，使得很多银行在审核高校贷款申请时，容易忽视高校的财务状况，以少量资产担保或信用贷款的方式批准巨额贷款。通过银校合作，银行可以获得高校优先选择合作的特权，而且高校的背后是大量的学生和稳定的财政拨款和社会资金，高校成为银行争先合作的对象。因此，银行审查高校贷款条件时，往往在评价高校信用时，给予较高的等级，而低估高校的债务风险。

2024 年 3 月，教育部发布的全国高等学校统计数据显示，我国高校共计 3 072 所

（未包含港澳台地区高等学校），其中民办高校 789 所，公办高校约占全国普通高校的 75%，这也表明政府是很多高校财务风险的最终承担者。

（三）债务规模高、负债结构单一

高额银行贷款是加大高校财务风险的直接原因。由于国家教育投资增长缓慢，高校建设的巨大资金缺口主要靠银行贷款来填补，高校自筹资金能力不足，导致高校负债规模远超正常范围。

高校的贷款往往用于大型基建项目或者重要的科研项目，资金数额大，贷款期限长，银行要求的收益率也比一般贷款业务高。巨额债务和定期偿还利息的压力加大了高校财务风险管理的难度，每年高额的贷款本金和利息支出增大了高校财务负担，容易滋生财务风险。

（四）管理人员风险意识薄弱

首先，我国大部分高校是事业单位，高校的实际所有人是相关政府部门，政府与高校管理者之间是委托代理关系。信息不对称以及事业单位本身管理滞后的弊端，也导致政府不能及时察觉到高校管理者的决策失误，对于当事人的惩戒措施也是象征性的批评和安抚，并不能从根本上消除风险的发生，这些都降低了高校管理者的责任意识。很多高校响应事业单位财务管理制度的规定，设置审计或内部控制的相关岗位，但由于管理者风险意识薄弱，往往会忽略内部控制和内部审计在财务监管中的作用，内部控制流于形式。

其次，高校薪资制度缺乏激励作用，这也是诱导代理问题的因素之一。高校教职人员按照职务职称分列，行政人员工资按照国家统一规定的标准执行，实施无差别或差别较小的工资福利待遇，很难激起教职工对高校管理的积极性。

（五）财务管理制度不完善

在教育部等上级主管部门的指导和督促下，各高校近年来加强了财务管理工作，制定出台了一些财务规章制度，财务管理水平有所提高。但是，从审计署对部分高校的审计发现来看，高校的预算管理、财务收支及管理、教育收费与管理、贷款与投资以及资产管理等方面均存在问题，有些问题违法违纪金额巨大，损失浪费严重，性质影响恶劣。在资金管理方面，存在着管理不严，效益不高，监督不力等问题。

三、高校财务风险管理的依据与原则

（一）风险管理理论的发展

风险管理指的是在特定风险环境中，运用各种合理的手段降低不良风险发生的可能性，转移或转嫁不良结果的管理过程。18 世纪法国著名的"经营管理之父"法约尔，首先将风险管理列入企业管理的重要职能。20 世纪 50 年代风险管理理论与实践起源于美国，风险管理理论的发展主要分为以下四个阶段。

1. 传统风险管理论。传统风险管理论由梅尔和赫奇斯的《企业风险管理》（1963）、威廉姆斯和汉斯《风险管理与保险》（1964）共同提出。传统风险管理对象是纯粹风险，即不利风险，主要通过购买保险的手段去回避风险和转移风险以达到风险控制的目的。赫奇斯（Hedges，1965）提出有关构建企业风险管理的方法论，认为保险只是风险管理的一种工具和手段，不是风险管理的全部，其进一步拓展了风险管理的范围。

2. 金融风险管理理论。金融风险管理从马科克维茨（Markowitz，1952）的资产组合理论、夏普（Sharpe，1964）的资本资产定价模型（CAPM）到布莱克和肖恩斯（Black & Scholes，1973）的 Black-Scholes 期权定价模型，这些理论突破了传统风险管理理论仅局限于回避风险和转移风险的单一理念，利用定价模型对收益与风险进行精确计算衡量后，通过资产组合方式转移风险去获取收益。

3. 内部控制理论。内部控制理论经历了内部会计控制和内部控制整体框架两个阶段，控制系统也由控制环境、控制活动和会计系统三要素扩展到控制环境、控制活动、风险评估、信息与沟通和监控五要素构成，逐步朝着全面风险管理的方向发展。

4. 全面风险管理理论。2004 年 9 月 COSO 发布《企业风险管理——整合框架》，标志全面风险管理概念诞生。全面风险管理是企业以总体经营目标为中心，在经营管理各环节各方面实施有效风险管理的基本流程，树立风险意识，培养风险管理文化，建立健全全面风险管理体系。风险管理理论内容具体包括：风险管理对象、风险管理主体、风险管理过程（风险识别、风险估测、风险评价、风险管理技术选择和风险管理效果评估等）、风险管理基本目标等。

风险管理过程分为风险识别、风险评价和风险控制三个阶段，风险识别包括有关信息资料的收集、汇总分类及对相关资料进行分析等；风险评价是通过合理的方法测算风险发生的概率，衡量损失的程度以及对经营可能的影响；风险控制则是通过考虑风险产生的原因、可能的路径等多重因素后，制定具体策略降低损失或转移风险。财务风险管理是风险管理的一个分支，指的是对组织日常经营中可能出现的财务风险进行识别、衡量、分析和评价，以此进行风险控制的一系列行为，保障组织财务活动的正常开展。财务风险管控是任何组织都必然存在，且必须严肃对待的问题。

高校财务风险管理，指的则是高校对于其运营过程中可能会出现的风险进行识别、度量及相关的分析和评价，并采取积极可行的措施来加以控制和防范，以合理的方法来进行处理，用来保障高校财务活动的正常开展。财务风险管理的目的就是为了将财务风险降低，减少因风险造成的损失。

（二）高校财务风险管理的原则

为了将高校财务风险控制在合理的风险偏好范围内，平衡日常管理过程中的各项事务，高校必须把财务风险管理提上议程，全面识别财务工作中的各种风险和潜在威胁。高校对财务风险的把控不仅是某一部门或单个体系的建设，整个体系内事物的相关联系相互制约共同影响着高校的发展，因此在进行财务风险管理过程中，必须遵循以下原则。

1. 整体结构原则。财务风险管理不是单个部门进行的管理活动，而是各个部门进行的对影响财务目标实现的所有事项的管理。因此，财务风险管理遵循整体结构原则。整体结构原则包含两层含义：全面性和全员性。全面性指财务风险既有来自内部的风险，也有外部的风险，既有经济性的，也有非经济性的，多重风险因素交织，对高校财务的影响产生消极耦合效应。风险的识别、分析评价和控制均受个人主观判断的影响，风险的全面性也造成风险管理的主体具有全员性的特点，即财务风险管理需要将全体职工的行为纳入管理的范围。因此，财务风险管理要把握整体结构原则，必须全面考虑高校风险，将全员纳入财务风险管理的范畴。

2. 协调配合原则。协调配合原则基于整体结构原则，风险的多重性和联动性要求财务人员进行风险管控时，要充分调动人员的积极性，协调共享各个环节信息资源。财务风险的多重风险因素交织起作用的特性，也要求财务人员了解学校财务管理流程的各个重要环节，不仅要纵观全局，更要深入细节，这就要求部门之间的充分配合，统筹信息共享。

3. 成本效益原则。成本效益原则在财务风险管理中应有两层含义：一是建立财务风险管理体系的成本应低于一般财务风险管理的预期损失。当成本大于预期损失时，基于稳健性和成本效益原则，建立财务风险管理体系显得无关紧要。二是建立财务风险管理体系的预期收益应高于一般财务风险管理的预期收益。当进行财务风险管理所带来的预期收益较大时，为降低财务风险管理的机会成本，实现管理的协同性，在财务风险偏好的范围内接受财务风险也是必要的。

4. 适用性原则。一方面，财务风险管理体系的组织规划要适用。为加强财务风险管理，必须设置专门的风险管理机构，或在现有组织结构体系的各个相关部门中设立风险管理中心。这些机构或中心的设立要适用于高校的规模、组织形式和内部管理体制等。高校应当根据自身的实际情况，根据高校内外部的人与人、人与物、部门与部门等的特点建立风险管理组织，将风险管理纳入高校总体管理的整体框架中。另一方面，财务风险管理体系的管理活动要适用。由于财务风险具有不确定性，这种不确定性不但表现在其结果的不确定性上，还表现在其出现与发生过程的不确定性上。因此，财务风险管理体系的管理活动必须坚持稳定与灵活相结合，既便于日常的管理与操作，也便于在面临突发状况时的应急管理。

此外，高校还需将财务风险管理同其他事项联系起来，检验现有的财务管理系统是否合理、风险预警体系是否完善，以及内部控制建设是否满足预期财务目标。

第二节　高校财务风险识别与评估

风险评估指标体系是风险评价系统中的重要组成部分。近年来，高校的超常规发展、大规模举债办学、扩张和竞争速度太快，容易使高校面临财务危机。科学有效的风险评价指标体系对当前财务状况可以起到监测、判断的作用。高校财务风险评价指标体系要建立在对学校财务状况正确分析和评价的基础上，评估有可能或者已经出现的风险，并随时关注这些财务指标的变动，从而形成的一套财务预警分析体系。

一、高校财务风险识别方法

财务风险识别方法主要分为定性识别和定量识别。定性识别和定量识别都具有各自的特征：定性识别主要是依靠人的经验来识别财务风险，通过对微观组织的内外部环境中影响风险的复杂因素进行分析，能够更加全面地识别财务风险，但由于定性识别方法依赖人的经验，致使预测结果的主观性较强；定量风险识别方法主要是依靠数据分析来预测风险，识别人通过收集微观组织的相关数据，建立数学模型，并进行计算，再与相应的标准值进行比较，以此实现对财务风险的预测。定量识别方法较定性识别方法更加客观，分析成本更加低廉，分析决策的方式更加有利于推广。

（一）定性识别法

1. 矩阵识别法。矩阵识别法主要是根据某项具体的财务风险在运营中发生的可能性，结合其可能造成影响的严重程度，判断财务风险的结构性质，并据此将财务风险划分为四个等级，即高等级风险、显著风险、中等风险以及低等风险。财务风险的结构性质如表7-2所示。

表7-2　　　　　　　　　　　　财务风险的结构性质

发生概率	影响程度				
	轻微	较小	中等	较大	危机性
基本上确定	低	低	中等	高	高
很有可能	中等	显著	显著	高	高
中等概率	低	中等	显著	显著	高
可能性较小	低	低	中等	显著	高
小概率	低	低	中等	显著	显著

2. 四阶段症状分析法。四阶段症状分析法的研究对象是财务危机，通过借鉴病症分型的方法对财务风险发展过程进行划分，并将财务风险划分为四个阶段，即潜伏期、发作期、恶化期与实现期，每个阶段都有反映危机轻重程度的典型症状。比如，潜伏期财务运营症状典型表现为缺乏内部控制、不重视环境变化、无风险管理等。四阶段症状分析法通过分析财务风险的表征，识别财务风险所处的阶段及危害性，从而制定化解财务风险的策略，以减少财务风险所带来的危害。

3. 专家调查法。专家调查法又称德尔菲法，是组织专家对内外部环境进行分析，辨明是否存在引起财务风险发生的因素，发现财务风险的征兆，以此预测财务风险发生的可能性。在财务风险定性分析中，专家采用标准调查法查找引发微观组织财务风险的因素，并给予财务风险预测意见，最后综合各专家的意见得出预测结果。

（二）定量识别法

1. 功效系数法。功效系数法以多目标规划原理为核心，以解决多目标问题为目标，统一量化、科学统筹、评价被研究对象的综合状况。该方法在选择一批适当的指标后，由于指标代表的含义各异，对这一集合里的每一项待评价的指标都赋予不同的标准值，在已知指标权重情况下，运用功效函数对各指标的实际发生值量化为评分值，满足指标转化需求后，运用数学方法对各个指标和相对应的权重进行综合汇总，得出总系数，是一种对被测评对象进行综合评分的计算方法。

在运用功效系数法分析目标时，通常有如下四个步骤。

第一步：明确每个财务指标的标准值。

第二步：计算单个财务指标的功效系数：

$$单项指标功效系数 = (指标实际值 - 不允许值)/(满意值 - 不允许值)$$

第三步：通过公式得出每个指标的评分，评分由基础分（60）和调整分（40）构成：

$$单项指标评分值 = 单项指标功效系数 \times 40 + 60$$

第四步：根据上一步的计算及权重的分配，计算确定综合评分值：

$$综合评分值 = \sum 单个指标评分 \times 该指标权重$$

2. 熵值法。熵最早出现在热力学当中，是用来分析无序的程度。后来熵值法逐渐应用于财务风险预警研究中，一般认为，熵值越大，信息量越少，相应的权重就越小。反之，相应的权重就越大。

熵值法的原理可通过公式来呈现，具体如下：设有 n 个评价对象，每个评价对象有 m 个指标，X_{ij} 为第 i 年的第 j 项指标（$i=1, 2, \cdots, n; j=1, 2, \cdots, m$）。

（1）建立原始数据的矩阵 X_x：

$$X_x = \begin{matrix} X_{11} & X_{12} & \cdots & X_{1m} \\ X_{21} & X_{22} & \cdots & X_{2m} \\ \vdots & \vdots & \vdots & \vdots \\ X_{n1} & X_{n2} & \cdots & X_{nm} \end{matrix} \qquad (7-1)$$

（2）将指标进行标准化处理。

对于逆向指标，处理方式为：

$$Y_{ij} = \frac{X_{max} - X_{ij}}{X_{max} - X_{min}} \qquad (7-2)$$

对于正向指标，处理方式为：

$$Y_{ij} = \frac{X_{ij} - X_{min}}{X_{max} - X_{min}} \qquad (7-3)$$

对于适中性指标，先将其转化为正向指标，通过公式 $X'_{ij} = -|X_{ij} - a|$ （其中 a 为适度指标的适度值）进行转化，再进行无量纲化处理。

之后，为避免在求熵值和权重时计算对数无意义，对出现的负数和零进行非负化处理。即当 $Y_{ij} \leqslant 0$ 时，平移坐标：

$$Y'_{ij} = Y_{ij} + d \qquad (7-4)$$

其中，d 为略大于 $|(Y_{ij})min|$ 的整数。

根据式（7-4）处理，使 $Y'_{ij} > 0$。由此，得出财务风险预警指标的规范化矩阵 X_y：

$$X_y = \begin{matrix} Y'_{11} & Y'_{12} & \cdots & Y'_{1m} \\ Y'_{21} & Y'_{22} & \cdots & Y'_{2m} \\ \vdots & \vdots & \vdots & \vdots \\ Y'_{n1} & Y'_{n2} & \cdots & Y'_{nm} \end{matrix} \qquad (7-5)$$

（3）归一化处理：

$$p_{ij} = \frac{Y'_{ij}}{\sum\limits_{i=1}^{n} X'_{ij}} \qquad (7-6)$$

（4）计算熵值：

$$e_j = -k \sum\limits_{i-1}^{n} p_{ij} \ln(p_{ij}) \qquad (7-7)$$

其中，$k = \dfrac{1}{\ln(m)} > 0$。

（5）计算差异化系数：

$$g_j = 1 - e_j \tag{7-8}$$

其中，$e_j > 0$。

（6）得到指标权重：

$$W_j = \dfrac{g_j}{\sum\limits_{j=1}^{n} g_j} \tag{7-9}$$

其中，W_j 为第 j 项指标的权重。

（7）计算各评价对象综合得分：$S = \sum\limits_{j=1}^{n} W_j \cdot Y_{ij}'$

二、高校财务风险评估指标体系的构建

（一）构建原则

1. 重要性原则。财务风险预警指标体系的重要性体现在所选的指标能突出反映高校在筹资、投资和日常运行过程中的主要矛盾现象。此外，还应注意成本效益原则，预警指标不宜过多。

2. 横向可比原则。横向可比原则体现在指标体系的建立应有助于各高校之间进行横向财务风险的可比性。因此，应根据我国目前通用的财务报表为基础设立指标，建立统一的核算范围，促进指标体系的量化及比较。

3. 实用性原则。构建指标体系不但需要保障理论上的科学性和完整性，还应注重其在现实中的可行性与实用性。所以，构建指标体系的一切数据都应该由现有的会计核算资料提供，来增强财务风险预警的可操作性。

4. 动态性原则。高校财务风险评估体系能及时预测风险出现的情况，发出警报，亮出红黄牌，但它监测的是高校一个动态连续的治理过程，系统也只有坚持动态连续性的原则，才能不断修正、补充，确保先进性，把握未来进展的趋势。

（二）高校财务风险评估指标及内涵

1. 偿债能力指标。偿债能力是指高校偿还负债的能力。高校只有具备良好的偿债能力，才能抵御突发事件所带来的风险，才能维持良好的财务状况及可持续经营水平。

（1）资产负债率指高校的负债总额与资产总额的比率，主要用来衡量高校利用举债资金开展运营管理的能力，反映高校长期偿债能力。从高校的性质来看，资产负债率保持在较低的比例上较为合适，高校资产负债率的警戒线为 40% ~ 60%。当高校资产负债率大于 60%，就应该发出预警信号；资产负债率大于 1，说明高校财务状况已严重恶化。

（2）流动比率表明高校每一元的流动负债有多少流动资产作保障，是衡量高校短期偿债能力的重要指标，这一比率越高，偿还流动负债的能力就越强。但比率过高，其偿债能力未必很强，反而会因为大量流动资产的占用影响到高校资金的运营效果。

$$流动比率 = \frac{流动资产}{流动负债} \times 100\%$$

（3）可供周转月数是反映高校支付能力的指标，其中，年末货币资金结存额一般是年末银行存款和现金，反映的是现实支付能力；若考虑年末可变现收回的债券投资、应收票据、借出款以及借入款、应交税金等的情况，则反映的是潜在支付能力。该指标值越大，表明支付能力越强。由于高校经费来源中稳定性、可靠性最强的渠道是国家拨款，而这些拨款一般是按季度下达，所以可供周转月数最好不要低于3个月。

$$可供周转月数 = \frac{\begin{array}{c}年末货币资金结存额 + 年末借出款 + 年末债券投资\\ + 年末应收票据 - 年末借入款 - 年末应交税金\end{array}}{学校全年支出总额 \div 12}$$

2. 营运能力指标。

（1）收入支出比率是高校收入总额与支出总额之比。这一指标反映高校每一元支出有多少收入作保障，是衡量高校对资源的利用能力，指标值越大，说明高校自我支付能力越强，相对来说筹资风险越小，一般以0.5为宜。

$$收入支出比率 = \frac{收入总额}{支出总额}$$

（2）应收款项占流动资产比率是指高校年末应收款项余额与年末流动资产之比，可以有效衡量高校资金使用效益的高低，及时体现高校资金回收情况。指标值越小，说明高校应收款项对资金的占用越小，营运风险越小。根据我国高校现状，该指标值应控制在50%以内。

$$应收款项占流动资产比率 = \frac{年末应收款项余额}{年末流动资产} \times 100\%$$

（3）招生计划现金比率是指当年实际收到的学费与年应收取的学费之比。学费是高校预算收入的重要组成部分，因此该指标有效衡量了高校财务管理水平。该指标为极大型变量指标，最大值为1.0，即当年所有学生均已缴纳学费。若有近50%学生欠费，就可认定已出现财务风险。

$$招生计划现金比率 = \frac{当年实际收到的学费}{当年应收取的学费}$$

3. 收益能力指标。

（1）总资产收入率反映每单位资产所实现的收入数，指标值越大，说明高校资产的收益能力越强。

$$总资产收入率 = \frac{总收入}{总资产} \times 100\%$$

（2）投资收益比率反映高校科技成果转化为资本收益的能力，指标值越大，说明高校收益能力越强。

$$投资收益比率 = \frac{对校办企业投资收益 + 其他投资收益}{对校办企业投资 + 其他投资} \times 100\%$$

（3）合格学生生均教育成本这一指标既考虑了教育经费支出的绝对数，又充分考虑了培养学生的质量问题。指标值越小，说明高校办学效益越高。

$$合格学生生均教育成本 = \frac{某时期用于学生教育的全部事业经费支出}{\sum 各专业学年考核课程数 \times 该课程考核合格的学生数量} \times \frac{学年每生平均课程}{}$$

4. 发展能力指标。

（1）货币资金余额增长率是指年末货币资金与年初货币资金的差额与年初货币资金之比。该指标较好地反映了高校财务调控能力，指标值越大，说明支付能力越强，进而有助于高校可持续健康发展。

$$货币资金余额增长率 = \frac{年末货币资金 - 年初货币资金}{年初货币资金} \times 100\%$$

（2）固定资产增长率是高校年末固定资产总额与年初固定资产总额的差额与年初固定资产总额的比率，反映了高校固定资产增长程度。该指标属于区间型变量指标，体现高校资产管理效果。该指标值越低，说明高校发展潜力欠佳，该指标越高，说明资金有风险。

$$固定资产增长率 = \frac{年末固定资产总额 - 年初固定资产总额}{年初固定资产总额} \times 100\%$$

（3）自筹能力比率是事业收入、附属单位上缴收入、经营收入和其他收入的加总与本期收入之比，可以衡量高校除财政拨款外多渠道筹资能力。该指标值越大，表明高校自我筹资能力超强，进而看出高校的自我协调发展能力越强。

$$自筹能力比率 = \frac{事业收入 + 附属单位上缴收入 + 经营收入 + 其他收入}{本期收入总额} \times 100\%$$

5. 非财务指标。

（1）新生报到率是当年报到新生数与当年新生录取数的比值，反映了高校的美誉度及声誉，一定程度上能体现高校的综合评价度。新生报到率越高，说明家长和学生对学校的认可度随之提高，同时也标志着高校社会美誉度和社会认可度的进一步提升。反之，新生报到率降低，则说明高校的社会声誉降低，家长和学生的认可度不高。

（2）生师比率是指在校学生年平均数占教师年平均数的比重，反映高校人力资源利用率，生师比应该控制在符合高校基本办学条件要求的合适范围内。此指标不宜过高或过低，如果生师比率过高，每名专任教师就要面临更多的学生，承担更多教学任务，无法保证教学质量；如果生师比率过低，则会造成教师资源的浪费，影响高校办学的社会效益。

毕业生就业率是指毕业生就业人数占毕业生总人数的比重，该比值的高低可以作为高校专业设置或调整的依据。分为初次就业率、年底就业率或毕业后半年的就业率。毕业生就业率越高，说明高校的办学质量得到了提升，毕业生就业率越低，说明高校的办学质量有待提高。同时毕业生就业率也直接影响到高校资源的获取。

高校可结合自身发展特点，依据动态管理要求，选择合适的财务指标，运用相关预警理论，设定合理权重，构建风险评估指标体系。

第三节　高校内部控制体系建设

财务风险管理是现阶段高校发展道路上需要关注的一个重点问题。完善的内部控制制度一方面有助于将财务风险控制在可承受范围之内，确保资产安全，提升高校资金使用效率和管理效率；另一方面可强化高校各职能部门内在联系，有效打通各业务流程、各学院之间的管理壁垒，进一步优化业务流程，减少决策失误风险。

一、高校内部控制概念及理论基础

（一）内部控制概念

对内部控制的研究早在 20 世纪初法国法约尔创立的一般管理理论中就开始了。被誉为现代经营管理之父的法约尔（1841～1925 年）是位法国工业家，他在 1916 年根据自己 50 多年的管理实践总结，发表代表作《工业管理和一般管理》。该书第一次完整地阐述了适用于一切组织管理的五大职能：计划、组织、指挥、协调和控制，控制职能具体包括确立控制标准、衡量实际业绩、进行差异分析、采取纠偏措施等活动。

我国于 2008 年 5 月 22 日颁布的《企业内部控制基本规范》，提出内部控制的对象是境内的大中型企业和小企业，其他单位可以参照。据此，我国于 2012 年 11 月颁布《行政事业单位内部控制规范（试行）》，指导行政事业单位内部控制工作。

内部控制在《行政事业单位内部控制规范》中的界定为"单位为实现控制目标，通过制定制度、实施措施和执行程序，对经济活动的风险进行防范和管控"。最新的事业单位指由国家机关或者其他组织利用国有资产创办的,以社会公益为目的,从事社会服务的组织。

高校是培养高素质人才的摇篮,高校内部控制主要通过一系列规章制度,在教学科研以及其他业务活动开展过程中,采用相应手段,对高校面对的风险进行防范的动态过程。高校内部控制的目标包含:保证各个高校开展的业务活动执行有法可循,合法合规;使高校的固定资产等各项资产安全,使用效率高;保证高校的财务部门提供的信息真实全面;有效防止经济腐败、学术腐败等案件发生;高校各项资源的配置和使用要产生效益等。

(二) 高校内部控制的理论基础

学术界关于高校内部控制的理论研究主要是在控制论、信息论和内部控制理论等基础上衍生、建立起来的。

1. 整体性治理理论。整体性治理是公共管理理论的重要理论分支,针对公共治理碎片化这一问题提出,在企业内部存在多个机构的情况下,机构之间可能互相推诿责任,转嫁问题;不同机构之间业务目标可能存在矛盾,无法同时实现;不同机构与不同阶层之间沟通不畅,无法协同合作,导致资源浪费,运行效率低下。

整体性治理理论提出为了实现组织利益最大化,提高组织运行效率,首先必须建立责任机制,即明确不同机构的责任边界,确保问题出现时能够找到直接责任机构,避免机构之间互相推诿责任的情况发生。其次需要建立协调机制,通过加强信息化建设,完善信息共享技术,推动不同机构协同合作。最后化部分为整体,整合碎片化问题,将机构目标转化为组织整体目标,减少机构之间的摩擦,增强组织凝聚力。高校完善内部控制体系需要借鉴整体性治理理论,梳理部门内部控制职责与权限,加强职能部门之间的协同合作,完善部门联动机制,加强信息化建设,通过信息化技术实现业务整合,提高资源利用率与运行效率。

2. 业务流程管理理论。业务流程管理是指通过规范业务流程,提高组织业务绩效的系统化方法。按照经济活动不同将企业划分为不同的职能部门,将企业的经济活动细化分配给各个部门,简化规范每种经济活动的业务流程,细化分配给不同岗位,实现经济活动流程化、标准化、规范化,进而提升运行效率。

完善高校内部控制体系需要借鉴业务流程管理理论,以提升资源利用效率、提高公共服务水平为目标,全面梳理学校经济活动业务流程,按照不同职能部门细化分工,可以利用合适的管理软件工具规范业务流程。并且应当定期对经济业务流程进行风险评估,识别关键风险点,不断改进和优化关键业务流程,重点关注跨职能业务流程的优化和改进。

3. 公共财政理论。公共财政是指在市场失灵的情况下,会由政府提供供求不足的公共需要的产品。在市场失灵的情况下，市场不愿意为公众提供公共产品，就造成了公共需要的产品严重供给不足，无法满足公众需要，这就需要财政满足这一部分的需求，这是一种资源优化配置的行为，是必不可缺的。此外，公共财政除了为公众提供公共产品之外，还能为公众提供公共服务，进行分配活动，这是中国特色社会主义市场经济体制的要求。

按照普惠性不同，公共产品被分为纯公共产品和准公共产品两种。高等教育有利于社会发展，能够满足社会与公共需要，符合公共产品的公共属性，但是又因为高等教育资源并非所有公众都可以享受，不满足纯公共产品的普惠性，所以是准公共产品，因此高校应该由财政和受惠人即学生共同承担成本，并且健全内部控制制度，完善内部控制体系，提高公共资源使用效率，优化资源配置。

二、高校内部控制的特点

与企业相比，高校不以营利为目的，而是追求教育事业的健康有序发展，所以，高校内部控制性质、资金来源、控制业务与企业不同。高校内部人员是内部控制的主体；高校内部控制的核心是会计控制；《高校内部审计准则》强调资产和会计信息的重要性，对预算、筹资、投资、货币资金及实物资产的控制是高校内部控制的重点；高校内部控制目标多元，对高校经济活动的合法合规作出合理保证，有效防范舞弊现象，提高高校履行公共服务职责的效率和效果是高校内部控制的目标。

（一）非营利单位性质

高校是非营利单位，高校具有"传授知识、开展科研、服务社会"三大特征，根据高校自身发展需求和规模不断扩大，自主开办校办产业，并提供一定管理和有偿服务。但目前高校工作重心是在政府的引导下制定办学方针和发展政策，资金主要来源于学生缴纳的学费、国家财政拨款及其他资金。内部控制是控制组织业务活动的程序和方法，高校独特的业务活动必然导致其内部控制的独特性，如何将科研经费落到实处并发挥其最大效益，在学费等费用的收取中如何规范流程、合法合规等都需要设置相应的控制流程。

（二）内部控制内容繁多

高校主要进行教学管理活动，部分教师进行科研开发工作，学生多、教职工层次不一，需要公寓管理、后勤保障，难免有基建项目，一般都设立校医院，有的还有附属中学、编辑部等，业务活动复杂多样，内部控制内容繁多，内部控制更加难以执行。

（三）资金进出渠道多

随着高校的发展，国家拨款不再是唯一的资金来源，如附中学费收入、银行贷款、社会各界捐款、各项培训收入等。资金的开支，有科研支出、教学支出、基建投资等各个方面，经费开支多样，资金获取渠道变多，对于资金的来源和经费开销控制也越来越重要。

（四）学术和行政双向并行管理

我国高校的管理模式是在党委领导下的校长负责制，学术和行政双向并行管理。高校的发展方向等宏观问题是由学校党委决定，高校日常的经营活动由校长负责管理。高校的核心和重点是教学和科研，学术管理和行政管理一样，在高校管理中非常重要，所以，高校对学术管理和行政管理的发展进行统筹规划，以实现二者的平衡发展。高校需采取一定控制措施来巩固提高学术委员会组织地位，将学术与行政权力分离开来，构建的考核评价机制应该以学术为中心。

三、高校内部控制体系构建

（一）高校内部控制建设的原则

高校内部控制建设主要需把握全面性、重要性、制衡性和适应性四方面原则，如表7-3所示。

表 7-3　　　　　　　　　　　　　高校内部控制建设原则

原则	内容
全面性原则	内部控制应当贯穿高校经济活动的决策、执行和监督全过程，实现对经济活动的全面控制
重要性原则	在全面控制的基础上，高校应当关注重要经济活动及其可能产生的重大风险
制衡性原则	高校应当在岗位设置、职责分工、业务流程等方面形成相互制约和相互监督的工作机制
适应性原则	内部控制应当符合国家有关法律法规和学校实际情况，并随着外部环境变化、经济活动特点和管理要求提高，不断修订和完善

（二）高校内部控制建设的要素

在内部控制的框架研究上，美国 COSO 委员会最早提出内部控制五要素，分别是内部环境、风险评估、控制活动、信息与沟通、内部监督。随着学者的逐渐研究，在此之上 COSO 委员会又增加了目标设定、事件识别和风险对策，形成了全面风险管理框架。内部环境是实施内部控制的基础，一般包括治理结构、机构设置及权责分配等；风险评估主要是分析在日常管理中及时识别与实现内部控制目标相关的风险，便于合理确定风险应对策略；控制活动是根据风险评估结果，采用相应的控制措施，将风险控制在可承受度之内；信息与沟通是及时、准确地收集、传递与内部控制相关的信息，确保信息在内外部间进行有效沟通；内部监督是对内部控制建立与实施情况进行监督检查，评价内部控制的有效性，发现内部控制缺陷，应当及时加以改进。

财政部印发的《行政事业单位内部控制规范（试行）》指出，单位实施内部控制的目标主要包括：合理保证单位经济活动合法合规、资产安全和使用有效、财务信息真实完整，有效防范舞弊和预防腐败，提高公共服务的效率和效果。2015 年 12 月 21 日，《关于全面推进行政事业单位内部控制建设的指导意见》的出台为行政事业单位加强内部控制建设指明了方向。2016 年，教育部办公厅制定的《教育部直属高校经济活动内部控制指南（试行）》为高校实现内部控制体系全面、有效地实施提供了详细指导。

1. 控制环境。控制环境是指高校内部控制存在和发展的空间，是实施内部控制的基础，直接影响、制约着内部控制的建立和执行，主要包括办学规划、内部控制组织架构、运行机制、关键岗位与人员、会计及信息系统等方面。

（1）办学规划是指高校结合自身定位，在对现实状况进行综合分析和对未来趋势进行科学预测的基础上，制定并实施的长远发展愿景与发展计划。办学规划应当确定每个发展阶段的具体目标、工作任务和实施路径。高校规划管理部门应当加强对规划实施情况的监控，定期收集和分析相关信息，对于明显偏离发展规划的情况应及时报告；确需对发展规划作出调整的，应当按照规定权限和程序调整发展。

（2）内部控制建设贯穿组织内部的全流程，首先要完善相应的组织架构。高校党委要发挥在高校内部控制建设中的领导作用，按规定权限集体研究决定经济活动重大事项；校长是内部控制建设工作的首要责任人，对内部控制的建立健全和有效实施负责；高校领导班子其他成员要抓好各自分管领域的内部控制建设工作；高校内部各部门负责人对本部门的内部控制建设承担具体责任。高校应当单独设置内部控制职能部门或确定内部控制牵头部门，负责组织协调内部控制工作，为内部控制的建立与实施工作提供强有力的组织保障。

（3）运行机制是指包括决策机制、执行机制、协同机制、监督机制等在内的保证学校内部控制目标实现的内部运行和制衡机制。高校的重大经济决策、重大经济事项、大额资金支付业务等，应当按照规定的权限和程序实行集体决策审批或者联签制度，并应以纪实方式记录集体决策过程。对于重大事项，任何个人不得单独进行决策或者擅自改变集体决策意见。高校应建立并完善包括不相容岗位相分离、内部授权审批控制、归口管理、预算控制、资产保护控制、会计控制、单据控制、信息公开控制、信息技术控制等措施在内的内部控制执行机制。高校应充分发挥内部审计、纪检监察部门的作用，通过内部控制评价和内部审计监督及时发现内部控制建立和实施中的问题和薄弱环节，并及时改进，确保内部控制体系得以有效运行。

高校应当建立健全"以预算为主线、资金管控为核心"的业务流程协同机制，积极发挥财务、政府采购、基建、资产管理、科研、合同管理等与经济活动相关部门或岗位的作用，保证内部控制在分权的基础上充分高效地运行。

2. 风险评估环节。依据《教育部直属学校经济活动内部控制指南（试行）》，高校应当按照内部控制的要求，在内部控制建设领导小组的领导下通过全面梳理预决算、收支、采购、资产、建设项目、合同等各项经济业务流程，明确业务环节，分析风险隐患，完善风险评估机制，制定风险应对策略。加强对高校层面和业务层面的内部控制，实现内部控制体系全面、有效实施。

（1）控制环境。高校内部控制应重点关注控制环境中的下列风险：首先是发展规划不明确，或规划实施不到位，可能导致学校盲目发展，脱离实际，造成资源浪费，难以形成竞争优势，丧失发展机遇和动力。其次是治理结构不完善，缺乏科学决策、良性运行机制和有效执行，可能导致学校事业发展停滞或缓慢，难以实现发展目标。再次是内部机构设计不科学，权责分配不合理，可能导致机构重叠、职能交叉或缺失、推诿扯皮，运行效率低下。岗位设置不合理，岗位职责不明确，可能导致关键岗位缺失控制和监督，产生控制风险。最后是会计与信息系统建设不到位，人力资源政策不合理，缺乏积极向上的大学文化等，可能造成内部控制建设贯彻落实不到位。

（2）预决算管理。高校预决算管理应当重点关注下列风险：预算与事业发展规划不匹配，预算与资产配置计划相脱节，预算编制资料不充分，编制方法不专业等原因可能导致预算无法获得批准，影响高校年度工作计划的完成，或事业发展目标实现的风险。预算执行不规范，出现无预算、超预算开支，或者预算执行进度严重滞后等情形，可能造成资金浪费或闲置的风险。预算调整未按程序执行，可能导致预算控制失效或产生相关舞弊行为的风险。未开展或实施规范的预算绩效评价工作，可能导致预算资金配置或使用效益低下的风险。会计决算信息不真实、不完整、不准确、不及时，可能导致财务信息无法客观反映高校实际情况和决策失误的风险。

（3）资产管理。高校资产管理应当重点关注下列风险：内部控制不完善、货币资金可能被挪用或贪污等对学校造成损失。实物资产配置不合理、验收盘点不及时或手续不全、使用不当、维护不力、出租出借管理不规范和处置程序不合规等，可能导致资产价值贬损、使用效能低下、资产遗失、出现安全隐患或者资源浪费。无形资产缺乏核心技术、权属不清、技术落后、存在重大技术安全隐患，可能导致法律纠纷、缺乏可持续发展能力。对外投资论证不足，投资科学性、合理性受限，可能导致投资权属存在隐患，投资无效益或负效益，资产的安全、完整无法保障。应计提折旧的固定资产未按规定计提折旧或无形资产未按规定摊销，导致财务信息不真实、不完整。

（4）收入管理。高校收入管理应当重点关注下列风险：收入业务未归口财务部门统一收取及集中核算，相关收入合同未及时提交财务部门，票据、印章管理制度不严，可能导致高校收入应收未收、收入金额不实，或者存在私设"小金库"的情形。违反规定擅自增设收费项目、提高收费标准或扩大收费对象，导致发生违规收费收入。未按规定及时上缴各类非税收入，可能导致违规截留、挤占、挪用各类非税收入。收入核算不规范，收入长期挂账，未及时、准确地确认为收入，导致高校收入不完整、不真实。收入业务相关岗位设置不合理，不相容岗位未实现相互分离，可能导致发生错误或产生舞弊。

（5）支出管理。高校支出管理应当重点关注下列风险：支出业务未纳入预算或超过预算规定的范围、标准，可能导致经费滥用或无效使用。支出授权审批制度不完善，重大项目和大额资金支出未履行集体决策程序，可能导致资金损失或浪费。业务经办人未提供真实、合法票据，或提供的票据与实际业务不符，可能导致资金被套取或浪费。财务报销审核不严格，支付控制不到位，可能导致资金损失或浪费，或者出现私设"小金库"的情形。应收或预付款长期挂账未清理，可能导致支出不真实、不完整。

（6）采购管理。高校采购管理应当重点关注下列风险：采购申请审查不严，无采购计划、无预算，或采购计划和预算编制不合理，可能导致资源的重复购置或闲置浪费。采购方式不合规，招投标或定价机制不科学，供应商选择不当，授权审批程序不规范，可能导致采购货物和服务质次价高，出现舞弊或遭受欺诈。合同对方的主体资格和履约能力等未达要求，采购合同存在重大疏漏或欺诈，可能导致高校合法权益受损。政府采购验收不规范，付款审核不严，可能导致采购货物、资金损失或信用受损。采购结束后售后服务不到位，与采购相关的档案保管不当或丢失，可能导致高校无法享受应有的权利或支付额外费用，造成高校利益受损。

（7）会计信息系统。高校经济活动的信息化应当重点关注下列风险：与经济活动相关的各信息系统间缺乏统一规划和归口管理，缺乏有效整合，存在重复建设或真空区域，导致管理效率低下。与经济活动相关的各业务信息系统的实施与内部控制流程结合不紧密，权限设置与授权管理不当，可能导致无法利用信息技术实现对经济活动的有效控制。与经济活动相关的各信息系统间业务协同程度低、缺乏基础数据的标准化，造成数据无法共享，影响数据分析的准确性，可能导致决策失误、相关管理措施难以落实。信息系统的安全保障不到位，可能导致信息泄漏或毁损，系统无法正常运行，影响高校经济活动的正常开展。

3. 信息沟通。信息沟通由各管理部门信息沟通和信息共享系统的开发与维护两部分构成。各管理部门的信息沟通要求信息能够在部门之间密切传递，大大减少甚至是消除信息不对称、信息滞后的问题，对于出现的问题及时调研并解决。信息共享系统的开发与维护要求借助信息技术，连接多个部门，高效收集信息并进行及时的披露，实现各部门间信息的顺畅有序，提高工作效率。随着信息化水平的不断提高，学校核心业务如人事管理、财务管理、资产管理等业务基本都进入了信息化建设的范畴，将内部控制相关制度、业务流程等嵌入信息系统中，可以使业务审批更加规范，业务数据也可以追溯，还能增强内部控制的执行力度。同时，对项目进行全程追踪，如实反映项目进展情况，及时反馈实施过程中的漏洞和盲点，构建充分有效的信息沟通机制。高校内部控制信息化建设有助于提升高校的风险管理能力。

4. 监督。政府层面应加强对高校的监督和指导力度，政府相关部门可以根据高校每年度向政府报送的行政事业单位内部控制报告来监督。报告的内容涵盖：单位内部控制工作的基本情况、单位存在的内部控制问题及其整改情况、单位内控报告审核情况、单位内部控制工作的经验做法和取得的成效、有关意见建议等。例如，在单位内控报告审核情况上，政府可以通过报告观测学校的有关业务数据与决算报表来反映给学校的财政拨款是否合理，所拨款的用途是否存在弄虚作假的嫌疑；在单位内部控制工作的经验做法和取得的成效上，政府可以通过学校在预算业务、收支业务、政府采购业务、资产管理、建设项目管理及合同管理六大经济业务领域方面的成效，来衡量财政拨款额度的合理性。

此外，还应加强对附属单位的监管。高校对不同类型的附属单位可以实行不同的经济监管方式，这些方式包括但不限于会计委派制、会计报表审核、内部审计、委托社会审计等。对于独立的事业法人、企业法人、社团法人等，高校应通过合法有效的形式履行出资人职责、维护出资人权益，规范附属单位经济行为。

（三）高校内部控制体系的构建

一般情况下，高校财务岗位设置较为完整、业务较复杂、内部控制制度等较为完备。因此，以高校内部控制体系的构建为例，对学校内部环境、组织结构设置、治理结构等提出要求。

1. 整体层面内控体系构建。科学合理设置组织机构，明确权责分配。合理的组织机构是实施内控的先决条件，实现内部控制目标离不开学校内部各部门的协调与配合。高校应根据自身的情况，不断完善组织机构，满足内部管理和控制的需要，形成高效率的职责分工和制衡。纵向上，尽量减少管理层级，精简办事的程序，提高管理效率；横向上，加强各部门之间的权力制衡，如不相容岗位相互分离、内部授权审批控制等。

高校可以通过编制内部管理手册，使全体教职工掌握机构的设置，相应的职责和业务流程等情况。对于高校内部固定的岗位，建立岗位说明书和岗位规范，明确各个岗位的职责权限，从而使各个岗位相互监督、制约，形成有效的制衡。高校可以增设风险管理委员会，负责高校的风险管理工作，增设预算管理委员会，负责高校的预算管理工作。

2. 建立风险评估机制。高校应该建立适合自身发展的风险评估机制，风险评估机制包括如下四个要素。

（1）目标设定。在高校识别和评估实现目标的风险并采取行动来控制风险之前，必须有目标。高校进行目标设定分为两个层次：首先在分析高校的发展战略的前提下，制定高校的战略目标；其次根据战略目标，制定业务层面的目标，比如资产安全目标，并将业务层面的目标在学校各部门层层分解落实。

（2）风险识别。风险识别就是对高校面临的风险进行识别的过程。风险识别的内容非常广泛，高校的风险管理委员会在全面搜集高校内外的各种信息基础上，通过调查、流程图法、财务状况分析等方法分析高校业务流程存在的风险。风险管理委员会可以通过与业务管理人员的沟通获取风险信息，也可通过客观分析、实际工作经验识别风险。风险管理委员会可以将识别的各种风险进行适当的归类，建立风险数据库，并对风险产生的原因进行文字描述，为针对性地开展风险控制活动打好基础。高校的风险数据库要根据内外环境的变化，及时更新。

（3）风险分析。风险分析是在风险识别的基础上，采用定性与定量相结合的方法对风险进行分析，以确定风险成因和风险发生可能性的过程。高校根据风险数据库中的风险项目，分析风险发生概率的大小以及风险发生的影响程度。通过主观判断和对过去情况的总结对风险进行分析，然后对风险发生的概率和风险发生的影响程度进行排序，确定重点关注和优先控制的风险。

（4）应对风险。高校在确定了相关风险之后，根据风险分析的结果，权衡风险与收益，确定风险应对策略，综合运用各种控制措施，将风险管理工作落实到各部门。高校确定风险应对策略时，应重点关注影响较深的薄弱环节。

3. 业务层面内控体系构建。

（1）预算业务。通过对经济活动的预算约束的强化，使预算管理贯穿于单位经济活动的全过程。其作用是保证各种活动或各个部门充分达成既定目标，实现对经营资源的有效利用，使费用支出受到严格有效的约束。高校需建立预算组织机构，预算组织机构包括预算管理委员会、预算管理机构、各责任中心。预算管理委员会由校领导、财务处、审计处等相关人员组成，负责高校预算的审批、控制、监督和考核；预算的管理机构即高校的财务处，负责编制学校预算，负责对学校预算执行中的控制、调整，并定期向预算管理委员会报告预算执行情况；各责任中心即高校预算部门负责编制本单位的经费预算，组织和监督本部门预算的执行，按规定向财务部门提交预算安排和执行情况。

审计处根据财务处上报的预算分析报告对各部门进行考核，采取实地调查了解的方法，重点考核预算分析是否按月进行、是否制定了改进的措施、对发现问题是否改正、各项支出是否超范围、是否存在各项经费随意相互转换的情况、实际支出是否大于预算、预算是否存在松弛的现象等。

（2）收支业务。高校可以按照《行政事业单位内部控制规范（试行）》的有关规定，建立健全票据管理制度，例如明确规定财政票据、税务发票等各类收入票据的使用范围，及其申领、启用、保管、核销、销毁应履行的手续。对收入票据实行专人、专账、专柜管理。还可以加强和规范支出业务涉及的各类单据的审核。重点审核单据来源是否合法，内容是否真实、完整，使用是否准确，签章是否齐全、完整，是否能够如实反映经济活动，是否存在使用虚假票据套取资金等情形。发现虚假发票的，应查明原因，根据情节轻重及时报告处理。高校等事业单位不得违反规定转让、出借、代开、买卖财政票据、税务发票等收入票据，不得擅自扩大票据使用范围，不得开具虚假票据。不得超范围出具票据或重复开具票据。

（3）政府采购业务。充分发挥好专家在政府采购中论证、评标环节的指导和监督作用，严格落实验收制度。建立"小金库"问责制，推进公务卡使用，避免开具其他发票逃避政府采购流程。

（4）固定资产管理。固定资产取得后建立固定资产卡片，并对固定资产进行贴条，使卡片账与实物一一对应。固定资产使用部门负责建立固定资产运行管理档案，负责固定资产日常维修和保养，定期检查，及时消除风险，提高固定资产的使用效率和使用寿命。资产管理部门要制定资产日常管理流程，注重提高资产的利用率和督查资产使用部门对固定资产的日常管理情况。高校的固定资产每年必须全面清查一次，保证固定资产账实相符，及时掌握资产使用状况，避免资产丢失、毁损等情况造成账实不符。固定资产清查方面，高校可以设置与资产保管相分离的岗位，即通过不相关人员的清点，落实财产保护控制制度，在岗位间形成制约和监督。

4. 监督制度的构建。高校审计部门的人员数量不足，严重制约了内部审计工作及对学校内部控制监督工作。为了不断提高高校审计部门对内部控制实施的监督质量，高校需适当增加内部审计人员的数量，内部审计队伍应由具备经济、管理、法律、建设工程、信息系统等方面专业素质的人员组成，并具备必要的职业资格。并且要对内部审计人员进行不定期的培训，让其掌握最新的专业知识，增强专业技能，保证对高校内部控制监督进行有效监督。

高校的教职工既是内部控制的控制对象、内部控制活动的执行者，也是内部监督的主体，高校可以设立邮箱、召开会议等方式让教职工反馈内部控制的有效性，指出内部控制中存在的某些问题；高校的管理层询问教职工是否执行了控制活动等。高校开展以内部审计部门为监督主体，教职工共同参与的内部监督机制，保证内部控制体系的有效运行。

此外还可以制定规章制度要求部分信息内部公开。在单位内部一定范围内，按照既定的方法和程序进行公开，从而加强内部监督，促进部门间沟通协调，督促相关部门自觉提升工作效率。高校信息内部公开主要包括建立健全经济活动相关信息内部公开制度，根据国家有关规定和单位的实际情况，确定信息内部公开的内容、范围、方式和程序。

四、内控视角下高校财务风险管理策略

（一）实施多元化筹资渠道

我国教育法中规定，国家对高校建立以财政性教育经费拨款为主、社会其他筹资为

辅的多元化筹资渠道。教育改革和发展纲要中也指出：要逐步建立以国家财政性教育经费拨款为主，征收教育税费、学费、校办产业收入、社会团体捐资为辅的多渠道筹措教育经费的体制。因此，高校可以改变传统的筹资方式，克服对财政拨款的依赖思想，积极寻找新的筹资渠道。首先，要解决学费欠费问题。学费的收缴率要与学院、系、职能处室的经费挂起钩来，同时要建立健全"奖、贷、助、补、减、捐"的助学体系，落实助学贷款、奖学金、困难补助、学费减免，组织困难学生开展勤工助学，从根本上解决困难学生的欠费问题。其次，要打破传统的筹资观念，对教育筹资体制进行制度创新，充分利用资本市场吸引社会闲散资金，通过社会投资、融资、教育国债等多种市场手段积聚教育资金，实现多方筹措教育资金的目的。

（二）完善预算管理制度

高校在投资中可能由于掺杂太多主观成分加剧投资风险的产生。预算管理在投资活动中发挥的作用主要体现在事前防范和控制的重要环节，抑制不良经济业务的产生，有效防范投资风险。例如，高校建立的预算重点可以考虑建立预算的规范性和执行预算过程的严肃性；建立明确的预算规章制度，各项收支预算必须严格按照规章制度的规定并且确保预算务必执行；将负责收入和支出的责任明确地落实到各部门、各岗位和个人，做到各司其职、各负其责。在预算编制方面，克服随意性和盲目性，坚持"量入为出、适度投资、收支均衡"的原则，收入预算坚持积极和稳妥相结合；支出预算统筹兼顾、保证重点；经常性支出适度从宽，建设性支出量力而行。在预算执行方面，必须强化预决算管理，严肃预决算纪律，坚决杜绝违反财经制度纪律、无计划、无预算、超支计划支出、超预算支出等行为，确保预算得到有效执行。预算考核则集中在两方面，建立整个预算管理体系的考评和对预算执行者的考核，即分别对业绩和对人进行考核。此外，预算不应仅仅针对财务处，其他部门和院系都应建立预算，并且接受财务处的监督和考核。

（三）规范业务流程

高校可根据《行政事业单位内部控制规范（试行）》，严格自查单位层面和业务层面可能存在的风险。

1. 单位层面，是否单独设置内部控制职能部门或者确定内部控制牵头部门，负责组织协调内部控制工作，经济活动的决策、执行和监督职能是否分离，重大经济事项的决策机制是否健全，内部控制关键岗位工作人员是否有相应资质，岗位职责及分工是否明确，确保不相容岗位相互分离。

2. 业务层面，主要从以下几方面进行规范：（1）预算业务编制上，学校预算内部管理制度是否健全，预算编制是否做到程序规范、方法科学、编制及时、内容完整、项目细化、数据准确。从而有利于建立"预算编制有目标、预算执行有监控、预算完成有评价、评价结果有反馈、反馈结果有应用"的全过程预算绩效管理机制。（2）收支管理上，收入是否实现归口管理，是否按照规定及时向财会部门提供收入的有关凭据，是否按照规定保管和使用印章、票据等；发生支出事项时是否按照规定审核各类凭据的真实性、合法性，是否存在使用虚假票据套取资金的情形。（3）资产管理上，是否实现资产归口管理并明确使用责任；是否定期对资产进行清查盘点，对账实不符的情况及时进行处理；是否按照规定处置资产。（4）建设项目管理上，是否按照概算投资；是否严格履行审核审批程序；是否建立有效的招投标控制机制；是否存在截留、挤占、挪用、套取建设项目资金的情形；是否按照规定保存建设项目相关档案并及时办理移交手续。（5）合同管理上，是否实现合同归口管理；是否明确应签订合同的经济活动范围和条件；是否有效监控合同履行情况，是否建立合同纠纷协调机制。

（四）提高财务人员业务素质

高校的财务活动不应仅仅停留在简单的报账、算账和记账等事务性工作上，而应把每位财务人员培养成为参与预算与管理，实施控制和监督的实干型理财能手。高校可以加强对财务软件的操作培训，安排固定的培训课程，并对课程效果进行定期考核，考核结果提交人事。聚焦专业会计知识的提高，鼓励财务人员提升自己职业素养，将中高级会计职称和薪资挂钩。除此之外，同时实行轮岗制度，促进每位财务人员对学校业务的了解。对于高校间举办的财务研讨会、到其他高校的考察，财务人员轮流参加，而非每次都是固定的人员，这对于整体专业知识的提高具有积极意义。只有在熟练掌握专业知识与技能的基础上，财务数据的分析与预测实施工作才更有意义，相应的营运风险意识和风险识别能力也会提高。

（五）接受政府、银行的引导与监督

在高校的发展过程中，政府层面可发挥对财政拨款妥善运用的引导作用，避免高校的管理层只注重眼前利益，不顾实际发展需求盲目扩张，忽略发展风险。例如，对于新校区的建设，政府可以要求高校上报所有的扩建计划，并结合高校自身财务状况和发展现状进行考评。根据考评结果对于确实不适宜扩建的项目应该给予驳回。同时，应鼓励高校坚持内涵式发展，强调优化专业结构，提高教学质量和增强竞争实力。在实施内涵式发展的过程中引导其与时俱进、更新观念，以开放、求真、务实和创新的胸襟和精神，提出有利于教学、科研和学科发展的理念。确立注重高校发展理念、学校优秀文化、教育科研水平、教师专业素养、人才培养质量、工作质量和水平等方面建设的工作思路。最终形成政府积极合理引导，高校积极高效配合，内外合力，共同促进高校更好发展的良好局面。

银行层面，完善高校的信用评价体系并严格审查贷款对象和项目，控制贷款规模。银行作为高校的主要债权人与高校的命运紧紧相连，银行对高校的信用评价体系需要进一步完善，防止出现"只要想借，就敢放贷"的现象。放松的外部评价必然滋生高校的侥幸心理，这会削弱高校主动控制财务风险的意识。银行应引入市场机制，由金融部门为主、教育部门和社会中介组织参与，以确定高校信用等级为目标、以服务于银行向高校提供授信额度为最终目的，建立贷款学校评价体系。商业银行根据综合评价作为审查的重要依据，确定其贷款资格并核定信用贷款规模。高校在核定的贷款规模内获得银行给予的信用贷款，超过规模的部分实行担保贷款或不发放贷款。这种评价体系能够进一步保证资金的安全使用，也能给有发展潜力的高校强有力经济支持。

▌本章小结▐

本章首先对高校财务风险的含义及分类、高校财务风险的成因进行概述，分析高校财务风险管理的必要性，高校进行管理财务风险的原则。其次介绍风险识别的定性、定量方法以及相关财务风险评估指标，高校可通过选择合适指标建立财务预警分析体系。最后借鉴我国企业风险管理整合框架，归纳高校内部控制的关键要素，提出完善高校财务风险管理的主要策略。

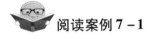 **阅读案例 7-1**

H 校 财 务 管 理 状 况

20 世纪 90 年代，H 民办全日制普通高等学校经所在省人民政府批准开办，H 校于 2002 年成立财务处，负责学校的日常收支核算、财务预算及资金调度。截止到 2016 年，H 校共有 9 名财务人员，其中财务总监、财务处处长、科长、外务人员各 1 人，出纳 2 人，其他财务人员 3 人。财务处负责全校 10 800 余名师生的学杂费、校园卡、工资核算和发放、个税代扣代缴、项目经费报销、校外资金的预算编制及调整、财务档案管理及财务系统维护等。但 9 名财务人员中仅 2 名是本科学历，其余均为专科学历，且按照职称统计，H 校财务处仅 2 名中职财务人员。显然财务处的人员配置无法满足 H 校发展需要，繁杂的工作内容很容易导致核算失误、工作积压、管理混乱等问题。

建校初期，H 校把握国家信贷政策调整的契机，大量引入银行贷款，但作为民办学校，H 校的资金来源主要依靠学生的学杂费和民办高校专项资金，但随着越来越多的二本高校或部分学科升级为一本批次，民办高校招生紧张的问题更加严峻。贷款本息无力偿还、专项资金向公办高校倾斜等问题使得 H 校的财务危机一触即发。

预算管理是高校管理中至关重要的一环，确保收支平衡是预算管理的重要目标，H 校也根据规定制定了《H 校财务管理规定》，但是台账内没有任何预决算报告，没有按照规定制定收支预算。经询问，学校确实没有编制过每年度的预决算报告，所有的收入支出都是根据发生时间进行实报实销，学校对预决算报告的意义不了解，对预决算制度的重要性没有引起重视，造成每年经费根据经营情况进行列支，预决算制度成为摆设，收支计划都缺乏科学性，月末经常出现收支不平衡的问题，没有预留充足的资金应对突发事件报销，日常报销管理中对支出的控制不足，报销项目多且杂，容易造成往来经济单位的不满，教职工经费报销时间也经常被拖至下月，严重影响财务处工作效率。

学校的固定资产管理工作，也是在 2010 年才开始，前期 H 校没有安排专人对资产进行系统管理，固定资产清查、折旧（摊销）和报废均无制度可依。

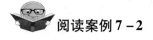 **阅读案例 7 - 2**

L 职业技术学院财务内部控制改进研究

1. L 职业技术学院基本状况。L 职业技术学院是省人力资源和社会保障厅直属的全日制普通高等院校。始建于 1955 年，是新中国成立后省内最早建立的职业院校。学校招生层次包括：高职（专科）、技师、高级技工、五年一贯制、初中起点四年制高级技工等，设有 8 个教学系部，现有全日制在校学生 12 000 余人。学校师资方面，现有教授 28 人，副高职称教师 180 余人，"双师型"专业教师比例 90% 以上。学校坚持"卓越技能，出彩人生"的校训，体现了职业教育的人才培养目标，体现了学院站在技能人才培养最高端及"卓越技师"培养特色。人才培养方面，更加注重学生职业素质培养，将校园文化、企业文化、传统文化融为一体，构建"三位一体"的职业素养培养体系，通过形式多样的各种活动，使学生在良好的氛围中成人、成才、成功。

2. L 职业技术学院财务内部控制现状。通过采取实地访谈和调查问卷的方式，对 L 职业技术学院财务内部控制存在的问题进行研究。通过对 L 职业技术学院财务资产处、纪检监察室（审计处）等部门的内部控制相关业务人员进行实地访谈，了解该校财务内部控制现状和存在的问题。同时，以调查问卷的方式了解该校工作人员对本校内部控制的认知状态，本问卷结合 L 职业技术学院实际情况进行个性化设计，共 39 个问题，涉及学校整体层面、具体经济活动层面、评价监督等方面，经济活动调查问卷主要从预算、收支、政府采购、资产管理等方面设计问题。

（1）问卷结果统计分析。本次问卷调查总计发放问卷 240 份，收回的 234 份问卷中，有效问卷 230 份，有效回收率高达 96%。调查对象包括校领导、中层干部、行政管理人员、教学人员等。通过调查可以发现，在学校层面，87.83% 的工作人员认为财务内部控制对学院的日常管理非常重要，另外有 4.78% 的受访者不认同内部控制的重要性，还有 7.39% 的受访者并不了解内部控制。学校领导和中层干部对内控重视不足，学校未单独设立内控管理部门，也未设置专门的岗位对各类风险进行测评，部分工作人员无法及时识别工作中存在的风险，另外有 30.87% 的人员认为在工作中信息沟通不顺畅，28.26% 的人员无法及时准确获取工作中有用的信息。在业务层面，68.26% 的人员认为学院未建立预算执行情况考核制度、未落实预算责任制，40% 的人员认为学校政府采购、资产管理、财务部门或相关岗位间相互协调、相互制约的机制还不完善，过半数参加调查的人员对资产领用、清查抱有疑虑，更有 64.35% 的人员认为无法实现资产的动态管理。调查结果显示，在评价与监督方面，60.43% 的受访者表示学校缺乏有效的监督评价制度，64.78% 的人员认为学校内部监督力量未充分发挥，另有 63.04% 的人选择学校未对内部控制的有效性进行评价。

（2）问卷结果原因分析。在风险管理方面，L 职业技术学院的职能机构设置还不完善，不仅没有设置专门的风险管理部门，也没有配备专业的风险评估人员，更没有将风险控制列入各部门的职责和工作内容。比如，学校没有成立专门的法务部门，也没有专业的法律人员，仅通过招标确定某律师事务所为学校解决法律问题，并未对学校签订的经济合同等进行风险的审核。

L 职业技术学院缺乏长效的风险评估机制，各部门往往是从自己的工作内容出发进行风险识别和分析，而缺少学校整体层面的风险识别和分析，没有定期地开展风险评估，也没有形成完整的风险评估报告。对风险的测定没有科学的方法，仅凭经验进行判断，导致应对风险的策略和方法选择不当。

根据调查结果，只有 106 人（约 46%）认为在学校内部能够顺畅地进行信息传递和沟通，另有大部分受访者认为学校未建立完善的信息沟通机制。L 职业技术学院未形成信息沟通的相关管理办法，在信息沟通过程中，会导致信息不对称、信息有时间差等情况，影响学校的工作效率，存在管理的风险。比如，有些信息仅限于部门负责人间的口头沟通，没有及时在适当层面进行公开，实际经办人员对此事并没有深入的了解，也没有相关的文件作为办事的依据，这就给经办人员的工作带来了较大的麻烦，前期需要花费较长的时间进行沟通，了解事情的始末。

L 职业技术学院政府采购活动管理较为严格，实地访问得知，该校 2014 年在此方面曾出现重大违纪问题，相关人员已承担相应的法律责任，目前负责政府采购业务的人员在思想上和行动上有严格的自我约束，按照现有的规章制度行事，但受学校层面及某些客观因素影响，依然存在以下问题：第一，岗位设置不合理。L 职业技术学院有 2 人负责招标采购，隶属于财务资产处，在一定程度上不具有独立性。同时，采购和验收都是由采购管理岗负责，不相容职务未分离。第二，部分项目效率低，持续时间太长。L 职业技术学院部分政府采购项目的时间持续太久，而且有些采购反复多次招标、废标，致使采购效率降低，采购成本增加，并且造成采购的物资具有滞后性，不能更好地满足需求。

从调查结果可知，仅有 46 人认为 L 职业技术学院有较为完善的内部控制评价机制，而且这46人中，选择学校按规定定期对内部控制有效性进行评价的只有13人，也就是说5.65%的受访者认为学校有完善的评价机制且定期实施该机制，剩余217人都认为学校在内部控制评价方面存在较大的问题。L职业技术学院对自身内部控制建立和执行的有效性的评价机制不完善，未结合学校自身情况，设计建立可以横向、纵向比较的内部控制评价指标体系，在学校的内部控制建设中更倾向于制度的制定和执行，忽视了评价体系的建立。

 思考题

1. 试说明H高校财务风险形成的主要原因。
2. 高校财务风险对高校日常工作有哪些不利影响？
3. 高校在进行财务风险管理时，应遵循哪些原则？
4. 如何提高财务预警对高校财务风险控制的效率？
5. 除了本章列示的风险控制措施外，试补充其他合理的高校财务风险管理建议。
6. 如何提高并发挥教职工及学生在高校内部控制中的作用？

第八章　高校绩效管理

21世纪初至今，与完善学校绩效管理体系相关的文件陆续出台。2010年，教育部发布《国家中长期教育改革和发展规划纲要（2010—2020）》明确要求各高校要"改进管理模式，引入竞争机制，实行绩效评估，进行动态管理"。2013年，党的十八届三中全会推出中国高等教育进入全面深化改革的新阶段，要求各高校不断提升内部治理能力，积极委托第三方组织进行教育绩效评价与监督。2014年，新的《中华人民共和国预算法》通过修订，对高校预算绩效管理提出更深层次的指导与要求。其中修订的一个重要亮点就是在全过程预算绩效管理的基础上强调"绩效"引导作用，要求做到"编制有绩效、执行有评估"，彻底改变高校预算工作中一直存在的"重分配、轻评价"问题。2015年，中央全面深化改革领导小组会议审议通过《统筹推进世界一流大学和一流学科建设总体方案》，对新时期高等教育重点建设作出新的重大部署。高等教育的不断深化改革以及加快世界一流学科的建立都离不开高等学校自身内部管理绩效的提升。2020年教育部、财政部印发的《中国特色高水平高职学校和专业建设计划绩效管理暂行办法》指出，为规范和加强中国特色高水平高职学校和专业建设计划（简称"双高计划"）绩效管理，明确责任，提高资金配置效益和使用效率，确保绩效目标如期实现，"双高计划"建设学校、中央及省级教育部门和财政部门组织实施绩效目标管理，依据设定的绩效目标实施过程监控，开展绩效评价并加强评价结果应用。新时代高校实施绩效管理愈受重视，绩效管理体系的建立也将弥补教育财务管理方向的空白。

第一节　高校绩效概述

一、高校绩效的含义

绩效是组织中个人（群体）特定时间内的可描述的工作行为和可衡量的工作结果，以及组织结合个人（群体）在过去工作中的素质和能力，即成绩和效益，指导其改进完善，从而预计该人（群体）在未来特定时间内所能取得的工作成效的总和。绩效是组织期望的结果，是组织为实现其目标而展现在不同层面上的有效输出。

绩效的内容既包括结果又包括行为、能力，在不同的层面、不同的学科领域，绩效有着不同的内涵表现。在高校这个组织中，绩效可以分为高校经营绩效和高校财务绩效。高校经营绩效是综合性的，体现为高校目标和任务的达成状况，是指一定经营期间的高校的经营效益和经营者业绩。主要表现在高校的盈利能力、资产运营水平、偿债能力和后续发展能力等方面。经营者业绩主要通过经营者在经营管理学校的过程中对高校经营、成长、发展所取得的成果和所作出的贡献来体现。

高校财务绩效则针对高校的财务活动而言，是财务资金（高校经费）的投入与产出之间的关系，对高校财务行为过程以及结果进行科学、客观、公正的衡量比较和综合评价，反映高校教育资金投入产生的效果、效率和效益，监测高校教育资源利用情况及其目标完成情况，用以评价学校的资金、资产等使用状况和经济效益情况。

二、高校绩效的特点

第一，多因性。高校绩效的多因性是指部门或个体的绩效优劣不是由单一因素决定的，而是受制于主客观多种因素。它既受到环境因素的影响，又受到工作特征因素影响，也与高校的制度和机制有关，同时更受到教职工个体工作动机、价值观的影响。

第二，多维性。高校绩效的多维性指的是需要从多个维度或方面去分析与评价绩效。比如考察一个院系的绩效时，不仅要看其学生培养情况，还要综合考虑其他的指标，如科学研究情况、社会服务情况等，通过综合评价各种硬软指标得出最终的评价结论。

第三，模糊性。高校绩效并不像企业那样可以明确地得到测量。高等教育具有政治功能、经济功能、文化功能和社会功能。由于教育结果的长期性，高校财务绩效往往难以体现为具体的指标，因而具有一定的模糊性。

第四，动态性。高校绩效具有动态性。由于部门或个体绩效会随着时间的推移而发生变化，原来较差的绩效有可能好转，而原来较好的绩效也可能变差。这个性质就要求在评价绩效表现时要充分注意绩效的动态性，而不能用一成不变的思维来看待有关绩效的问题。

三、高校绩效管理的内容

高校绩效管理，是指各级管理者和教职工为了达到组织目标共同参与的绩效计划制定、绩效辅导沟通、绩效考核评价、绩效结果应用、绩效目标提升的持续循环过程，最终实现个人、部门和组织的绩效的持续提升。

（一）绩效评价

绩效评价，是指高校根据设定绩效目标，运用完善的管理制度和系统的工具方法，对一定时期内高校运行效率与效果进行综合评判的管理活动。绩效评价是实施激励管理的重要依据。

高校绩效评价的内容主要包括效率、效益和效果。高校获取收益的能力，在这里主要是指高校获取经费的能力，这决定了高校各项事业发展的能力和后劲。具体包括高校从政府获得教育拨款、学费、收入、科研经费、兴办校办产业收入、通过社会服务获得经费以及社会捐赠。财务效益，主要指高校资金的使用效率，综合反映高校投入与产出的对比关系。财务效果，是高校综合实力及获取收益的能力，也是高校实现本身职能的外在表现。

（二）激励管理

激励管理，是高校根据设定的绩效目标，运用完善的管理制度和系统的工具方法，调动教职员工的积极性、主动性和创造性，激发教职员工工作动力的管理活动。激励管理是促进绩效提升的重要手段。

对于绩效目标完成好的二级学院、部门或项目的激励，着重在下一年度预算安排中予以考虑，通过上浮预算指标的形式进行激励，同时将绩效评价结果纳入相关干部个人考核内容；反之，对于未达成绩效目标的二级学院、部门或项目，通过下调预算安排、限制负责人晋升等进行约束和惩罚。对于教职员工个人的激励，则可以采取薪酬激励、能力开发激励、职业发展激励、约束和惩罚等形式。

1. 薪酬激励。高校应当充分利用绩效工资、绩效奖金等薪酬资源，科学设置激励方案，实施薪酬激励。薪酬激励可以对教职工个人实施激励，也可以以团队方式、项目组方式实施激励，对其成员按照既定规则。

2. 能力开发激励。能力开发激励形式，是指对受激励者在知识、技能等方面的提升给予激励支持。高校可充分利用自身优势，为教职员工创造更多的知识能力提高的机会，比如提供公派出国访学、带薪进修培训、异校交流任职学习、学术休假等。

3. 职业发展激励。职业发展激励形式，是指通过实施激励计划对受激励者的职业发展作出规划，并帮助实施。高校可以激励教师、员工通过既定工作计划的完成，实现自我培养和自我提高，为受激励者提供帮助和资助，使其成为行业内知名专家或管理者。

4. 约束和惩罚。高校对影响战略实施和年度事业计划发展的行为，对不能按时保质保量完成绩效目标任务的行为，可采用约束措施和惩罚措施，对相关责任人实施通报批评、罚款、降职等形式的约束性或惩罚性激励。

四、绩效管理的功能

第一，管理功能。高校绩效考核既要解决考核什么和怎样考核的问题，又要根据绩效考核结果对教职员工进行奖惩、职位升降、工作转换、培训等，这些都充分体现了它的管理功能。

第二，激励功能。高校绩效考核的根本目的在于促进教职员工完成绩效目标，增进绩效。客观公正的绩效考核可以激发教职员工的积极性，促使员工更加积极、主动、规范地完成绩效目标。

第三，学习和导向功能。高校绩效考核过程是教职员工进一步认识和理解绩效目标的过程，也是对照检查、发现差距和确定改进方向的过程。高校绩效目标对教职员工工作业绩和工作行为提供了导向，这充分说明了高校绩效考核具有学习和导向的功能。

第四，沟通功能。高校绩效考核过程是管理层与教职员工不断沟通的过程。通过考核，一方面可以表达高校管理层对教职员工的工作要求和绩效期望；另一方面也可以了解教职员工对管理层和绩效目标的看法、建议以及他们的需求，也正是在这种交流沟通和共同探讨中，教职员工未来的工作绩效目标才得以确定和达成。

第五，监控功能。高校绩效考核对教职员工个人来说，就是获得高校对自己工作状况的评价；对高校来说，则是要了解和掌握其教职工完成任务的数量、质量和效率等信息，并据此制定相应的人事决策和措施，以提高工作绩效。从这个意义上来说，绩效考核对高校的运行、对教职员工的工作具有监控的作用和功能。

第六，增进绩效的功能。绩效考核增进绩效的功能主要表现在两个方面：一方面，绩效考核在高校内创造了一种优胜劣汰的压力环境，它必然会强化教职工的竞争意识和自强意识，促使其设法提高自己的知识、技能及综合素质，努力工作，从而提高工作效率；另一方面，高校绩效考核将教职员工个人的发展目标和高校的发展目标结合并统一起来，也必然对高校整体绩效的提高发挥积极的作用。

五、绩效管理原则

第一，战略导向原则。绩效管理的目的是实现高校战略目标，完成年度事业发展计划。在绩效管理实施过程中，应当以高校战略为导向，鼓励创新，支持价值创造能力提升。

第二，客观公正原则。这是绩效管理最基本的原则。高校绩效管理的目的是通过教职员工教学科研业绩的提升来促进高校战略目标的实现，因而绩效管理应从高校的整体利益出发，制定科学的绩效管理制度，按规章制度办事时，公平公正地对待每个教职员工，同时合理考虑相关因素。高校绩效管理过程应当立足实际，实事求是，评价过程不能受外界干扰，要客观公正独立地完成数据的采集、加工、分析，激励实施应当公平合理。

第三，公开透明原则。高校绩效管理的考核程序、考核标准、考核办法、激励措施等应当公开透明，绩效评价结果应当进行公示。高校领导要向教职员工明确说明绩效管理的标准、程序、方法等事宜，最大限度地减少绩效管理过程中的神秘感，使考核过程规范化、制度化，从而保证绩效管理的透明度，这样每个教职员工就可以合理安排自己的教学与科研工作。

第四，规范统一原则。高校绩效管理过程中的政策和制度应具有统一明确性，具体工作严格执行规定的程序和流程。

第五，科学有效原则。高校绩效管理应当做到目标制定符合实际，评价方法科学合理，激励措施恰当有效。评价指标体系应当系统、典型、动态、简明、可操作。

六、绩效评价方法

高校可以在平衡计分卡法、关键绩效指标法、比较法、因素分析法、成本效益分析法等方法中选择一项或多项共同使用。

（一）平衡计分卡法

平衡计分卡是从财务、客户、内部运营、学习与成长四个角度，将组织的战略落实为可操作的衡量指标和目标值的一种新型绩效管理体系。平衡计分卡法的实施概括为以下七个步骤。

1. 建立企业的远景与战略。公司的远景与战略要简单明了，并需对每一部门均具有意义，促使每一部门可以采取一些业绩衡量指标去完成公司的远景与战略。

2. 成立平衡计分卡委员会。去解释公司的远景与战略，并建立财务、顾客、内部业务过程、学习与成长四类具体的指标。

3. 为四类具体的指标找出其最具有意义的业绩衡量指标。

4. 加强企业内部的沟通与教育。利用各种不同的渠道或刊物让各层管理人员都知道企业的远景、战略、目标与业绩衡量指标。

5. 确定月、季、年的业绩衡量指标的具体数字，并与企业的计划和预算相结合。

6. 将每年的报酬奖励制度与平衡计分卡挂钩。

7. 经常采用员工建议修正平衡计分卡衡量指标并改进企业发展战略。

（二）关键绩效指标法

关键绩效指标法通过将高校战略目标层层分解，提炼出有利于高校战略实施的关键成功因素，进而识别出对高校价值创造起决定性作用的关键绩效指标，以保证高校整体战略目标的实现。

1. 确定原则。关键绩效指标体现的是二八原理，在实际绩效管理中，高校应当牢牢抓住20%的关键行为，通过对关键指标的把控，引导员工关注任务重点，帮助高校实现战略发展目标。如何确定确立关键绩效指标呢？需要符合 SMART 原则：S 代表具体性，设计关键绩效指标时要做到目标细化，不能笼统模糊；M 代表可衡量性，指目标应能进行量化或行为化；A 代表可实现性，指在适度的期限内教职工通过最大努力可实现，避免设立无效目标；R 代表相关性，指目标结果可观察或证明；T 代表时限性，指指标应当在一定期限内完成。

2. 确定程序。构建关键绩效指标体系有一个重要的前提是高校要有明确的战略目标。设计关键绩效指标体系需要经过以下程序：第一，对高校战略目标细化分解，设立学校级的关键绩效指标。在高校战略目标的基础上，归纳确定关键成功因素，再综合考虑高校面临的各种内外部环境因素，提取学校级的关键绩效指标。第二，按照自上而下、逐层分解的方法，根据学校级关键绩效指标设计出各部门的关键绩效指标。在此过程中，需要结合部门的具体工作职责进行分析，得出部门级的关键绩效指标。第三，将部门级关键绩效指标分解，得到各岗位的关键绩效指标。分解过程中，需要结合教职工岗位的具体工作职责进行分析，岗位级关键绩效指标能够作为员工绩效考核的标准和依据。建立关键绩效指标体系其实是一个将高校战略层层贯彻、逐级落实的程序。通过学校—部门—岗位这样由上到下、纵向分解的方法，高校战略目标能够自下而上层层实现，战略目标也不再是一个口号式的图景，而是切实与高校各层次相关联。某高校教师关键绩效指标如表 8 – 1 所示。

表 8 – 1　　　　　　　　　　　某高校教师关键绩效指标

一级指标	二级指标	三级指标
培养人才	培养人才数量	课堂教学课时 指导学生实习课时 学生发表论文数量 教师所管理的学生数量
	培养人才质量	学生毕业率 学生参加统考考试通过率 学生获得奖学金的比率 学生获得科研项目的比率
发展科研	科研数量	教师发表论文的数量
	科研质量	教师发表论文在核心期刊的数量 教师获得科研奖项比率
服务社会	服务社会数量	教师调研项目的数量
	服务社会质量	教师调研项目获得的满意度

（三）其他方法

1. 比较法。比较法是一种相对考核方法，通过教职工之间的相互比较，从而得出考核结果。

2. 因素分析法。因素分析法可以确定引起某个经济指标变动的各个因素的影响程度，这种方法是假定一个因素发生变动时，其他因素保持不变的条件下计算的，故带有一定的假定性。其特点是：在多种因素对某一指标综合发生作用的情况下，按顺序把其中一个因素当作可变因素，把其他因素当作不变因素，而后逐个进行替换计算，确定各个因素变动对该指标变动的影响程度。运用因素分析法，能够测定各个因素对综合经济指标的影响程度，有利于判断经济责任，进一步加强组织管理。

3. 成本效益分析法。成本效益分析法是一种量入为出的经济理念，它要求对未来行动有预期目标，并对预期目标的概率有所把握。进行成本收益分析，就是要以最少的投入获得最大的收益。

第二节　高校绩效管理的实施

一、绩效管理实施基础

（一）制订制度

各项管理工作都需要规范的工作流程和制度保证，高校在实施绩效管理时，应建立健全绩效管理制度体系，明确绩效管理的工作目标、职责分工，工作程序、工作时限、工具方法、信息报告，以及评价方式、评价周期、评价内容、评价结果应用等内容。

（二）专人负责

高校应当成立以校长任组长，人事、发展规划科研、教务、财务、审计等部门参加的绩效管理领导小组，小组下设办公室，一般情况下办公室设置在人事或发展规划部门，鼓励单独设置专门的绩效评价管理办公室。未单独设立办公室的高校，要安排专人负责学校绩效管理工作，主要负责编制高校的绩效管理方案，审核绩效管理的政策和制度，审核各二级学院、部门制定的绩效指标，确保其与高校战略的一致性、科学性、可行性等，制定激励计划，协调解决绩效管理工作中的重大问题，进行绩效考核和评价，撰写评价报告，并将绩效结果向学校校长办公会和党委会汇报。

（三）明确发展战略

高校在实行绩效管理时，首先必须有明确的发展战略或年度事业发展计划。高校各二级学院、部门应根据战略目标或年度工作计划，综合考虑绩效评价期间宏观教育政策、高校内部管理需要、自身发展现状等因素，结合预算，按照上下结合、分级编制、逐级分解的程序，在沟通反馈的基础上，编制各层级的绩效工作计划与激励计划。

(四) 建立信息系统

高校应充分利用网络和现代信息技术手段，建立有助于绩效管理实施的信息系统，为绩效管理工作提供信息技术支持，提高绩效管理工作的实效性、准确性、科学性。

二、绩效管理要求

(一) 目标明确

高校围绕实现本校发展战略目标开展绩效管理，绩效目标与战略目标任务、时限、责任紧密相关，绩效管理工作内容和流程依据绩效目标未来效果的达成而设计，以是否完成绩效或绩效完成的程度作为评价工作优劣的依据。

(二) 注重过程

高校绩效管理注重过程评价，而不是单单对结果进行考核评价。高校在执行的过程中，可借助信息系统或其他信息支持手段，监控和记录绩效指标完成情况、重大事项、教职员工的工作表现、激励措施执行情况等内容，根据监控与记录的结果，重点分析指标完成值与目标值的偏差、激励效果与预期目标的偏差，提出相应整改建议并采取必要的工作改进措施。绩效管理作为一项管理过程，侧重于信息的及时沟通与反馈，通过过程管理，促进绩效的提升。

(三) 全员参与

高校绩效管理是一项系统工程，高校领导和教职员工都要参与，明确各自目标任务、责任与义务，并通过不断沟通，让教职员工得到必要的支持、指导和帮助，共同完成绩效目标。

(四) 公开透明

绩效管理是一项全员参与的管理工作，高校制定的绩效计划和激励计划要以文件的形式下发，应通过会议、培训、网络、公告栏等形式，进行多渠道、多样化、持续不断的沟通与辅导，使绩效计划与激励计划得到充分理解和有效执行。绩效计划与激励计划执行过程中，绩效评价过程及结果应有完整的记录，并以恰当的形式进行公开发布或非公开告知。通过公开信息，统一思想，统一行动。

三、绩效管理流程

（一）明确绩效评价任务

高校应当根据战略规划和年度事业发展计划，制定中期和年度绩效评价任务，评价任务一般是高校战略规划和年度事业发展计划的任务分解，对可明确到责任部门、责任人的任务以及可评价的任务进行分解，以指标的形式，将评价任务层层分解到二级学院、部门，最终落实到具体岗位和员工，落实到具体时间。

（二）编制绩效计划和激励计划

高校绩效管理部门应当根据评价任务分解情况，制定中期或年度绩效评价工作行动方案，主要包括构建评价指标体系、分配指标权重、确定绩效目标值、选择计分方法和评价周期、拟定绩效责任书等。高校绩效管理部门应当同步编制激励计划，对被评价对象任务完成情况实施激励，主要包括激励对象、激励形式与激励条件、激励周期等。

1. 编制绩效计划。绩效管理计划的制定是一个涉及高校诸多层面的复杂过程，主要包括绩效计划的准备、绩效计划的沟通和绩效计划的确定三个阶段。整体上要对高校自身的优势、劣势进行全面了解。

第一步，对所有的教职工进行绩效培训的基本理念；第二步，解读高校的发展目标；第三步，将高校发展目标分解为各部门的具体目标；第四步，教职工为自己制定绩效计划草案，首先清楚自己的工作职责，这包含任务目标，还包括要达到的具体绩效标准、主要考核指标、工作目标的权重、工作成果的衡量方法等；第五步，管理者审核员工制定的绩效计划；第六步，管理者和员工就绩效计划达成共识。

2. 编制激励计划。激励计划编制应当以绩效计划为基础，充分考虑高校办学特点、办学基础以及激励方式的正反作用等因素，采用多元化的激励形式，具体内容可以包括内在激励与外在激励、短期激励与长期激励、现金激励与非现金激励、个人激励与团队激励、正向激励与负向激励。

（三）审议绩效计划和激励计划

高校绩效管理部门编制完成绩效计划和激励计划后，应当在全校范围内进行征求意见，同时也应当征求部分校外专家或专业机构意见。征求意见后，将绩效计划和激励计划提交学校校长办公会审议，经校长办公会审议后，提交学校党委会研究审批，学校党委会审批批准后，以学校正式文件印发绩效计划和激励计划实施方案。实施方案印发后，一般不予调整。若受国家教育政策、外部环境、不可抗力等客观因素影响，确需调整的，应严格履行规定的审批程序。

（四）落实绩效评价任务

高校绩效计划和激励计划印发后，校长代表高校与被评价对象签订绩效目标责任书，明确各自的权利和义务，明确评价标准和激励措施，明确评价时间，并以此作为绩效评价与激励管理的依据。绩效目标责任书，主要包括绩效指标、目标值及权重、评价计分方法、特别约定事项、有效期限、签订日期等。绩效责任书一般按年度或任期签订。按照层级关系，各二级学院、部门可以与其所属部门层层签订工作任务协议书，作为绩效评价的依据。

（五）严格计划执行

绩效计划与激励计划执行过程中，各二级学院、部门应当严格按照既定任务目标和时间节点开展工作，确保学校战略目标和年度事业发展计划的落实。绩效管理部门应当通过会议、调研、定期信息分析等方式进行多渠道、多样化、持续不断的沟通、交流、督促，并进行差异分析与纠偏，使绩效计划与激励计划得到充分理解和有效执行。

（六）实施评价

高校绩效管理部门应当根据计划的执行情况，定期实施绩效评价与激励，按照绩效计划与激励计划的约定，对被评价对象的绩效表现进行系统、全面、客观、公正的评价，并根据评价结果实施相应的激励。根据需要，高校绩效管理部门应当对每项绩效评价任务都要成立绩效评价工作组，由有关专家及部门有关人员组成，成员不少于7人，其中专家数量不少于5人；绩效评价工作也可委托校外专家、中介机构等第三方实施。评价结果及时向高校有关部门和校长办公会反馈，以修订高校战略目标和下年度的事业发展计划。

（七）编制评价分析报告

高校绩效管理部门应当于评价计划实施周期结束后，根据需要编制绩效评价与激励管理报告，对绩效评价和激励管理的结果进行反映，报送学校党委会审议通过，并在一定范围内公开，根据需要按照激励计划兑现激励政策。

第三节　绩效评价指标体系构建

一、绩效评价指标体系构建程序

绩效评价指标体系是将高校管理事项设定成可以考核评价的指标内容，然后依靠指标达成情况来判断管理工作的质量。

（一）拟定评价指标

根据高校战略和年度事业发展计划，按照年度绩效评价工作确定的中心任务，遵照绩效评价指标选取原则，由绩效评价部门会同相关业务部门拟定最具有代表性的评价指标。

（二）设定评价标准

评价标准取决于管理的目标，既可以选择历史标准、经验标准，也可以选择行业公认标准、同类学校评价标准、标杆标准等。评价标准应当符合学校实际情况，与具体工作的开展相辅相成，不可以生搬硬套固定标准，也不可以直接使用其他高校标准，应根据高校内外部环境、自然灾害等因素的影响而调整。

（三）制定评价方法

高校开展绩效评价工作，主要采用定量评价方式，根据评价标准对每项评价指标进行定量评价，一般情况对不同评价对象的同类指标应当通过定量评价区分出层次；确实不能定量评价的指标，可以进行定性评价，不同评价对象的同类指标定性评价也应当区分出层次，不能一概而论，大而化之，不分伯仲。

（四）设定评价指标权重

高校应当以学校战略目标为导向，按照评价对象对学校战略和年度事业发展计划的贡献或支持程度，以及各指标之间的重要性水平设定评价指标权重。评价指标权重一般设定在 5%～30%，对特别重要的指标可适当提高权重。对特别关键、影响高校整体利益的指标可设立"一票否决"。

（五）审核评价指标

高校绩效评价部门应当对评价指标、评价标准、评价方法、评价指标权重等在校内一定范围内征求意见，并组织有关部门和专家进行审核，重点审核评价指标的可行性、全面性、代表性，审核评价标准、评价方法、评价指标权重的科学性、合理性、可操作性等。

（六）公开公示

高校绩效评价指标体系建立后，绩效评价部门应当将评价指标、评价标准、评价方法、评价指标权重等在校内进行公开公示，在没有异议的情况下，经校长办公会议审议后，按照绩效评价方案开展相关工作。

二、绩效评价指标体系构建原则

（一）科学性原则

绩效指标的选取就是对高校战略的具体、详细地分解，分解到不同的层级，分解到不同的岗位，是落实高校战略对每一个工作岗位的具体要求。应当选择最能反映评价对象绩效的指标，既要体现其代表性，又要体现核心作用。

（二）系统性原则

绩效评价各种指标之间必须相互联系，并能够形成一个针对绩效管理工作的完整评价系统，评价事项环环紧扣。

（三）可行性原则

选取的指标一定要定义清晰，不存在理解偏差，同时能够在实践中得到具体数据，以确保能够有效量化绩效管理工作。

（四）动态性原则

指标体系的构建并非一成不变，而是需要结合实际情况来不断调整与完善，以确保其能够始终满足绩效管理工作的需求。当高校战略发生变化时，绩效指标也应该发生变化。

三、绩效评价体系指标的选取

高校绩效评价工作，因评价的对象不同设置的指标体系也不相同，因评价要求、评价内容不同评价的深度也不相同，有些项目设计二级指标就可以完成评价任务，也有些项目需要设计到四级指标才能较为全面地完成评价任务，一般项目设计到三级指标即可。高校绩效评价指标，大部分学校的一、二级指标都有相同之处，三级指标的设计就具有个性化了，本部分内容主要介绍一、二级指标的设计。

（一）对二级学院的绩效评价

高校二级学院的产出代表着整个高校的产出，对二级学院的绩效评价是高校开展绩效评价工作的重中之重，是检验高校成绩的重要措施，也是高校绩效评价体系建设水平的重要体现。一般按照平衡计分卡法的四个维度设计指标体系。

1. 客户维度。客户维度一般可设计学生及家长满意度、用人单位满意度、社会综合影响度三个一级指标。学生及家长满意度可设计在校生满意度、毕业生满意度、学生家长满意度等二级指标；用人单位满意度可设计对毕业生的满意度、优质就业率等二级指标；社会综合影响度可设计所设专业报考率、社会认可度等二级指标。

2. 内部业务流程维度。内部业务流程维度可设计学科建设、教学、科研、服务保障四个一级指标。学科建设可分为省级及以上高水平专业群占比、省级及以上特色专业占比、省级及以上优势学科占比等二级指标；教学可设计生均教学投入，副高以上师资比、流生率、生均教学网络平台点击率、应届毕业生合格率、生均学生活动获奖情况、全国英语及计算机网络统考率等二级指标；科研可分为国家级科研项目立项数量、省部级科研项目立项数量、科研成果获奖数量、国内外发表论文数量等二级指标；服务保障可设计生均教学投入、人均学生活动获奖情况、教学办公条件改善情况等二级指标。

3. 学习与成长维度。学习与成长维度可设计教职工学习与发展、教职工满意度两个一级指标。教职工学习与发展可设计年人均培训次数、教师各类获奖情况、年人均外出参加学术和教学会议数量等二级指标；教职工满意度可设计离职率、教职工评价幸福指数等二级指标。

4. 财务维度。财务维度可设计财务资源获取率、财务资源配置两个一级指标。财务资源获取率可设计国家财政投入经费增长率、自筹经费增长率、科研收入增长率、社会捐赠增长率等二级指标；财务资源配置可设计预算执行率、资源配置结构占比等二级指标。

（二）对职能部门的绩效评价

对职能部门的绩效评价，一般分为三个一级指标，每个一级指标下分若干个二级指标。

1. 工作业绩完成情况。二级指标可分为牵头重点工作完成情况、工作目标任务完成情况。

2. 创新性工作完成情况。二级指标可分为创新工作进展情况、参与全校创新性工作完成情况。

3. 部门工作满意度。二级指标可分为二级学院评价、职能部门评价。

（三）对个人的绩效评价

对个人的绩效评价，包括两部分内容：一是对高校中层干部或行政干部的绩效评价，二是对教师、员工个体的绩效评价。高校中层干部或行政干部的绩效评价按照组织部门的考核要求，一般分为五个一级指标，二级指标不再细分，而是围绕几个方面展开评价。对教师、员工个体的绩效评价，可以参考干部评价的五个一级指标，重点突出工作业绩、岗位特点。

1. 德。围绕干部在遵纪守法、思想政治、职业道德、社会公德、个人品德等方面的表现进行评价。

2. 能。围绕干部在履行岗位职责能力、管理水平知识更新等方面的表现进行评价。

3. 勤。围绕干部在勤奋敬业精神和工作态度等方面的表现进行评价。

4. 绩。围绕干部在工作完成情况等方面的表现进行评价。

5. 廉。围绕干部在廉洁从业等方面的表现进行评价。

（四）对专项项目的绩效评价

高校对专项项目的绩效评价，一般根据主管部门或财政部门对专项项目绩效评价办法开展，并根据其确定的评价内容，设定评价指标；高校自行确定的专项项目，一般在项目立项初期，同步制定项目绩效评价办法。专项项目绩效评价体系，一级指标一般分为投入、过程、产出、效果四项，设计重点在下设的三、四级指标上，这两级指标体现了项目的特性和评价者的需求，因项目不同而不同，二、三、四级指标的设计根据评价者需求而取舍。

1. 投入。二级指标分为项目立项和资金到位情况。三级指标中，项目立项可分为项目立项规范性、绩效目标科学性；资金到位可设置资金到位率。

2. 过程。二级指标分为业务管理和财务管理。三级指标中，业务管理可分为管理机制有效性、项目质量可控性；财务管理可分为管理制度完善情况、资金使用合规情况。

3. 产出。二级指标分为数量、质量和时效。三级指标中，数量指标统计实际工作完成量；质量指标对工作效果进行评价；时效可分为实施及时性、实施合理性。

4. 效果。二级指标为效益。三级指标可分为经济效益、服务对象满意度、社会效益、可持续影响力。

高校项目支出绩效评价指标体系框架如表 8-2 所示。

表 8-2 　　　　　　　　　　高校项目支出绩效评价指标体系框架

一级指标	二级指标	三级指标
投入	项目立项 绩效目标 资金投入	立项依据充分性 立项程序规范性 绩效目标合理性 绩效指标明确性 预算编制科学性 资金分配合理性
过程	资金管理 组织实施	资金到位率 预算执行率 资金使用合规性 管理制度健全性 制度执行有效性

续表

一级指标	二级指标	三级指标
产出	产出数量 产出质量 产出时效 产出成本	实际完成率 质量达标率 完成及时性 成本节约率
效果	项目效益	实施效益 满意度

四、绩效评价工作流程

(一) 准备工作

1. 确定绩效评价对象。高校绩效评价对象是高校的二级学院、部门和教职员工个人，专项项目评价对象是项目实施的相关责任部门和责任人。实行校院二级管理模式的高校负责评价二级学院、部门及其负责人；二级学院、部门负责评价其教职员工未实行校院二级管理的，全部由高校直接负责评价。具体评价对象的选择，根据评价目的、评价任务等因素确定。

2. 确定绩效评价依据。高校绩效评价部门应当根据不同的评价对象、评价目的和评价任务，确定绩效评价依据，一般应当包括国家法律、法规，各级政府及有关部门和高校印发的规章制度、规范、文件；高校与相关责任部门和责任人签订的绩效目标责任书；专项项目申请书、项目批复或预算计划、验收标准，以及财务产出效果、效益等相关资料。

3. 确定绩效评价内容。高校绩效评价部门应当根据高校战略和年度事业发展计划确定的中心工作和重点任务，围绕绩效目标责任书确定的目标任务，结合绩效评价指标体系，确定不同评价对象的绩效评价内容。绩效评价内容一般包括绩效目标的设定情况、制度的建立与执行情况、工作进展及偏差纠正情况、资金投入及使用效益情况、绩效目标的实现程度及效果、个人表现及业绩情况等。评价内容根据评价目的可以分为常规评价内容和特殊评价内容：常规评价内容是指年度工作例行评价；特殊评价内容是指根据工作需要或工作任务的重要性而确定的评价任务，可能是一次性的，也可能连续评价多次，但无规律性、非持续性，高校在确定绩效评价内容时，应当坚持简便有效的原则，同步确定绩效评价方法。

4. 制订绩效评价工作方案。高校绩效评价部门应当根据绩效评价任务，针对不同的评价对象制定不同的评价方案，方案中需要明确评价目的、内容、指标体系、指标权重、时间安排、人员组成以及评价报告撰写要求等，确定评价方式是高校自评、专家会评还是委托第三方评价，要求评价对象先行自查。按规定程序，经校长办公会议审定后的绩效评价方案应当及时印发至被评价对象。

5. 印发绩效评价通知。绩效评价实施前，高校绩效评价部门应当向被评价对象印发开展绩效评价的通知，通知中应当明确被评价对象需要提供的相关资料、需要查看的现场、需要填报的调查问卷、需要座谈的具体对象以及时间安排等，同步将绩效评价工作方案印发至被评价对象。

（二）实施工作

1. 收集绩效评价资料。绩效评价工作实施小组（以下简称评价小组）根据绩效计划和绩效评价方案，收集整理被评价对象的相关信息，信息系统健全的高校可以通过系统调取相关资料和数据，评价小组前期任务主要是查看相关资料、汇总相关数据，并参考资料中的信息相应开展下一步的工作。

2. 核实绩效评价资料。评价小组根据收集到的资料和数据，采取实地查看验证的方式，核实目标责任书确定的绩效目标实现情况，以及为实现绩效目标开展工作情况；不能实地查看的，要通过调查问卷、座谈会等方式进行核实验证。

3. 确定绩效评价结果。评价小组按照绩效评价方案确定的评价指标体系和指标权重，根据获取的被评价对象的绩效指标实际值，对照目标值，应用选定的计分方法，计算评价值或进行定性描述，对被评价对象绩效完成情况进行系统、全面、公正、客观的评价。对得出的评价结论，评价小组应当深入分析其准确性、科学性、合理性，部分指标可以采取回归方式进行验算核实。绩效评价过程及结果应有完整的记录，结果应得到评价小组和被评价对象的确认，并将评价结果公开告知被评价对象。

4. 总结绩效评价成果。评价小组应当对评价结果进行总结，写出综合性的评价结论，总结经验与成绩，找出问题与不足，提出问题改进的建议，形成绩效评价成果。评价小组应当及时向被评价对象进行绩效反馈，反馈内容包括评价结果、差距分析、改进建议及措施等，可采取反馈报告、反馈面谈、反馈报告会等形式进行。同时，将经验与成绩、问题与不足专门整理形成材料，送交学校绩效评价部门，由学校绩效评价部门负责汇总整理各项绩效评价任务后，提交学校校长办公会集中审议。

【例8-1】某高校教师教学创新团队绩效依据层次分析模型由上到下分为总目标、一级指标、二级指标、三级指标。总目标为教师教学创新团队绩效，将目标逐层展开，共得到44项评价指标（见表8-3）。一级指标：团队投入，团队过程，团队产出。二级指标：人力投入，项目经费，条件支持，团队规划，团队组织，团队协调，团队管控，师资队伍建设，科学研究，人才培养，教学创新，效益评估，合作交流，团队声誉。三级指标：44项评价指标。

表 8-3 　　　　　　　　　**某高校教学创新团队绩效评价指标体系**

一级指标	二级指标	三级指标
1. 团队投入 (0.1634)	1.1 人力投入 (0.5396)	1.1.1 团队成员结构 (0.1220) 1.1.2 团队领导人能力 (0.5584) 1.1.3 团队骨干成员能力 (0.3196)
	1.2 项目经费 (0.1571)	1.2.1 地方政府资助 (0.3196) 1.2.2 横向经费资助 (0.1220) 1.2.3 学校内部资助 (0.5584)
	1.3 条件支持 (0.2493)	1.3.1 基础条件 (0.1172) 1.3.2 学校支持力度 (0.6144) 1.3.3 央财和企业支持力度 (0.2684)
2. 团队过程 (0.2970)	2.1 团队规划 (0.1867)	2.1.1 团队发展规划 (0.6667) 2.1.2 团队制度建设 (0.3333)
	2.2 团队组织 (0.1078)	2.2.1 教学组织形式 (0.1396) 2.2.2 流程机制的科学性和规范性 (0.3325) 2.2.3 成员对团队组织的认可度 (0.5278)
	2.3 团队协调 (0.4133)	2.3.1 团队沟通与知识共享 (0.3333) 2.3.2 团队氛围与凝聚力 (0.6667)
	2.4 团队管控 (0.2922)	2.4.1 经费管理 (0.1634) 2.4.2 质量管理 (0.5396) 2.4.3 团队成员管理 (0.2970)
3. 团队产出 (0.5396)	3.1 师资队伍建设 (0.1845)	3.1.1 队伍培养 (0.2570) 3.1.2 双师素质 (0.3678) 3.1.3 名师工程 (0.1839) 3.1.4 引领青年教师成长 (0.1285) 3.1.5 团队获得荣誉称号 (0.0628)
	3.2 科学研究 (0.0702)	3.2.1 论文著作、发明专利、成果转化 (0.1213) 3.2.2 企业横向课题和行业协会合作项目 (0.1899) 3.2.3 国家及省部级课题 (0.4203) 3.2.4 技术服务 (0.2685)
	3.3 人才培养 (0.2758)	3.3.1 教师的教学能力 (0.1004) 3.3.2 教学的实践性 (0.0719) 3.3.3 就业满意度 (0.1988) 3.3.4 学生对教学质量满意度评价 (0.3666) 3.3.5 教研教改 (0.2623)
	3.4 教学创新 (0.2758)	3.4.1 专业建设（包含课程建设）(0.4934) 3.4.2 教材建设 (0.3108) 3.4.3 教法创新 (0.1958)

一级指标	二级指标	三级指标
3. 团队产出 (0.5396)	3.5 效益评估 (0.0402)	3.5.1 经济效益 (0.1220) 3.5.2 服务地方政府和行业组织 (0.3196) 3.5.3 社会效益 (0.5584)
	3.6 合作交流 (0.0490)	3.6.1 教师访工访学 (0.1311) 3.6.2 国内外交流分享 (0.2081) 3.6.3 校企合作和校地合作 (0.6608)
	3.7 团队声誉 (0.1044)	3.7.1 学术声誉 (0.3333) 3.7.2 社会声誉 (0.6667)

注：括号内是通过层次分析法确定的各指标对上一层指标所占权重。

第四节　绩效管理报告

一、绩效评价报告

（一）绩效评价报告编制要求

绩效评价报告根据评价结果编制，反映被评价对象的绩效计划完成情况。高校绩效管理部门应当定期或根据需要编制绩效评价报告，对绩效评价结果进行反映。绩效评价报告是高校管理会计报告的重要组成部分，应确保内容真实、数据可靠、分析客观结论清楚，为报告使用者提供满足决策需要的信息。绩效评价报告可分为定期报告、不定期报告。定期报告主要反映一定期间被评价对象的绩效评价与激励管理情况，每个会计年度至少出具一份定期报告；不定期报告根据需要编制，反映部分特殊事项或特定项目的绩效评价管理情况。绩效评价报告通常由报告正文和附件构成。

（二）绩效评价报告内容

1. 报告正文。绩效评价报告正文主要包括评价情况说明，至少应包括评价对象、评价依据、评价过程、评价结果、需要说明的重大事项以及管理建议等。

（1）评价对象基本概况介绍。

（2）绩效评价的组织实施情况。

（3）评价对象的绩效目标、绩效指标、评价标准和评价方法。

（4）各项绩效目标的实现情况。

（5）绩效结果与绩效目标的一致性、差异性及其原因分析。

（6）采取的绩效管理措施以及支出绩效方面存在的问题。

（7）改进绩效管理、提高绩效水平的措施和建议。

2. 报告附件。绩效评价报告附件一般包括评价计分表、问卷调查结果分析、专家咨询意见等报告正文的支持性文档。

（三）建立绩效评价档案

绩效评价报告形成后，本项绩效评价任务基本结束，高校绩效评价部门应当及时将各绩效评价项目准备阶段、实施阶段形成的材料以及评价报告，统一整理装订成册，进行归档，并纳入高校管理会计档案进行统一管理。

二、激励管理报告

（一）激励管理报告编制要求

激励管理报告根据激励计划的执行结果编制，反映被评价对象实施情况。激励管理报告应当确保内容真实、数据可靠，分析客观、结论清楚，为报告使用者提供满足决策需要的信息。高校应当在每个会计期出具一份激励管理报告。激励管理报告由激励管理部门提交校长办公会审议后，报学校党委会研究审批。

（二）激励管理报告内容

激励管理报告主要包含两部分内容：一是激励情况说明，包括激励对象、激励依据、激励措施、激励执行结果、需要说明的重大事项等；二是管理建议，通过实施激励管理，向高校管理者提出建议，以不断优化绩效计划和激励计划，改进未来绩效管理工作。其他有关支持性文档可以根据需要以附件形式提供。

（三）建立激励管理档案

激励管理报告形成后，激励计划基本结束，高校激励计划实施部门应当及时将各项激励计划制定、实施、报告等环节形成的资料，统一整理装订成册，进行归档，并纳入高校管理会计档案进行统一管理。

第五节　绩效管理应用实例

一、学校概况

G大学为省属本科院校，现有15个教学院（部）、33门普通专科专业，涉及8个学科门类。现有全日制在校学生11 400余人，其中本科生占71.7%；现有教职工740

人，其中教师 625 人，硕博占比为 91.20%。G 大学定位为应用型地方特色名校，积极创新，锐意进取，为地方社会经济发展作出积极贡献。学校党委在充分审视高校优势和劣势的基础上，积极推行绩效管理和激励机制，充分调动全校教职工的积极性，落实责任制，优化资源配置，提升管理水平和效力，争取尽快实现学校战略目标。

二、绩效管理体系

G 大学为实施绩效管理专门成立了绩效管理工作领导小组，由校长任组长，学校副书记、分管人事工作的副校长任副组长，办公室、组织部、人事处、发展规划处、财务处等职能部门负责人为成员。工作领导小组下设绩效评价办公室，办公室设在学校发展规划处，具体负责制定绩效管理实施方案，指导二级学院、部门设定目标任务，督促、检查绩效管理实施情况，开展目标管理日常工作，组织绩效评价工作，撰写绩效评价报告。

学校绩效管理工作领导小组下设四个考核小组，具体负责二级学院、职能部门、处级干部、教职工的绩效评价工作。二级学院绩效考核工作小组，由发展规划处牵头并具体负责绩效评价的相关组织工作，教务处、教学质量监控与评估处、科研处等职能部门参加。职能部门绩效考核工作小组，由办公室牵头并具体负责绩效评价的相关组织工作，人事处、财务处等相关部门参加。处级干部绩效考核工作小组，由组织部负责牵头并具体负责绩效评价的相关组织工作，人事处、纪检组等部门参加。教职工绩效考核工作小组，由人事处负责牵头，各二级学院、部门具体负责所属员工绩效评价的相关组织工作。

三、绩效计划及激励计划编制

20×1 年 1 月，G 大学发展规划处按照各部门职责，对 20×1 年度学校事业发展计划进行了分解，明确各二级学院、部门年度具体工作任务。各二级学院、部门根据学校分配的工作任务，按照目标责任制的原则，将任务分配到具体工作人员或具体工作岗位，并明确任务完成时间。

学校发展规划处根据年度事业发展计划分解情况，编制 20×1 年度绩效评价工作方案，主要包括以下内容：

（一）明确评价指标体系

G 大学绩效评价指标体系，按照评价对象分为二级学院、职能部门、处级干部、教职员工四大类别。其指标体系构建规则如表 8-4 所示，根据指标体系构建规则分别制定了各类评价对象的评价指标体系，如表 8-5 至表 8-8 所示。

表 8 - 4　　　　　　　　**20×1 年 G 大学绩效评价指标体系构建规则**

评价对象	指标属性	构建方法与规则
二级学院	以定量指标为主，定性指标为辅	1. 按照平衡计分卡法将一级指标划分为客户、内部业务流程、学习与成长、财务四个维度。 2. 结合专家意见法与关键指标法，确定二级、三级、四级等明细指标。 3. 结合专家意见法与层次分析法，确定各级评价指标的权重及目标值
职能部门	以定性指标为主，兼顾定量指标	围绕各部门工作职能，结合专家意见法与关键指标法，确定各级评价指标，指标权重及目标值
处级干部	定量指标与定性指标相结合	以主管部门对党员干部的考核文件为基础，结合 G 大学业务特点，对主管部门的考核指标进行必要的微调和补充，形成本校对处级干部的评价指标体系
教职员工	定量指标与定性指标相结合	二级学院或职能部门将各自的绩效目标分解至本单位各个岗位，结合各自业务特点，设置教职员工的评价指标体系；结合专家意见法与关键指标法，确定各指标权重及目标值

表 8 - 5　　　　　　　　**20×1 年 G 大学二级学院评价指标体系**

绩效维度	一级指标	二级指标	指标权重（%）	目标值	得分
客户 （20%）	学生及家长满意度（10%）	在读生满意度	3	95% 以上得 3 分，90% ~95% 得 2 分，低于 90% 不得分	
		毕业生满意度	3	95% 以上得 3 分，90% ~95% 得 2 分，低于 90% 不得分	
		学生家长满意度	4	95% 以上得 4 分，90% ~95% 得 2 分，低于 90% 不得分	
	用人单位满意度（5%）	对毕业生的满意度	3	95% 以上得 3 分，90% ~95% 得 2 分，低于 90% 不得分	
		优质就业率	2	95% 以上得 2 分，90% ~95% 得 1 分，低于 90% 不得分	
	社会综合影响（5%）	所设专业报考率	3	同类专业全省排名前 10% 得 3 分，10% ~20% 得 2 分，20% ~30% 得 1 分，30% 之后不得分	
		社会认可度	2	同类专业全省排名 10% 得 3 分，10% ~20% 得 2 分，20% 之后不得分	
内部业务流程（40%）	学科建设（9%）	省级及以上高水平专业群占比	3	占比 >0 得 3 分，否则不得分	
		省级及以上特色专业占比	3	占比 >0 得 3 分，否则不得分	
		省级及以上优势学科占比	3	占比 >0 得 3 分，否则不得分	

续表

绩效维度	一级指标	二级指标	指标权重（%）	目标值	得分
内部业务流程（40%）	教学（11%）	人均学生活动获奖情况	2	以方案制定的年份为基数，逐年递增5%及以上得2分，按递增比率计算分值，最高2分，最低0分	
		副高以上师资比	2	以方案制定的年份为基数，每个职称聘任周期内递增5%及以上得2分，按递增比率计算分值，最高2分，最低0分	
		流生率	1	低于5%得1分，否则不得分	
		生均教学网络平台点击率	2	以方案制定的年份为基数，逐年递增5%及以上得2分，按递增比率计算分值，最高2分，最低0分	
		应届生毕业合格率	2	95%以上得2分，90%~95%得1分，低于90%不得分	
		全国英语、计算机网络统考率	2	95%以上得2分，90%~95%得1分，低于90%不得分	
	科研（15%）	国家级科研项目立项数量	2.5	大于3项得2.5分，1~3项1分，0项不得分	
		省部级科研项目立项数量	2.5	大于5项2.5分，3~5项1分，低于3项不得分	
		科研成果获奖数量（省级以上）	5	大于3项5分，1~3项得3分，0项不得分（奖项级别折算系数详见学校科研考核文件）	
		国内外发表论文数量	5	20篇以上得5分，15~20篇得3分，15篇以下不得分（期刊分类折算系数详见学校科研考核文件）	
	服务保障（5%）	生均教学投入	2.5	以方案制定的年份为基数，逐年递增5%及以上得2.5分，按递增比率计算分值，最高2.5分，最低0分	
		教学办公条件改善情况	2.5	以方案制定的年份为基数，逐年递增5%及以上得2.5分，按递增比率计算分值，最高2.5分，最低0分	
学习与成长（20%）	教工学习与发展（12%）	年人均培训次数	4	年人均培训至少1次，得4分，否则不得分	
		教师各类获奖情况	4	以方案制定的年份为基数，逐年递增2%及以上得4分，按递增比率计算分值，最高4分，最低0分	
		年人均外出参加学术和教学会议数量	4	年人均外出参加学术和教学会议至少0.5次，得4分，否则不得分	
	教工满意度（8%）	离职率	4	低于5%得4分，5%~8%得2分，高于8%不得分	
		教工平均幸福指数	4	以方案制定年份的调查数为基数，制定提升方案且行之有效，最高4分，最低0分	

续表

绩效维度	一级指标	二级指标	指标权重 （%）	目标值	得分
财务 （20%）	财务资源 获取 （15%）	国家财政投入经费增加率	5	浮动 -5% 以下不得分，-5% ~ 0 得 2 分，0 ~ 5% 得 3 分，5% 以上得 5 分	
		自筹经费增长率	4	浮动 -5% 以下不得分，-5% ~ 0 得 2 分，0 ~ 5% 得 3 分，5% 以上得 5 分	
		科研进账增长率	3	浮动 -5% 以下不得分，-5% ~ 0 得 2 分，0 ~ 5% 得 3 分，5% 以上得 5 分	
		社会捐赠增长率	3	浮动 -5% 以下不得分，-5% ~ 0 得 2 分，0 ~ 5% 得 3 分，5% 以上得 5 分	
	财务资源 配置 （5%）	预算执行率	3	上下浮动超过 5% 不得分，±3% ~ 5% 得 2 分，±3% 以下得 3 分	
		实践教学（教学科研）支出占比	2	上下浮动超过 5% 不得分，±3% ~ 5% 得 1 分，±3% 以下得 2 分	
总分					

表 8 - 6　　　　　　20×1 年 G 大学职能部门绩效评价指标体系

一级指标	二级指标	指标描述	指标权重（%）	得分
工作业绩完成情况 （60%）	牵头重点工作完成情况	……	40	
	工作台账目标任务完成情况	……	20	
创新性工作完成情况 （10%）	创新工作进展情况	……	5	
	参与全校创新性工作完成情况	……	5	
部门工作满意度 （30%）	二级学院评价	……	15	
	业务往来职能部门评价	……	15	
总分				

注：有下列情形之一的，实行一票否决，单位、部门不得评为优秀等次：（1）工作人员因违规、违纪、违法受到通报以上处分的；（2）不重视社会治安综合治理和平安校园建设工作，相关工作措施落实不力，造成严重影响的；（3）因工作不到位或者失误，造成恶性事件，产生严重后果的。

表 8 - 7　　　　　　20×1 年 G 大学处级干部年度绩效考核指标

一级指标	二级指标	指标描述	评价标准	指标权重 （%）	得分
德 （10%）	遵纪守法情况以及在思想政治素质、职业道德、社会公德、个人品德等方面的表现	政治上、思想上、行动上与以习近平同志为核心的党中央保持高度一致；党外干部坚决拥护共产党的领导，与党同心同向同行	优秀 合格 基本合格 不合格	4	
		认真贯彻执行上级和学校党委行政决策部署，执行力强，主动谋划工作，坚持民主集中制，讲团结、顾大局，协调配合与服务意识到位		3	
		带头践行社会主义核心价值观，具有模范的职业道德和良好的社会公德、家庭美德、个人品德		3	

续表

一级指标	二级指标	指标描述	评价标准	指标权重（%）	得分
能（10%）	履行岗位职责能力、管理水平、知识更新等方面的情况	指导思想明确，工作思路清晰，办法措施得力，善于创造性开展工作	优秀 合格 基本合格 不合格	3	
		领导水平高，组织管理能力强，敢于攻坚克难，推动各项工作有序有力		4	
		主动学习思考，注重调查研究，理论联系实际，不断提高综合素质		3	
勤（10%）	勤奋敬业精神和工作态度等方面的表现	始终保持良好的精神状态，积极进取，奋发有为	优秀 合格 基本合格 不合格	3	
		围绕学校中心任务，用实实在在的行动去干事		4	
		坚守岗位，尽职尽责，模范遵守有关工作纪律，严格执行请销假制度，认真完成节假日和校区值班任务		3	
廉（10%）	廉洁从业等方面的表现	认真学习，遵守党纪国法，坚持自警自省自重自励，自觉按制度按程序办事，廉洁从政，廉洁从教	优秀 合格 基本合格 不合格	4	
		严格执行中央八项规定精神，自觉加强作风建设，牢固树立群众观念和宗旨意识，勤俭节约，清廉清正		3	
		坚持一岗双责，落实党风廉政建设责任制，自觉管好下属、家属和身边人，营造良好的政治生态、政治文化		3	
绩（60%）	工作完成情况	根据部门工作完成情况得分的60%计算		60	
总分					

注：（1）德、能、勤、廉根据民主评议的等次计算得分。（2）民主测评基本合格和不合格票30%以上的，确定为基本合格等次。（3）民主测评基本合格和不合格票50%以上的，确定为不合格等次。

表8-8　　　　　20×1年G大学教职工年度考核量化测评打分

姓名：　　　　　人员类型：专任教师　　　　　其他人员：

绩效维度	考核测评内容分项描述	本项满分分值		得分
		专任教师	其他人员	
德	遵纪守法情况以及在思想政治素质、社会公德、职业道德、家庭美德、个人品德等方面的表现（专任教师重点考核为人师表、立德树人的育人意识；其他人员重点考核管理育人、服务育人的宗旨意识）	20	10	

姓名：	人员类型：专任教师		其他人员：	
绩效维度	考核测评内容分项描述	本项满分分值		得分
		专任教师	其他人员	
能	履行岗位职责能力，专业技术技能以及管理水平、继续教育、创新担当等情况（专任教师重点考核教学、科研、社会服务的方法手段贴近实际需求的情况；其他人员重点考核工作执行力与协调配合等业务能力）	10	10	
勤	服务意识、大局观念、工作责任心、勤奋敬业精神、工作态度和遵守劳动纪律等方面的情况（专任教师重点考核治学授业严谨程度及工作纪律遵守情况；其他人员重点考核组织纪律观念、坐班出勤表现及工作作风）	10	20	
绩	履行岗位职责情况，完成工作任务的数量、质量、效率，所产生的社会效益和经济效益以及服务对象的满意度（专任教师重点考核本类型岗位工作任务完成的质量水平效果与满意度；其他人员重点考核办事效率，工作实绩与满意度）	50	50	
廉	廉洁从业方面的表现（专任教师重点考核遵守教育部"红七条"情况；其他人员重点考核廉洁自律表现和规范个人职务行为情况）	10	10	
总分				

注：德、能、勤、绩、廉五项考核满分为100分。（1）在考核专任教师"绩"时，二级学院要立足单位实际，尽量细化量化"绩"的评价办法，在基本工作量、业务工作质量与效果、学生（或服务对象）满意度等各方面制定出具体明确的标准和细则，着重考察其工作任务实际完成情况。（2）在考核其他人员"勤"和"绩"时，学院和部门依据人员的具体岗位职责和年度工作任务，有具体的基本工作量要求、出勤要求和工作（或服务）对象满意度标准要求；注意结合平时表现着重考察其工作业绩与贡献情况，尽可能量化。（3）评价结果说明：量化考核得分在60～70分的，确定为基本合格等次；量化考核得分低于60分，且基本工作量的完成率低于50%，确定为不合格等次。

（二）明确激励计划

高校发展规划处在绩效评价工作方案中明确了评价结果的激励计划，按照评价对象的分类分别排名，考核结果分为优秀、合格、基本合格、不合格四个等次，优秀比例不超过评价对象的15%。考核结果为优秀的二级学院、部门，次年其公用经费支出预算给予上浮10%的奖励，并按在岗人员人均1 000元标准给予现金奖励；考核结果为优秀的个人，每人按20 000元标准给予现金奖励。同时，对考核优秀的干部和教职工，以及考核为优秀的二级学院、部门主要负责人，在选拔任用、晋级学习培训等事项中优先考虑。对被确定为基本合格及以下等次的处级干部，进行诫勉；对连续两年以上考核等次为基本合格的处级干部，进行岗位调整或降职使用；对连续两年考核等次为不合格，或连续两年考核等次为基本合格又不服从组织安排的处级干部，根据实际情况予以免职或解聘。对被确定为基本合格档次的教职工，对其诫勉谈话，限期改进；连续两年被确定为基本合格档次的，调整岗位；对被确定为不合格档次的，高校调整其工作岗位或者安排其离岗接受必要的培训后调整岗位，无正当理由不同意变更的，或者虽同意调整工作岗位，但到新岗位仍不合格的，按照高校有关人事管理规定处理。

（三）印发绩效评价工作方案

高校发展规划处编制完成绩效评价及激励计划后，在全校范围内公开征求了意见，并征求了校外专家和专业评价机构的意见，随后经学校校长办公会议进行了审议，并报学校党委会研究后，发展规划处以学校正式文件印发各二级学院、部门。同时，对于本次绩效评价需要提供的材料、采取的方式、需要填报的调查问卷，以及需要召开的座谈会等同文印发。

四、绩效计划执行

高校绩效评价工作方案印发后，校长代表学校分别与各二级学院、部门签订了绩效目标责任书，明确了工作任务、工作目标、完成时间、评价标准、激励措施等。随后，各二级学院、部门主要负责人与本学院、部门相关责任人也签订了目标责任书，将工作任务进行层层分解，落实到具体岗位、具体人员。

根据高校绩效评价相关制度规定，学校发展规划处组织绩效评价工作领导小组成员，分别于每年的 3 月、6 月、9 月、12 月份召开工作进展调度会议，调度工作进展情况，分析工作进展中发现的问题、存在的工作偏差，以及探讨解决问题和消除工作偏差的措施。其间，通过实地调研、座谈等方式与二级学院、部门沟通、协调，督促加快工作进展，确保如期完成学校年度事业发展计划。

五、绩效评价实施

20×2 年 1 月，高校绩效评价工作领导小组，开始对全校 20×1 年工作情况开展绩效评价。下面以对某二级学院和某教师个人的绩效评价为例，介绍绩效评价实施的过程。

（一）对某二级学院实施绩效评价

根据 20×1 年 G 大学绩效评价工作安排，学校发展规划处组织二级学院绩效考核工作小组，开展各二级学院 20×1 年的绩效评价工作，并要求 3 月底前向学校发展规划处提交绩效评价结论，由发展规划处统一汇总各二级学院绩效评价结论，报经学校校长办公会议研究审议后，提交学校党委会审批。

二级学院绩效考核工作小组，根据学校设定的评价指标体系，对某二级学院 20×1 年工作开展情况进行了绩效评价，结果如表 8-9 所示。

表 8 - 9　　　　　　　　　　20×1 年 G 大学某二级学院绩效评价得分情况

绩效维度	一级指标	二级指标	满分	实际得分	差异
客户	学生及家长满意度	在读生满意度	3	3.00	—
		毕业生满意度	3	3.00	—
		学生家长满意度	4	4.00	—
	用人单位满意度	对毕业生的满意度	3	2.00	1
		优质就业率	2	1.00	1
	社会综合影响	所设专业报考率	3	3.00	—
		社会认可度	2	2.00	—
内部业务流程	学科建设	省级及以上高水平专业群占比	3	3.00	—
		省级及以上特色专业占比	3	3.00	—
		省级及以上优势学科占比	3	3.00	—
	教学	人均学生活动获奖情况得分	2	2.00	—
		副高以上师资比	2	1.00	0.2
		流生率	1	1.00	—
		生均教学网络平台点击率	2	2.00	—
		应届毕业生合格率	2	2.00	—
		全国英语、计算机网络统考率	2	2.00	—
	科研	国家级科研项目立项数量	2.5	2.50	—
		省部级科研项目立项数量	2.5	2.50	—
		科研成果获奖数量（省级以上）	5	3.00	2
		国内外发表论文数量	5	3.00	2
	服务保障	生均教学投入	2.5	2.33	0.17
		教学办公条件改善情况得分	2.5	2.01	0.49
学习与成长	教工学习与发展	年人均培训次数	4	4.00	—
		教师各类获奖情况得分	4	2.89	1.11
		年人均外出参加学术和教学会议数量	4	0	4
	教工满意度	离职率	4	4.00	—
		教工平均幸福指数得分	4	3.00	1
财务	财务资源获取	国家财政投入经费增长率	5	5.00	—
		自筹经费增长率	4	4.00	—
		科研进账增长率	3	2.00	1
		社会捐赠增长率	3	2.00	1
	财务资源配置	预算执行率	3	2.00	—
		实践教学支出占比	2	2.00	—
总分			100	85.03	14.97

从评价结果看，某二级学院 20×1 年绩效评价最终得分为 85.03 分，在当年 G 大学进行年度绩效评价考核的 12 个二级学院中排名第二，考核结果为优秀等级。经过与目标值的对比分析发现，某二级学院得分偏低的项目分别为"年人均外出参加学术和教学会议数量""科研成果获奖数量（省级以上）""国内外发表论文数量"等，说明该学院教工对外交流、科研获奖与发表论文的数量和质量都有待提高，也是下一年度学院工作安排中应重点关注的方面。

评价小组在完成对某二级学院绩效评价工作后，与该学院主要负责同志等进行了沟通，听取被考核对象的反馈意见，无异议的情况下，将考核结果提交学校发展规划处，由学校发展规划处在全校范围内，统一公开公示绩效评价优秀单位名单。

（二）对某教师实施绩效评价

某教师现为某二级学院副教授，担任本专业硕士生导师。某二级学院根据学校绩效评价工作统一要求，结合本学院专业特点，制定了本学院教职工年度考评内容和办法，按照职称类别与不同学历层次导师设置了相应评价指标体系。某二级学院根据本学院"副教授＋硕士生导师"的指标体系，对某教师 20×1 年工作情况进行了绩效评价，结果如表 8-10 所示。

表 8-10　　　　　　　　　　20×1 年 G 大学某学院教师绩效评价得分情况

绩效维度	一级指标	二级指标	目标值	实际得分	差异
德	遵纪守法情况	各级法律法规遵守情况得分	考核年度无任何违法乱纪行为得7分，否则0分	7	0
	职业道德	为人师表、立德树人的育人意识得分	考核年度无任何违反职业道德的行为得7分，否则0分	7	0
	社会公德与家庭美德	社会公德与家庭美德得分	考核年度学院未收到任何反映社会公德与家庭美德有缺的举报则得6分，否则0分	6	0
能	履职能力	基本教学任务完成情况得分	完成专任教师年度基本教学工作量，且无教学事故得5分，否则0分	5	0
		基本科研任务完成情况得分	完成专任教师年度基本科研工作量，且无教学事故得5分，否则0分	5	0
勤	敬业精神	治学授业严谨程度得分	专业知识扎实，传授知识准确无误得5分，否则0分	5	0
		工作纪律遵守情况得分	考核年度无任何迟到、早退、缺课不补等行为得5分，否则0分	5	0

续表

绩效维度	一级指标	二级指标	目标值	实际得分	差异
绩	教学业务水平	教学业务工作量完成情况得分	年度课时量在学院副教授排名前20%得10分，20%～50%得5分，50%～80%得2分，80%以后得0分	5	5
		教学效果得分	专家督导、同行评价、学生评教综合得分在学院排名前20%得10分，30%～50%得5分，50%～80%得2分，80%以后得0分（教学效果综合得分计算方法见教务处与学院教学质量管理办法）	10	0
	科研业务水平	科研项目完成情况得分	完成副教授岗位科研项目目标任务得5分，每超出5%加1分，最高得10分（目标任务具体见学院岗位责任书与科研项目分类管理办法）	8	2
		发表论文情况得分	完成副教授岗位论文发表目标任务得5分，每超出5%加1分，最高得10分（具体目标见学院岗位责任书与期刊分类管理办法）	8	2
	指导研究生水平	硕士生导师履职情况得分	指导的在读硕士研究生完成年度考核，不存在学术不端或学业警告等情况得5分，否则0分	5	0
			指导的应届硕士研究生顺利取得学位、不存在未按期毕业等情况得5分，否则0分	5	0
廉	廉洁自律能力	教育部"红七条"遵守情况得分	未出现任何违反"红七条"行为得10分，否则0分	10	0
总分				91	9

从评价结果看，某教师在德、能、勤、绩、廉五个方面的履职情况较好，在某二级学院所有专任教师考核得分中排名前10%，20×1年绩效评价综合得分91分，考核结果等级为优秀。从分项得分情况看，某教师完成了20×1年学校的基本教学工作量和学院的业务教学工作量，但课时总量在学院副教授中的排名并不靠前，该项得分与满分产生了5分的差距；在科研业务水平得分中，超额完成了学院副教授岗位的考核任务，科研项目和发表论文均在基本分之外获得3分的超额加分。

某二级学院在完成对所有教职员工的考核工作后，逐一与被考核对象进行了沟通，听取被考核对象的反馈意见，无异议的情况下，将考核结果提交学校发展规划处，由学校发展规划处在全校范围内，统一公开公示绩效评价优秀人员名单。

六、激励计划执行

20×2年3月份，G大学发展规划处根据20×1年绩效评价结果，开始落实绩效评价激励计划。根据激励计划安排，评价为优秀的二级学院、部门，20×2年其公用经费支出预算给予上浮10%的奖励，并对在岗人员每人给予1 000元现金奖励，分别计入个人绩效工资收入；对评价为优秀的个人，每人给予20 000元现金奖励，计入个人绩效工资收入；对评价为优秀的二级学院、部门主要负责人以及考核为优秀等次的教职员工，在2022年度学校安排的学习培训等活动中给予优先安排。

七、绩效评价与激励管理报告编制

20×2年3月，G大学发展规划处根据20×1年绩效评价实施情况，就二级学院、职能部门、处级干部、教职员工四大类分别编制了绩效评价报告，就评价对象、评价依据、评价过程、评价结果、需要说明的其他重大事项以及管理建议等作出详细说明。经学校绩效评价工作领导小组审核后，提交学校校长办公会进行了审议。审议后的绩效评价报告，连同绩效评价准备阶段、实施阶段等形成的相关资料，一并整理装订成册，建立档案，纳入学校管理会计档案进行统一管理。

20×2年3月，G大学发展规划处根据20×1年绩效评价实施情况，以及激励计划落实情况，编制了激励管理报告，就激励对象、激励依据、激励措施、激励执行结果、需要说明的重大事项，以及不断优化绩效计划和激励计划的建议等作出详细说明。经学校绩效评价工作领导小组审核后，提交学校校长办公会进行审议，并报学校党委会研究审批。审批后的激励管理报告，连同各项激励计划制定、实施环节等形成的相关资料，一并整理装订成册，建立档案，纳入学校综合档案进行统一管理。

G大学针对不同的评价对象，采取不同的管理工具方法，设置不同的评价指标、权重与目标值。对二级学院的评价综合运用平衡计分卡、专家意见法、关键指标法和层次分析法等方法设置评价体系，对职能部门采用专家意见法与关键指标法相结合的方式设置评价体系，对处级干部的评价采用主管部门对竞聘干部的考核办法；对教职员工采用组织功能分解法、专家意见法、关键指标法进行评价。G大学绩效管理与激励管理实施科学有效，调动了员工积极性，提高了工作效率，主要得益于绩效管理机制健全、制度完善、方法合理、评价指标体系构建科学、激励措施得当。

本章小结

　　本章主要介绍了高校绩效管理的相关知识，包括高校绩效的概念、高校绩效的管理和实施、绩效评价指标体系的设计、绩效管理报告以及绩效管理应用案例。

　　绩效是组织中个人（群体）特定时间内的可描述的工作行为和可衡量的工作结果，以及组织结合个人（群体）在过去工作中的素质和能力。学校绩效管理内容包括绩效评价和激励管理，高校可以通过平衡计分卡法、关键绩效指标法、比较法、因素分析法、成本效益分析法来进行绩效评价；绩效评价指标体系的构建需要拟定评价指标、设定评价标准、指定评价方法、设定评价指标权重、审核评价指标、公开公示，同时需要秉承科学性原则、系统性原则、可行性原则以及动态性原则，绩效评价体系指标的选取需要根据实际来确定。

思考题

　　1. 试说你对高校绩效的理解。

　　2. 试说高校绩效管理的内容。

　　3. 试说高校绩效管理的原则、特点、实施基础以及流程。

　　4. 试说你对绩效评价指标体系构建的理解。

　　5. 试举例绩效评价方法并加以介绍。

　　6. 试说激励管理报告的分类以及如何编制。

参考文献

［1］卜玉荣．高校年度部门决算报表编制的探讨［J］．财经界，2014（6）：34，42．

［2］曹光荣．高校经营［M］．北京：中国经济出版社，2006．

［3］陈嘉伟．新政府会计制度背景下F高校教育成本核算体系优化研究［D］．重庆：重庆理工大学，2022．

［4］丁子倩．作业成本法在JG学院教育成本核算中的应用研究［D］．沈阳：沈阳工业大学，2022．

［5］杜景顺，于巍．高等学校基本建设财务管理［M］．沈阳：东北大学出版社，2018．

［6］E．科恩．教育经济学［M］．王玉崑，李国良，李超，译．上海：华东师范大学出版社，1989．

［7］耿晓霞．高校政府会计改革对财务管理的影响［J］．财务与会计，2020（8）．

［8］郭甲男．高校专项债券发行探究及对策建议［J］．财会学习，2019（12）：221－222．

［9］郭鹏．认清形势　面向新任务　努力开创教育财务工作新局面——在中国教育会计学会第八次会员代表大会上的讲话［J］．教育财会研究，2021，32（2）：7－10．

［10］韩婷婷．贵州高校多元化筹资方式初探［J］．贵州师范学院学报，2017，33（8）：47－50．

［11］胡宝志．完善高校预算调整管理的探讨［J］．行政事业资产与财务，2017（12）：14，15．

［12］黄顺武，昌望，胡贵平．高校背景上市公司具有更好的IPO表现吗［J］．贵州财经大学学报，2014（1）：14－20．

［13］黄永林．高校财务治理结构的多重关系与现代化建构［J］．会计之友，2021（5）：2－10．

［14］金育先．中国高校融资渠道的选择与策略研究［D］．长春：吉林大学，2018．

［15］荆新．财务管理学［M］．北京：中国人民大学出版社，2019．

［16］李怡淑．A高校内部控制体系优化研究［D］．蚌埠：安徽财经大学，2020．

［17］梁勇，马俊，毛国育．论地方中小学"校财局管"模式的优化［J］．教育财

会研究，2022，33（1）：10－14.

［18］刘旭红．零基预算法在高校预算编制中的应用——以 XX 师范大学为例［J］．商业会计，2018（5）：101－103.

［19］刘亚军．L 职业技术学院财务内部控制改进研究［D］．西安：西安理工大学，2019.

［20］刘玉婷．基于业财融合理念的高校基本建设工程竣工财务决算中存在的风险与控制策略［J］．商业观察，2021（15）：16－18.

［21］乔春华．新中国高校财务 70 年［M］．南京：东南大学出版社，2019.

［22］曲喜和．财务管理［M］．北京：北京邮电出版社，2012.

［23］盛和太．PPP/BOT 项目的资本结构选择研究［D］．北京：清华大学，2013.

［24］宋海艳，张轶华，黄镝，郭晶，彭佳．高校图书馆文献信息资源绩效管理体系构建研究［J］．大学图书馆学报，2021，39（4）.

［25］宋雯．地方高校财务风险管理问题及对策研究［D］．长沙：湖南农业大学，2014.

［26］孙杰．高校财务管理创新理念与关键问题探索［M］．长春：吉林大学出版社，2018.

［27］孙培清．高等学校滚动预算编制方法探讨［J］．财务与金融，2015（2）：28－30.

［28］孙贤荣．中期财政改革下的高校滚动预算编制研究——以 SD 大学为例［J］．齐鲁珠坛，2016（3）：11－13.

［29］汪凌．论高校基本建设超投资及对策［J］．智库时代，2018（40）：125，130.

［30］王善迈．教育投入与产出研究［M］．石家庄：河北教育出版社，1996.

［31］王小业，陈华．作业成本法下高等学校教育成本核算程序研究［J］．技术与创新管理，2013，34（1）.

［32］王艺璇．黑龙江省高等教育多元化筹资研究［D］．哈尔滨：哈尔滨商业大学，2020.

［33］韦丹．平衡计分卡在高校财务绩效管理中的应用［J］．财会学习，2022（24）：22－24.

［34］魏璐．关键绩效指标在高校资产管理的应用研究［D］．乌鲁木齐：新疆财经大学，2015.

［35］温航雄．高等院校预算执行与控制的基本问题研究［J］．会计之友，2017（17）：121－125.

［36］瓮建鹏．高等院校财务风险管理研究［D］．保定：河北农业大学，2011.

［37］吴波．浅谈 PPP 模式的发展［J］．武汉金融，2017（1）：38－41.

［38］西奥多·W. 舒尔茨. 教育的经济价值（中译本）［M］. 曹延亭，译. 长春：吉林人民出版社，1982：15.

［39］徐光明. 江西筹资 46 亿化解高校债务风险［N］. 中国教育报，2009 – 03 – 08（002）.

［40］徐四星，刘大尚，何姣. 作业成本法在高等学校教育培养成本计量中的应用［J］. 财会月刊，2019（23）.

［41］薛建辉，江海健. 高校财政绩效拨款水平影响因素探析［J］. 财会学习，2021（7）：9 – 10.

［42］闫松松. 我国民办高校财务风险管理研究［D］. 武汉：武汉工程大学，2018.

［43］阎达五，王耕. 教育成本研究［C］//黄家雄. 高等学校的管理改革与效益. 北京：北京出版社，1989.

［44］杨蓉，曹瑾. 高校预算管理绩效评价指标体系设计研究［J］. 教育财会研究，2018，29（6）：43 – 50.

［45］杨阳. 以 A 大学为例的高校预算管理研究［D］. 重庆：重庆医科大学，2018.

［46］杨玉京. 职业技术类高校内部控制体系评价问题研究［D］. 郑州：华北水利水电大学，2016.

［47］杨增佳. 地方高校预算控制体系研究［D］. 郑州：河南大学，2015.

［48］约翰·维泽. 教育经济学［M］. 郑伊雍，译. 北京：教育科学出版社，1981.

［49］张爱民，倪勋，王从春. 教育投融资体制改革的一般理论框架［J］. 上海教育财会，2004（2）.

［50］张慧. 高校决算报告分析研究——基于某高校决算报告的实践案例［J］. 教育财会研究，2015（6）：90 – 93.

［51］张淑娟. 新常态下高校财务管理特征分析［J］. 财会研究，2015（11）：50 – 52.

［52］张悦梅. 高校预算执行与决算审计：重点难点及审计建议［J］. 经济师，2022（5）：94 – 95，109.

［53］张照中. 科技成果转化问题及对策［J］. 中国化工贸易，2017，09（26）：12.

［54］张正秋. 探索高校项目滚动预算绩效评价的新方法——基于挣值分析模型［J］. 商业会计，2020（6）：88 – 91.

［55］赵蕾. 高校教育成本核算体系构建研究［J］. 行政事业资产与财务，2020（21）：83 – 86.

［56］智建邦. 张家口大学城融资模式选择的分析［D］. 天津：河北工业大

学，2017.

［57］中华人民共和国中长期教育改革和发展规划纲要领导小组办公室．国家中长期教育改革和发展规划纲要（2010－2020 年）［M］．北京：人民教育出版社，2010.

［58］周子明．我国公办高校改扩建投融资研究［D］．昆明：云南大学，2019.

［59］T. W. Schulte. The Economic Value of Education［M］．New York：Columbia University Press，1963.